二瓶弘行・青木伸生 編著
国語"夢"塾 著

小学校国語「書くこと」の授業技術大全

明治図書

序章
すべての子どもに「書く」力をはぐくむために

桃山学院教育大学　二瓶弘行

すべての「書くこと」の基盤となること

言うまでもなく、「書く」力の育成は、国語科教育が担う大きな役割です。年間を通して国語授業で多くの時数を使い、「書く」学習活動が日常的に展開されています。作文単元のみならず、毎日の文学作品や説明文の授業でも、必ず「書く」学習は設定されています。

では、そのような国語授業により、子どもたちは「書く」力を獲得しているのでしょうか。「文章を書くことが嫌い」「何を書いていいかわからない」「作文があるから国語の授業がおもしろくない」。そんな言葉を口にする子どもたちは、どこの国語教室にもいます。

だからこそ、すべての子どもに「書く」力をはぐくむための授業の基盤を押さえましょう。

① 「何のために」書くのか〈書くことの目的意識・必然性の自覚〉
② 「何を」書くのか〈書くことの内容の整理・吟味〉
③ 「どのように」書くのか〈書き方・技術の習得・活用〉
★ 「書きたい」という強い意欲〈書くことの学びのすべての土台〉

書きたい、書かなければならない。だから「何を、どのように」書けばいいのか

説明文単元「ZOO」（2年）は、書くこととの授業づくりの基盤を踏まえ、展開した実践です。単元第一次「上野動物園への詩の創作旅行」を終えた彼らに提案します。

「次は、好きな動物の博士になって、動物園のお客さんに、動物の秘密を教えてあげよう」

歓声を上げて喜ぶ彼らに真剣な顔で話します。

「『動物博士』になるというのは、とても大変なことです。その動物についていろいろなことを調べなければなりません。博士なんだから、その調べたことをみんな覚えて、話をしなければなりません。それができて、はじめて『動物博士』です」

6月末に上野動物園を再訪することを伝えて、それまでに立派な「動物博士」になるために学習することを確認します。

まず、自分が調べる動物を選択・決定します。なぜその動物を選んだのか、理由が必要なことを話します。自分で意思決定することは、その後のすべての学習活動のエネルギーを生み出します。安易な選択では、学習意欲は持続しません。

どの動物の博士になるかを決めたら、その動物の情報収集をします。子どもたちは、学校の図書室・地域の図書館から本や図鑑を借り出してコピーをとったり、ノートに書き写したりします。また、インターネットを利用して関連資料を印刷してきます。

多くの資料コピーを手にした子どもたちは喜々としています。ところが、その情報のほとんどが使えません。漢字が読めない。言葉の意味がわからない。それでも、何とか内容がわかる情報もあ

ります。しかし、断片的で活用できません。予想された状態に陥った子どもたちに、説明文「いろいろなふね」（東京書籍、1年）の文章を提示します。

子どもたちに話しました。この説明文「いろいろなふね」は、「船の博士」が書いた文章であること。船を大好きな人が、船のことをみんなにわかりやすく説明した文章であること。

だから、この「いろいろなふね」のような説明文を書き、それを台本にして覚えて話せば、立派な「動物博士」になれること。

この「いろいろなふね」を学習材に、説明文の基本構成「美しいしくみ」を指導します。そうして、子どもたちは自分の調べたことをまとめる方法を獲得しました。彼らは、これまでに収集した自分の大好きな動物にかかわる情報を整理していきます。

伝えたい1つの情報を1つの「小部屋（意味段落）」にまとめます。それらを「3つの大きな部屋」（はじめ・説明・まとめ）の構成に即して文章化します。

2年生には、実に高度な学習です。けれども、彼らは懸命に構成を考え、説明文を書き続けました。もちろん、40人いれば、そこには能力差が歴然とあり、書いた文章内容には質的な差があります。しかし、重要なことは40人全員が「自分の伝えたいことを説明文の形式で文章化できる」という事実です。今後、彼らは様々な活動場面で、例えば総合学習の調査活動で、この「調べたことを整理し、文章でまとめる」方法を駆使することでしょう。

このようにしてまとめた文章が、そのまま上野動物園で博士として話すときのスピーチ原稿になることを伝えました。1人の子の文章の一部を載せておきます。

キツネのひみつ

これから、キツネのひみつを五つ、お話ししましょう。
はじめに鳴き声についてお話しします。鳴き声にもしゅるいがあります。発じょうきに発せられるオスのココンコンという声は、メスをよぶ声、なわばり宣言の声ともいわれています。子どもや仲間にきけんがせまったことをしらせるするどいウギャー。あと、えさをはこんできたときや、じゅにゅうをしらせるクックックッなどがあります。
つぎに子そだてについてお話しします。子そだてをするときに、前の年に生まれた子ギツネがえさをはこんだり、す穴につれていったりして、子そだてを手つだいます。
三つ目に、す穴についてお話しします。(略)
四つ目に、食べものについてお話しします。(略)
さいごに、てきについてお話しします。(略)
このほかにも、ひみつはいっぱいあります。
わたしはキツネをもっともっとしらべてみたいです。

本番に向けて、教室の中でクラスの仲間を「お客」にして、話す練習を開始します。単元の大きなねらいでもある、「生きたコミュニケーション能力」をはぐくむ学習です。

相手の顔をしっかり見て、相手の反応を確かめながら、話すことを指導します。スピーチ原稿をただ一方的に話して終わっては、お客さんに失礼だと話します。

そして、いよいよその日が来ました。待ちに待った上野動物園での本番の日です。活動開始。彼らは各自の動物の檻の前へと散らばります。手に自分がかいた動物のポスターを持って。

その後、1時間半。彼らの奮闘は続き、多くのドラマがありました。

その日、彼らは見事に「動物博士」になりました。

もくじ

第5章 「推薦・紹介文」の授業技術

第6章 「報告・提案文」の授業技術

第7章 「説明・解説文」の授業技術 「読むこと」との複合単元

第8章 「物語の創作」の授業技術

第9章　「詩の創作」の授業技術

第10章　「短歌・俳句の創作」の授業技術

第1章
「入門期」の授業技術

Chapter 1

■主な関連教材
・1年「くじらぐも」（光村図書）
・1年「まちがいを　なおそう」（光村図書）

1年生の特性を考えて授業をつくる（物語・推敲）

特性と大きな流れをイメージする

いわゆる「入門期」と言われる1年生に、きちんと書く力をつけていくために、次のようなことを意識する必要があります。

・1年生の特性とは、どのようなものか
・1年生最後に、どのようになっているとよいのか
・そのために、どこでどのように力をつけていくのか

1年生の特性とは、どのようなものか

1年生の特性として、次のようなことがあげられます。

・視覚の優位性
・模倣から身につけやすい
・関心が高いが飽きやすい

これらの特性を生かして、次のような指導が考えられます。

・目に見えるものを書かせる
・真似をしながら覚えさせる
・変化のある繰り返しで関心をつなぐ
・簡単なものから難しいものに

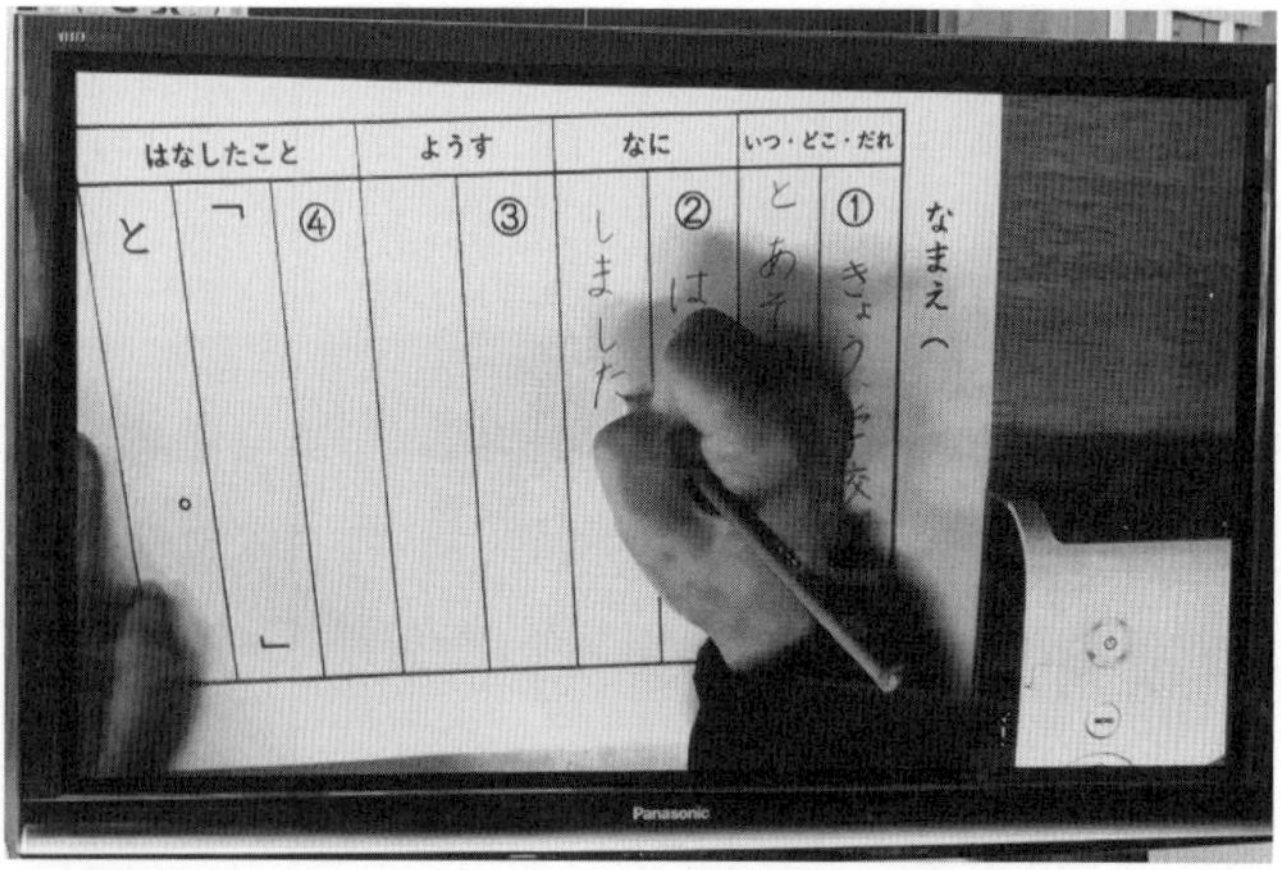

ここからは、具体的な実践事例を紹介します。

実物投影機を活用する

「目に見えるものを書かせる」「真似をしながら覚えさせる」にかかわる実践です。

1年生では、ワークシートの工夫や板書の工夫よりも、実物投影機を使って一緒にやってみることの方がわかりやすく、身につきやすい場合が多々あります。

上の例は、実物投影機でモデルを見せながら学習を進めているものです。ワークシートを実物投影機でモニターに映し出し、子どもたちと話しながら教師が実際に書いていきます。

できあがった文もモニターに映したままにしてお

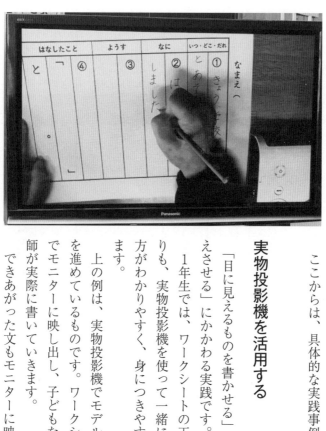

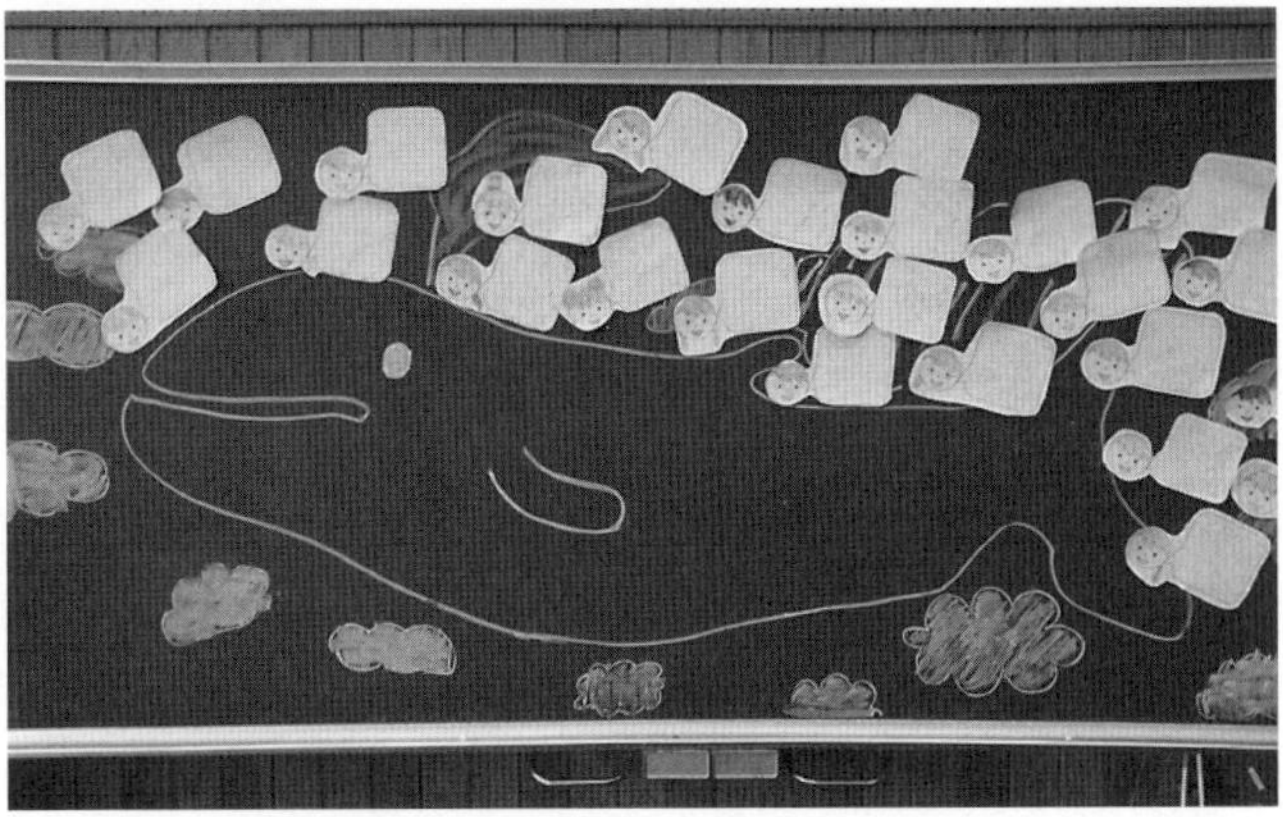

くと、作業が遅れている子どもの手本にすることができます。

大きな絵でひきつける

「関心は高いが飽きやすい」特性を踏まえた「くじらぐも」の指導例です。

物語を読んで思ったことを上のワークシートに自分の言葉で書く活動ですが、活動に飽きさせないために、まず黒板に大きなくじらぐもの絵をかきました。子どもたちからは「うわーっ！」という歓声が上がります。

「くじらぐもに乗って言ってみたいことを、ワークシートに『　』を使って書いてみましょう」

と指示すると、子どもたちはすごい勢いで書いていきます。

「　」や句点の書き方を確認したうえで、全員のワークシートを黒板にかいたくじらぐものまわりに貼っていくと、また子どもたちから歓声が上がります。

間違い探しをする

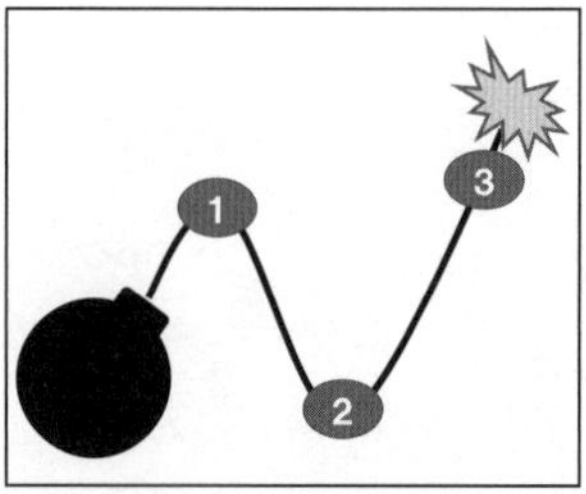

「変化のある繰り返しで関心をつなぐ」「簡単なものから難しいものに」にかかわる実践です。

まず、上の「ばくだんカード」と、次ページの1つ目の文章を示します。

「1つ目の文には、3つ間違いがあります。間違いを見つけたら、その言葉に×をつけて、正しい言葉をその横に書きましょう。30秒で全部見つけましょう。全部見つけられなかったら、爆弾が爆発し

わたしわ、こうえんえ
あそびにいきました。
きのみおひろいました。

ぼくわ、おやつお
たべました。
ケーキおたべました。

ます！」

と言って考えさせるだけで、すごく盛り上がります。

30秒後に答え合わせをして、2つ目の文章にも取り組ませます。

最後は、少しだけ活動のレベルを上げて、自分で問題を考え、隣の人に解いてもらいます。「は」「へ」「を」の間違いがある問題を考えるように指示します。

子どもが考えた問題を、みんなで考えるのも盛り上がります。

■主な関連教材
・1年「ぶんを　つくろう」（光村図書）
・1年「ぶんを　つくろう」（東京書籍）

ワークシートで、主語と述語の関係を意識させる（一文）

文をつくるときの1年生の課題

1年生で文を学習するとき、最初に「わたしがはなす」や、「ひとがあるく」などの「だれ（何）が」「どうした」という文から入りますが、主語・述語の関係をうまくつかめず、つまずいてしまうことが少なくありません。

そこで、文の中における主語と述語の関係をしっかりつかませることをねらった実践を紹介します。

「文ちゃんロボット」で述語を考えさせる

「文ちゃんロボット」とは、「だれ（何）が」と「どうした」と「。」を人形の形に分けたものです。これをプレゼンテーションや黒板で示しながら学習を進めていきます。

「これは、文ちゃんロボットといいます。文ちゃんロボットの頭には、『何が』が入ります」と言って、犬が歩いている絵を見せ、頭に何が入るか聞いていきます。

「いぬが」が入ることを確認し、次のように尋ねます。

「文ちゃんロボットの体には、『どうした』が入ります。『あるく』『ねる』『とぶ』のどれが入るかな？」

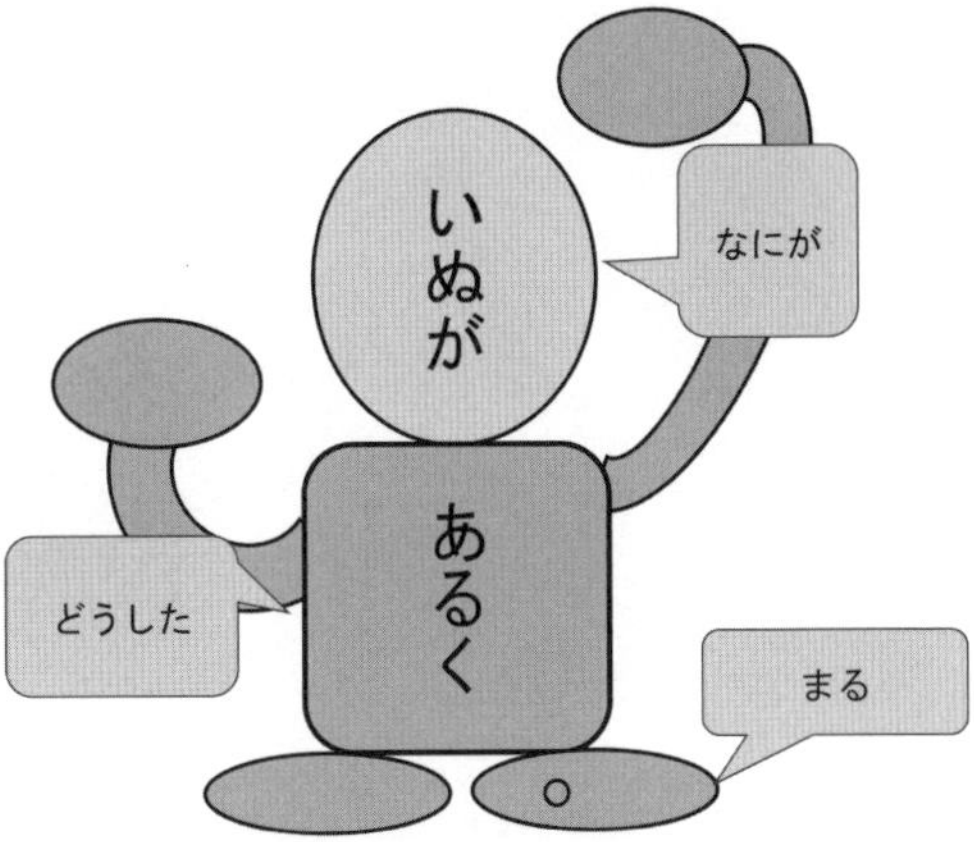

「あるく」が入ることを確認し、最後に足の部分の「。」を忘れずに書くことも押さえましょう。

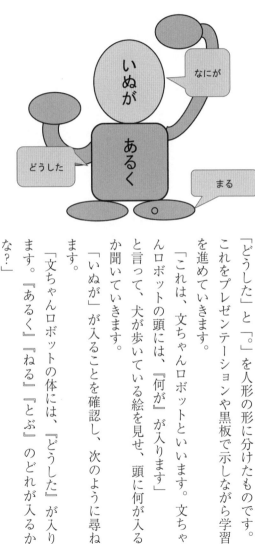

「文ちゃんロボット」で主語を考えさせる

次に、「ねる」「とぶ」を体の部分に書いたロボットと、猫が寝ている絵、ちょうが飛んでいる絵を示し、ロボットの頭にそれぞれ何が入るかを考えさせます。

主語と述語をつなぐ「が」を忘れないように指示することがポイントです。

最後に、他の絵を示して、自分で「何が」「どうした」の文をつくらせていきます。

ノートに書かせてもよいですし、

「文ちゃんロボットを使って文をつくってみよう」

と言って、空欄のロボットを配り、それに書かせてもよいでしょう。

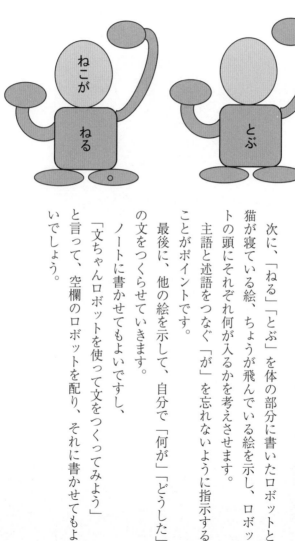

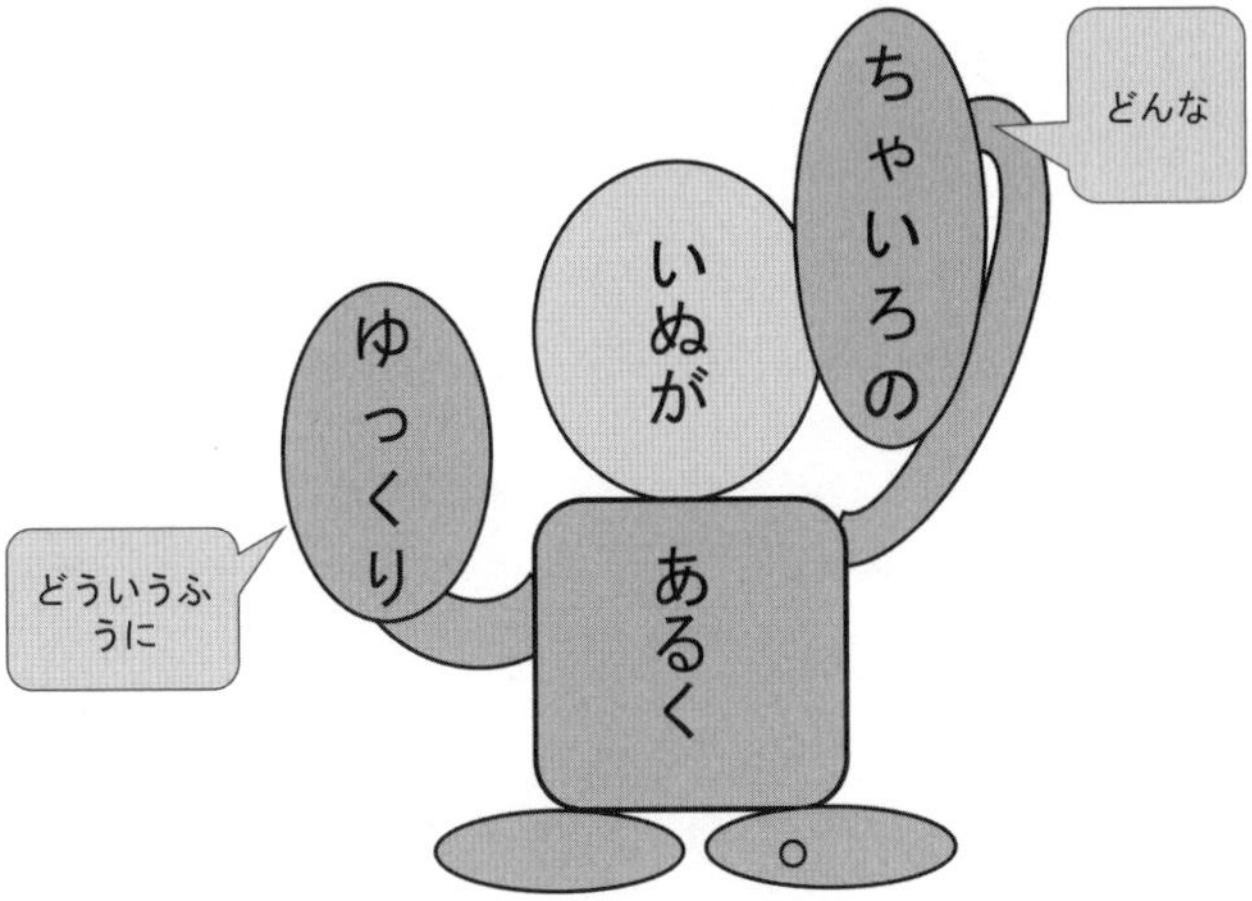

レベルを上げた活用例

ロボットには、手の部分があります。

この手の部分に、主語を修飾する「どんな」、述語を修飾する「どういうふうに」を入れることで、修飾語の学習にも活用できます。

■主な関連教材
・1年「ぶんを　つくろう」（光村図書）
・1年「ぶんを　つくろう」（東京書籍）

ゲームで、主語と述語の意味のつながりを考えさせる（一文）

文が書けるようになった次のステップ

「だれが」「どうした」という文が書けるようになったら、「○○はどうした」「○○は○○だ」などの、形容詞文、名詞文の使い方も覚えていきます。

ここでは、学ぶべきことがいっぺんに出てくるので、「は」と「が」の使い方や、どのようなときに使うのかなどに気をつけさせるとともに、文として正しいか、すなわち主語と述語の意味のつながりもしっかりと意識させる必要があります。

そこで、ゲームを通して、主語と述語の関係や意味のつながりを考えさせる指導方法を紹介します。

わたしは	ぼくは	いもうとが	こねこが	あにが	せんせいが	おとうとが
のむ	はしる	うたう	なく	あるく	よぶ	おどろく

「ことばあわせゲーム」

主語と述語の関係や、意味のつながりが正しいかを考える力をつけたいときに有効なのが、この「ことばあわせゲーム」です。

主語と述語に分かれた上のようなカードを、グループごとに用意します。このカードを裏返して置いておき、１人２枚ずつめくって読み上げます。

２枚で意味が通る一文になれば合格で、ノートにその一文を書きます。

「あにが」「こねこが」のように２枚とも主語（述語）を取ってしまった場合や、「こねこが」「うたう」のように意味が通じない（あり得ない）文になってしまった場合は失敗です。

からすは	くろい
ねこは	かわいい
つきが	きれい
はなが	ちいさい
いぬが	げんきだ
そらが	あおい
とりが	おおきい

形容詞文に取り組む

グループで確認しながら進めていくことで、どの子も安心して取り組むことができます。

子どもたちが活動に慣れてきたところで、形容詞文に取り組みます。前ページのケースでは、主語と述語を選べば意味が通じないのはごく一部でしたが、今度は意味が通じない組み合わせが増え、難易度が少し上がります。

グループで検討するよさを生かす

ここでは、「からすはちいさい」「つきがあおい」といった微妙な文ができることもあるので、グループの中で自然に話し合いが生まれます。

最後に、すべてのカードを混ぜてゲームをやってみます。おもしろい文がいっぱい出てくるので、みんなで楽しみながら言葉を検討することができます。

■主な関連教材
・1年「すきな　もの，なあに」（光村図書）

まず話してから、書くことにつなぐ（三文）

話させてから「書く」ことにつなぐ

文が書けるようになってきたら、「文章」を書いていきます。

ここでは、「まず話せるようになってから書く」という流れにすると、学習がスムーズに進みます。

ただし、文章として話すことが難しい子どもが多いという悩みを抱えている先生も多いと思います。

そこで、「3〇（さんまる）スピーチ」を活用して、自分の考えを言えるようにし、さらに書けるようにしていきます。

3○（まる）スピーチ

3○（まる）の「○」 ➡ ぶんのおわりの○

はなすひと ➡ 3つのぶんではなす

きくひと ➡ 「○」ごとにうなずく

「3○（さんまる）スピーチ」

3○（さんまる）の「○」は句点のことです。つまり3つの文で話すということです。

次のように言います。

わたしは、□□にしました。（まる）
りゆうは、…だからです。（まる）
だから、わたしは□□がすきです。（まる）

まずは、何度も言う機会をつくることで型に慣れさせ、語彙を広げていきます。

はじめは、次ページの例のように、2つのうちからどちらか1つを決め、その理由を言うというシンプルな型でスタートするのがおすすめです。

あなたは、おにぎりがすきですか、サンドイッチがすきですか？

スピーチの練習

まずは、教師がスピーチの手本を見せ、子どもたちはそれを聞きます。

ルールは、一文終わる（〇になる）ごとに指を1本ずつ立て、聞いている人はうなずくというものです。

「わたしは、サンドイッチにしました。（指を立てる／うなずく）」

「理由は、たまごやハムが入っているからです。（指を立てる／うなずく）」

「だから、わたしは、サンドイッチが好きです。（指を立てる／うなずく）」

おにぎりの答え方の例も教師が示しておくと、理由を考えることができない子どもが少なくなります。

やり方を理解したら、2人組で練習します。

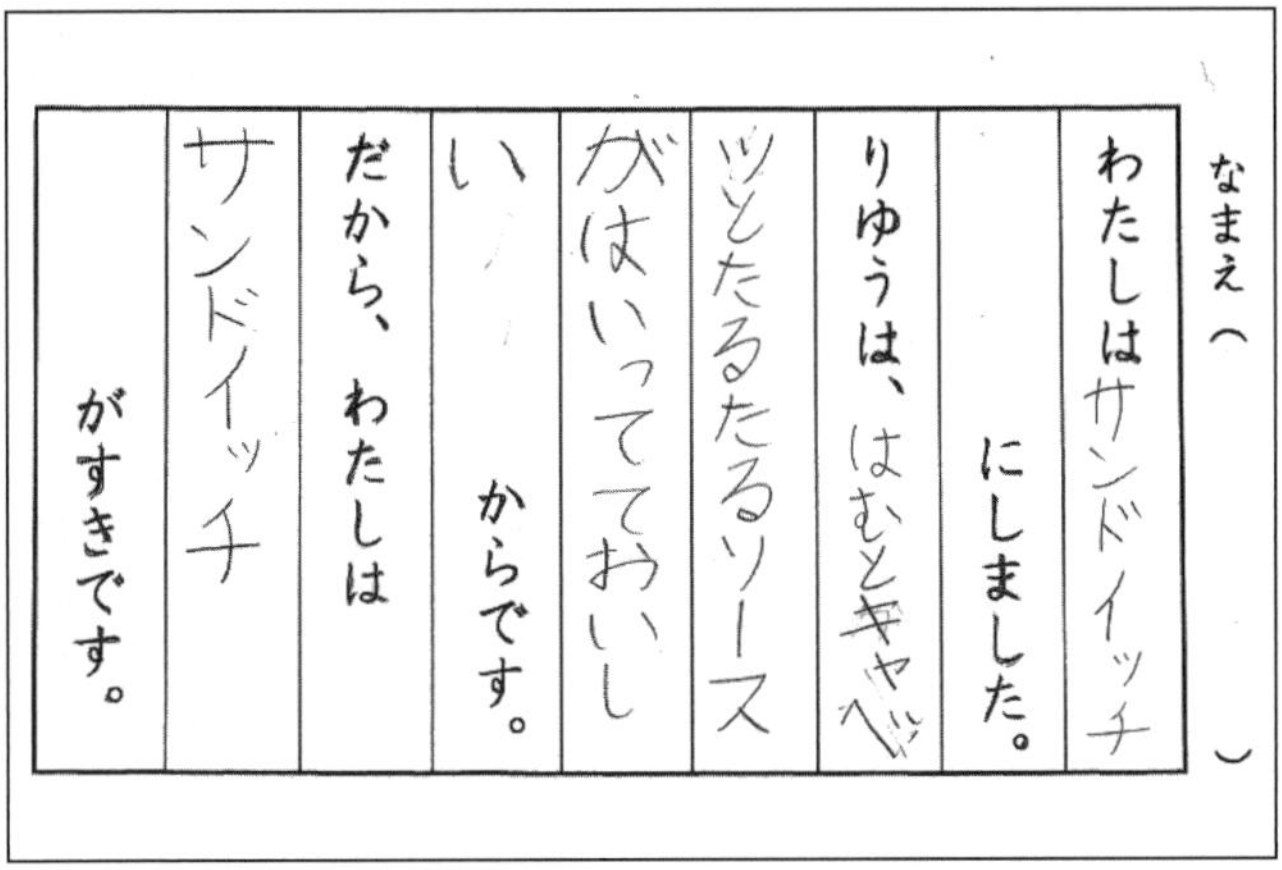
なまえ（　　　）
わたしはサンドイッチ
にしました。
りゆうは、はむとキャベ
ツとたるたるソース
がはいっておいし
い
からです。
だから、わたしは
サンドイッチ
がすきです。

「3〇スピーチ」を文章で書く

ワークシートを配って、スピーチで話したことを書かせていきます。決まっている部分はあらかじめワークシートに印刷しておいて、できるだけ書きやすくします（慣れてきたら、決まっている部分も少しずつ子どもに書かせます）。

このような「自分の考えを書いて伝える」という方法をできるだけ早いうちに身につけさせておくと、物語や説明文でも、質問に対する自分の考えをわかりやすくノートに書くことができるようになります。「このお話は悲しいお話です。理由は…」というように活用の幅が広がっていきます。

■主な関連教材
・2年「きょうの　できごと」（光村図書）

構成や話題をそろえて、文章を書かせる（日記）

向上期に気をつけたいこと

文章がある程度書けるようになってきたら、日記などで自分が経験したことをどんどん文章に表していきます。

しかし、個人差が大きいので、子ども任せで急に取り組ませると、つまずく子が多く出てしまいます。そういったことにならないようにするためには、「そろえる」意識が大切です。

「構成」をそろえる

なまえ（　　　　）

いつ・どこ・だれ		なに		ようす		はなしたこと			きもち
①		②		③		④ は、	「　　」	といいました。	⑤

上のようなワークシートを用意し、文章の構成をそろえます。

- ・いつ・どこで・だれと
- ・何を
- ・そのときの様子
- ・話したこと
- ・そのときの気持ち

また、会話文の「　」で行を変えることが難しい子どもが多いので、はじめのうちは、ワークシートにあらかじめ「　」を印刷しておきます。

自分で意識して書けるようになってきたら、こういった補助は少なくしていきます。

「話題」をそろえる

全員に共通の体験をさせ、話題をそろえたうえで文章を書かせるのも1つの手です。例えば、次のような「はなはなゲーム」を全員で行います。

①教師が「はなはな…」と言い出したら、子どもは両手を鼻につける。
②教師が「頭！」と言って両手を頭に乗せたら、子どもも同じ動きをする。
③頭、鼻、耳で繰り返しながら、教師はうその動きを入れる。「はなはな…、頭！」と言って両手を耳につける。動きに惑わされず、言葉通り両手を頭に乗せたら合格。

「ふきだしカード」を使う

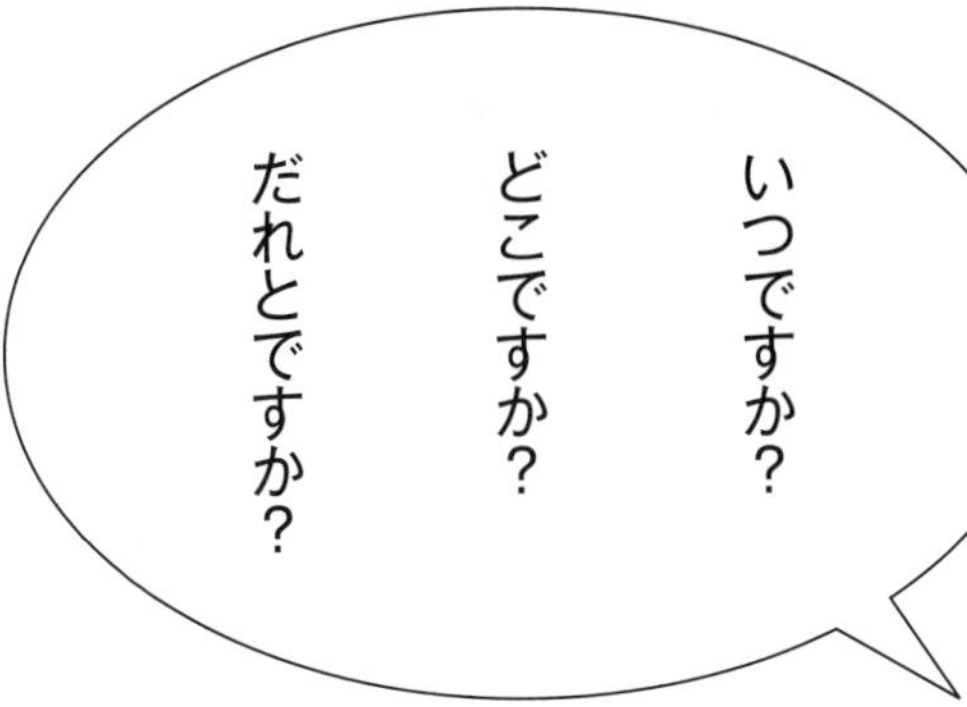

上のような「ふきだしカード」を教師が見せたら、「いつですか？　どこですか？　だれとですか？」と全員で言い、「きょう、学校で、みんなとあそびました」という一文を完成させます。

続いて次々カードを提示し、各自の体験を書き進めていきます。

「何をしましたか？」→「はなはなゲームをしてあそびました」

「様子はどうでしたか？」→「二かいかちました」

「何を話しましたか？」→「ぼくは『やった。』といいました」

「どんな気持ちでしたか？」→「うれしかったです」

■主な関連教材
・１年「おおきく　なった」（光村図書）
・１年「はっけんしたよ」（東京書籍）

観点や型を、楽しく身につけさせる（観察記録）

観察文を書くときの課題

観察には、動物・昆虫などの観察や、花や木などの植物の観察があります。１年生の段階では、文章を書くのがまだ難しい場合は観察メモを、ある程度文章が書けるようになったら観察文まで書かせます。その際、課題となるのが以下のようなことです。

・経験が不足していて、観察するポイント（観点）がわからない。
・記録したことをどのように文章にまとめればよいのかわからない。

ここでは、楽しく観点を学ぶ方法と、観察文にまとめていく工夫を紹介します。

「はっけんサイコロ」を使って観察をする

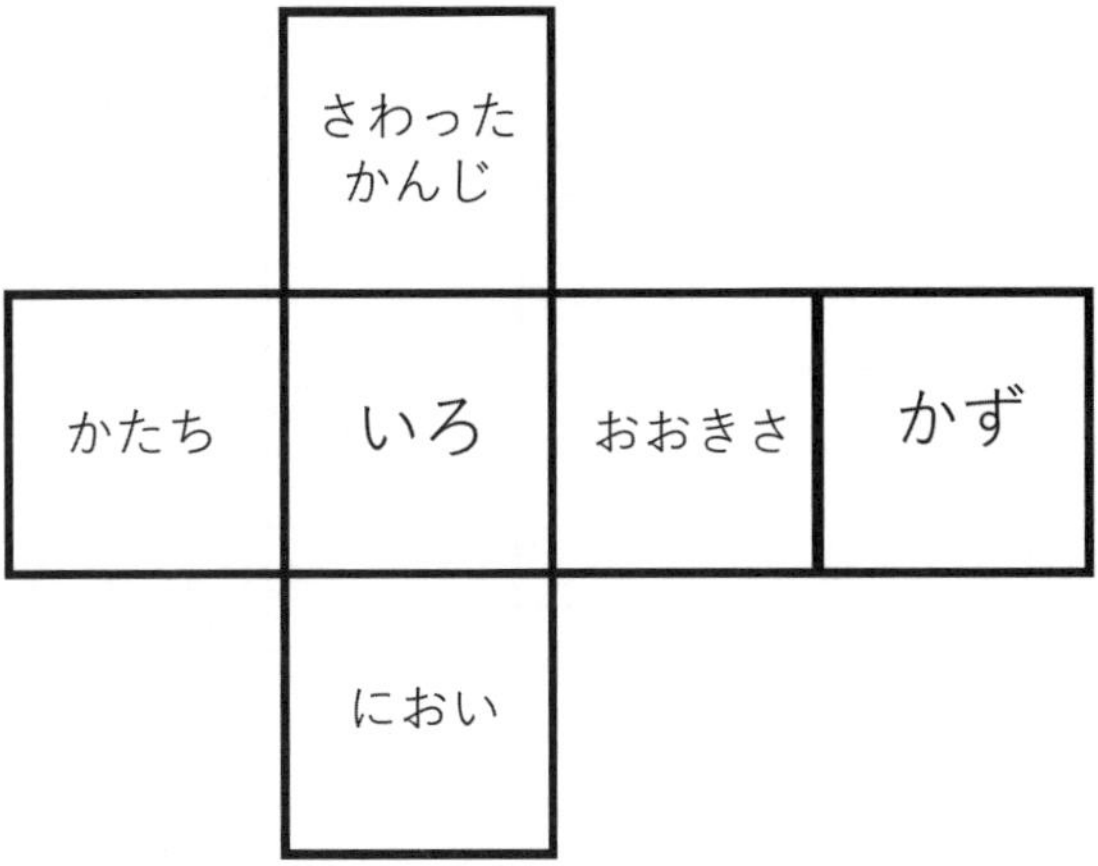
さわった
かんじ
かたち
いろ
おおきさ
かず
におい

観察の観点は、五感を使ったものになります。教科書では、「数」「大きさ」「色」「におい」「触った感じ」「形」「聞こえる音」「高さ」「太さ」「重さ」などが例示されています。

ここでは、その中の6つを使って「はっけんサイコロ」を作成し、4～6人のグループに1つずつ渡します。

まず、練習をします。机の上に、鉛筆や消しゴムなどを出し、サイコロを振って、出た目の観点でそれらのものについて話します。例えば、「数」だったら「2つです」、「色」だったら「白いです」といった具合です。

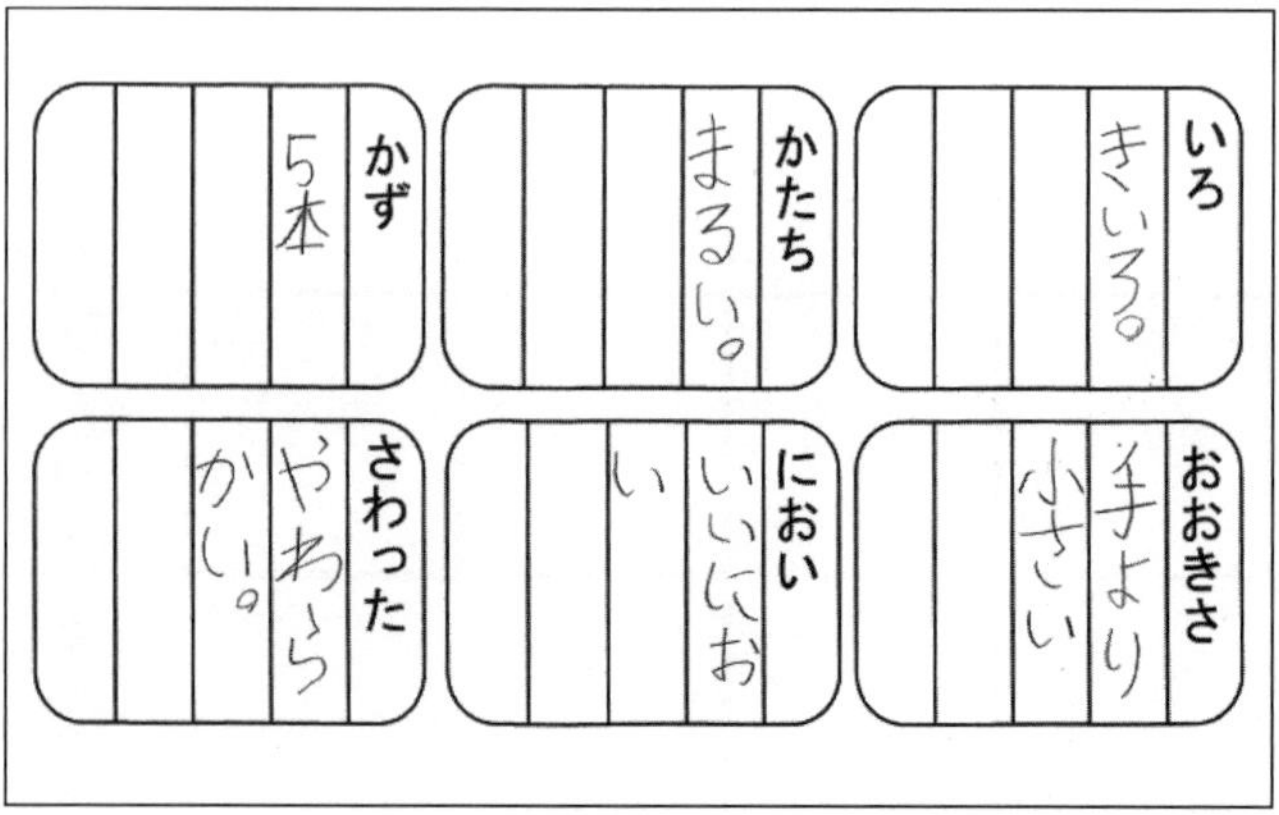
いろ
きいろ。
かたち
まるい。
かず
5本
おおきさ
手より小さい
におい
いいにおい
さわった
やわらかい。

観察メモを書く

次に、共通の観察対象をグループに置いていきます。本授業では、自分たちで育てているパンジーを置いて観察しました。順番に「はっけんサイコロ」を振って、出た目ごとにみんなで言いながら観察メモを書いていきます。

サイコロを振っていくと、同じ目が出てくる場合がありますが、繰り返しみんなで言い合います。すると、はじめは「ちいさい」と言っていた子どもが、友だちの意見を聞いているうちに、「じぶんの手より少し小さい」というように、より詳しい表現に変わっていきます。

すべての観点が出るまで、何度も繰り返して書かせていくとよいでしょう。

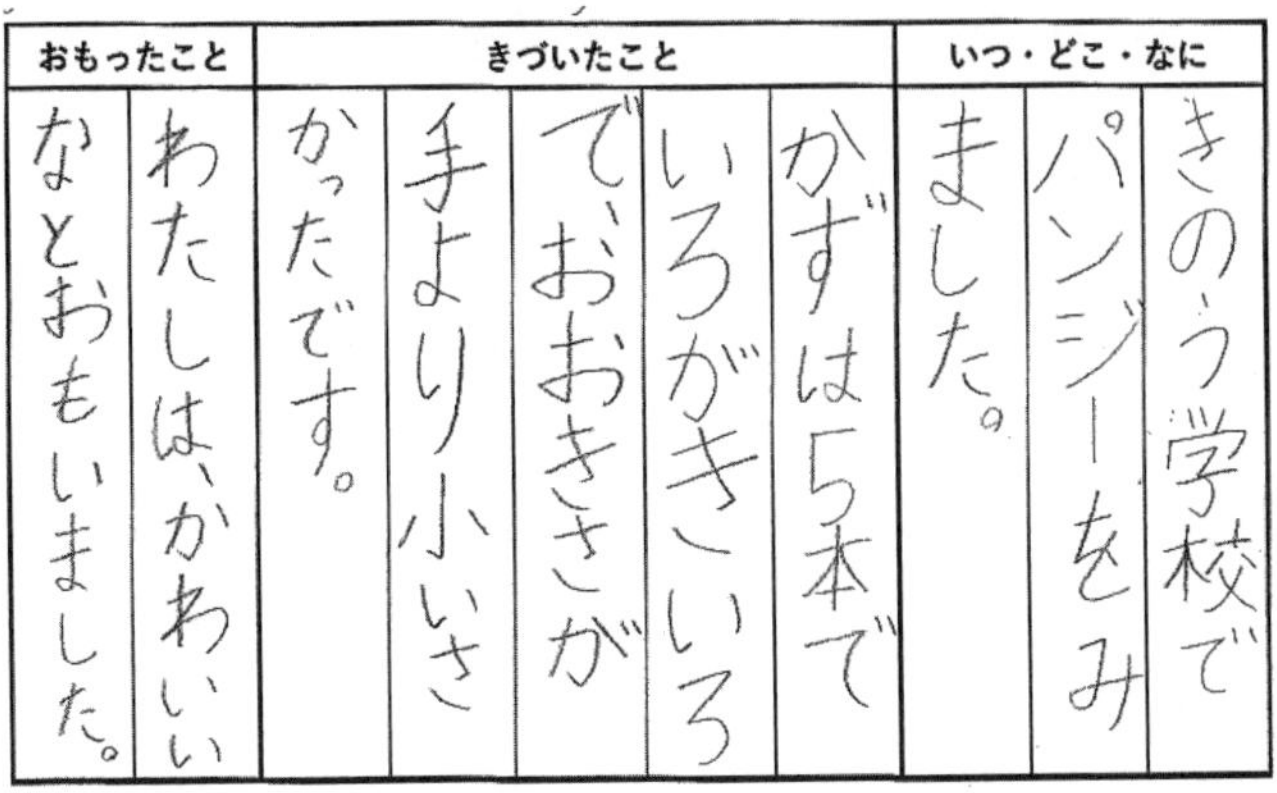

いつ・どこ・なに	きづいたこと	おもったこと
きのう学校でパンジーをみました。	かずは5本でいろがきいろでおおきさが手より小いさかったです。	わたしは、かわいいなとおもいました。

観察メモから観察文を書く

観察メモができたら、観察文を一緒に書いていきます。まず、前項で紹介した「ふきだしカード」を使って、「いつですか？　どこですか？　何を見ましたか？」と聞きます。

「きょう、学校で、パンジーを見ました」とみんなで確認し、「きづいたこと」を観察メモから２つ選んで書かせていきます。

最後に、「おもったこと」を書きます。「かわいいなとおもいました」など、自分の気持ちを書くことができたら、観察文の完成です。

対象を変えて何度も練習することで、自分で書けるようになっていきます。

■主な関連教材

・1年「じどう車ずかんを　つくろう」（光村図書）

・1年「どうぶつの　赤ちゃん」（光村図書）

ワークシートで型を示し、複数の教材で活用する（説明）

説明文の言語活動を行うときの課題

1年生中盤から、説明文が登場します。はじめは、「順序」「問いと答え」などを考えながら読ませていくものが多く出てきます。そして、1年生の2学期になると、読むだけではなく、「書いてみる」という言語活動が入ってきます。

この活動を行うときの課題として、書ける子どもと書けない子どもの個人差が大きいということがあげられます。

そこで、書くのが得意な子どもも、書くのが苦手な子どもも全員が満足できる活動にする工夫を紹介します。

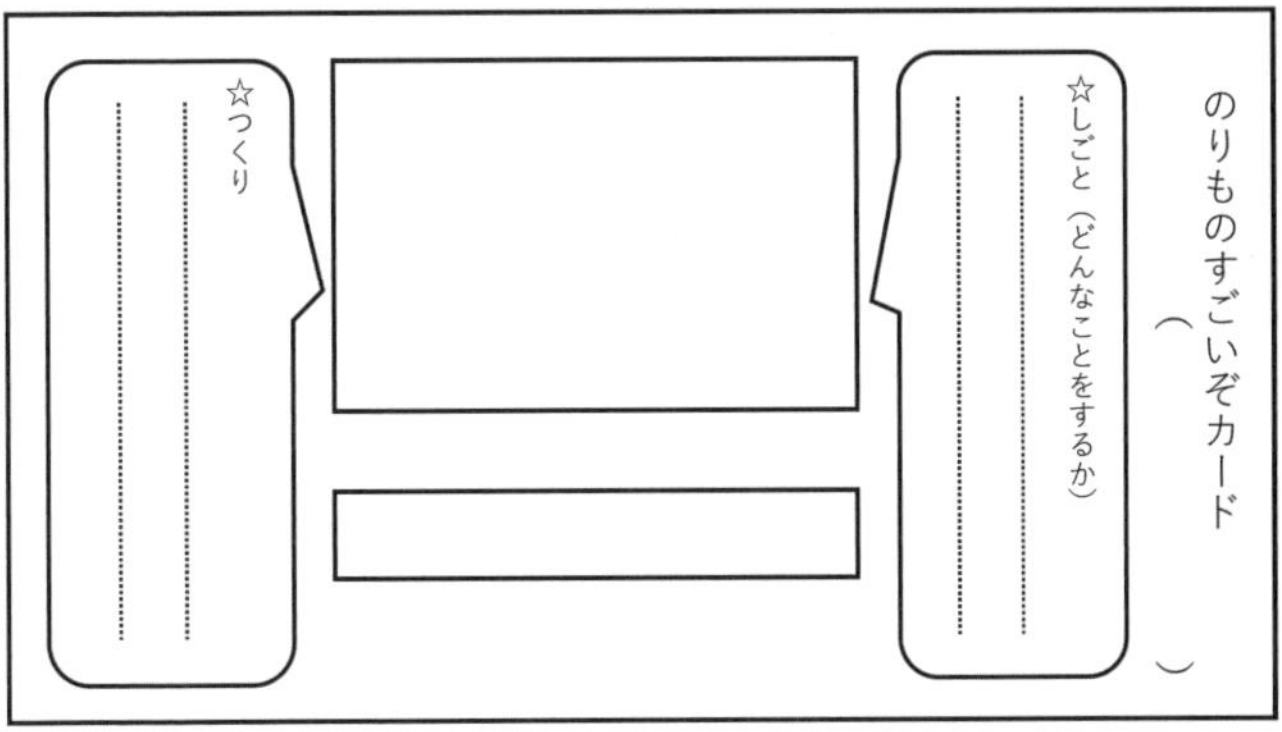

ワークシートを使う

「じどうしゃくらべ」の言語活動の例を紹介します。ここで書かせたいことは、「どんな仕事をするのか」「そのためにどんなつくりになっているのか」の2点です。

そこで、上のワークシートのように、左右に分けて書かせていきます。中央には、車の絵をかくか、車のイラストカードを貼ります（後述）。

最初は教科書で取り上げられている車をみんなで丁寧に考えていきます。その後、自分で「しごと」「つくり」をまとめます。

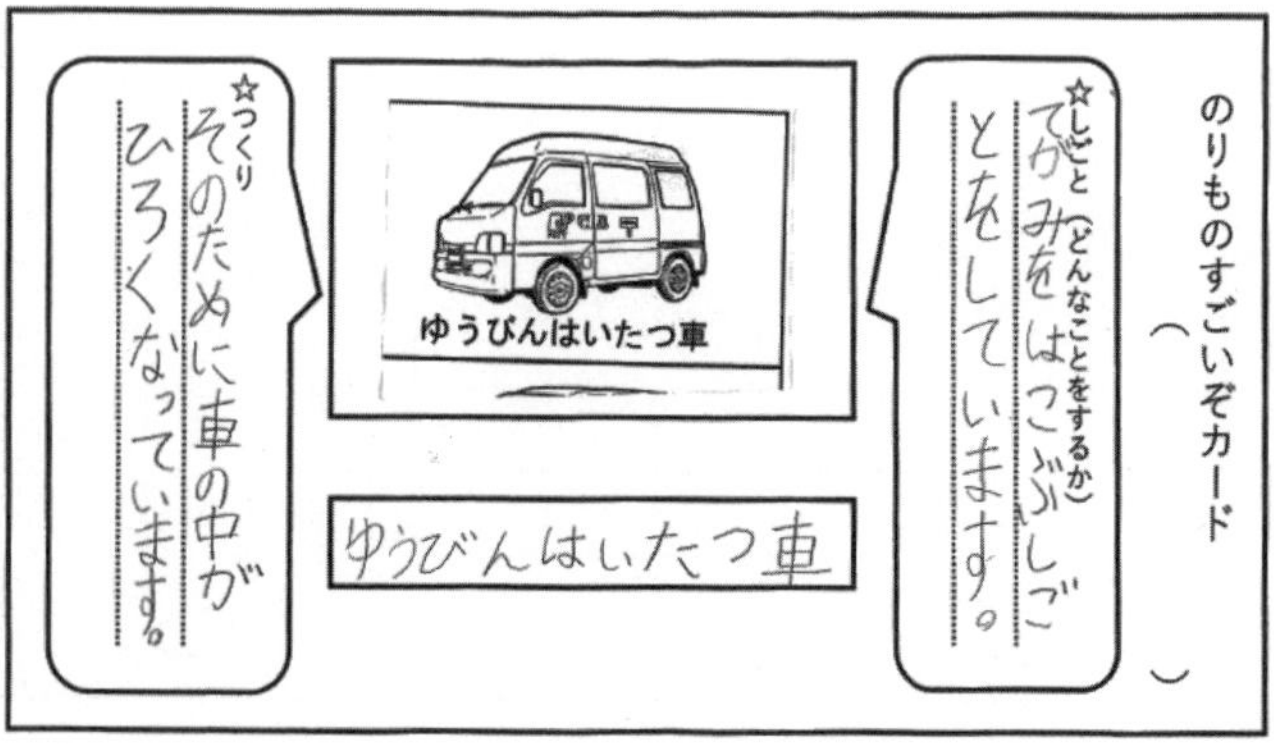
のりものすごいぞカード
☆しごと（どんなことをするか）
てがみをはこぶしごとをしています。
ゆうびんはいたつ車
ゆうびんはいたつ車
☆つくり
そのために車の中がひろくなっています。

イラストカードを活用する

自分でまとめるときは、下のイラストカードの４つの車の中から自分が書きたいものを選ばせます。そして、そのイラストを教師から受け取り、ワークシートの中央に貼らせます。

このイラストカードを使うことで、絵をかくことが苦手な子どもや、作業に時間がかかる子どもも取り組みやすくなります。また、早く終わった子どもは、他のイラストカードでつくることで、学びを繰り返すことができます。

ゆうびんはいたつ車
パトロールカー
きゅうきゅう車
はしご車

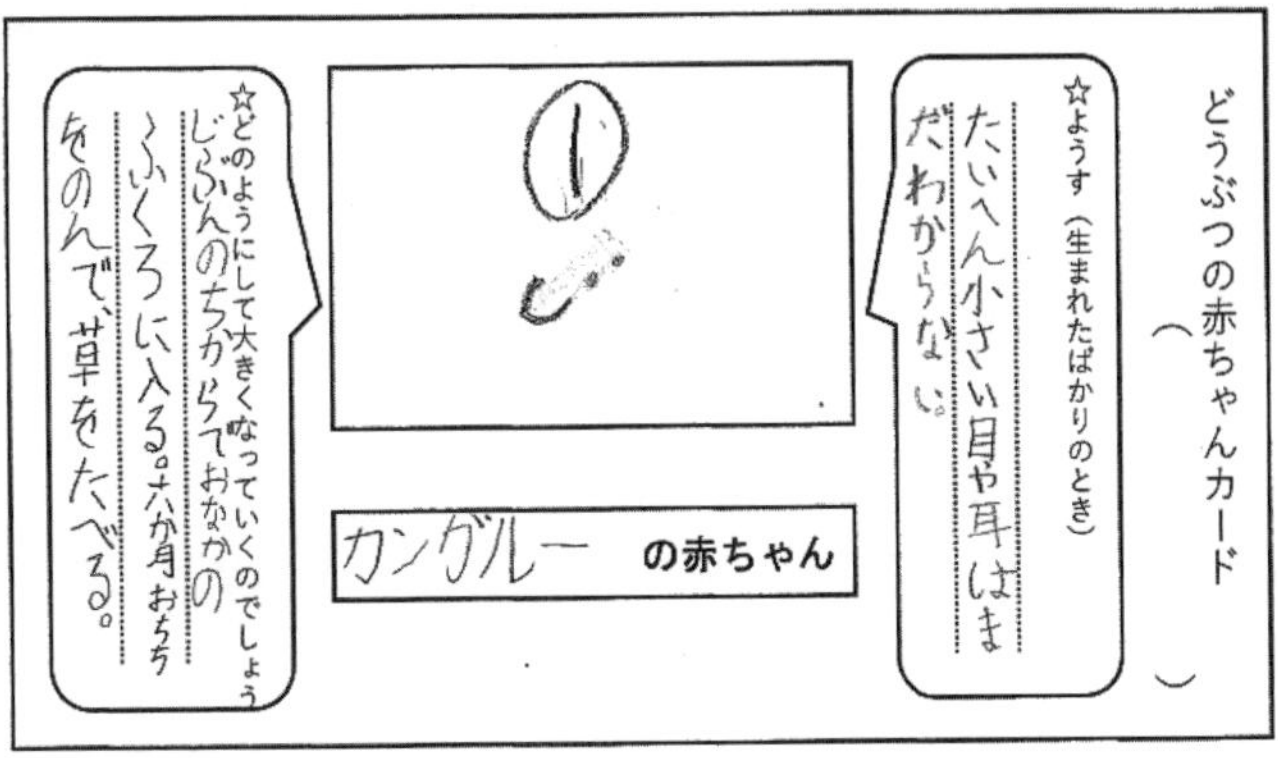

自分で絵をかきたい子どもには、自分でかかせてもよいですが、「しごと」と「つくり」の観点でまとめることが学習の中心なので、その認識を共有することが大切です。

他の教材で活用する

このワークシートのフォーマットは「どうぶつの赤ちゃん」の単元でも活用できます。この教材では、「生まれたばかりのとき」と、「大きくなっていく様子」の観点でまとめていきます。

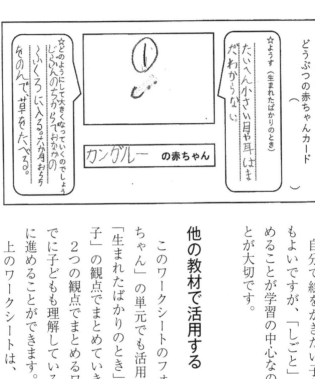

2つの観点でまとめるワークシートであることをすでに子どもも理解しているので、学習をよりスムーズに進めることができます。

上のワークシートは、教科書の教材文の後にある

「カンガルーの赤ちゃん」についてまとめたものです。

このように、簡単に書けるような工夫をすることで、学習効果を高めることができます。

第2章
「手紙」の授業技術

Chapter 2

■主な関連教材

・2年「すてきなところをつたえよう」（光村図書）
・2年「『ありがとう』を　つたえよう」（東京書籍）

飛び出す手紙、開く手紙で、書く意欲を高める

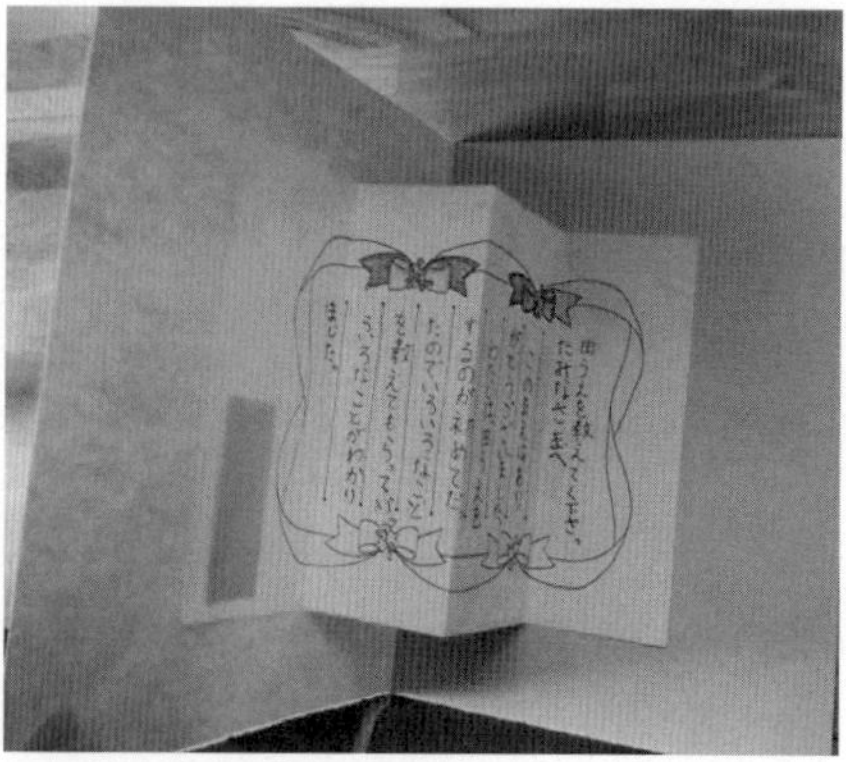

低学年（2年生）の手紙を書く学習は、「すてきなところをつたえよう」（光村図書）、「『ありがとう』を　つたえよう」（東京書籍）など、1年間学習してきたことを踏まえて、自分の思ったことを伝えたり、感謝の気持ちを伝えたりすることが重視されています。

低学年では特に、「だれに書くのか」という相手意識が大切です。例えば、生活科で昔の遊びを教えてくれたり、栽培活動を手伝ってくれたりした講師の方などは、子どもたちがみんなお世話になった経験があるので、手紙を書きやすい相手です。

低学年の子どもたちは、手紙を書くということ自体に慣れていないため、文法や漢字の間違いなど、気をつけなければならないことも多くあります。しかし、相手意識さえ明確になっていれば、たとえ文法や漢字が間違っていたとしても、伝えたいことは明確な文章になります。

以上のことを踏まえて、ここでは、「とび出す手紙」を紹介します。

普通の手紙と違って、見た目も華やかで、サプライズ的なしかけがあり、子どもたちがより意欲的になります。また、飛び出すしかけもその子なりの工夫ができるので「つくってみたい！」「書いてみたい！」という意欲を高めることができます。

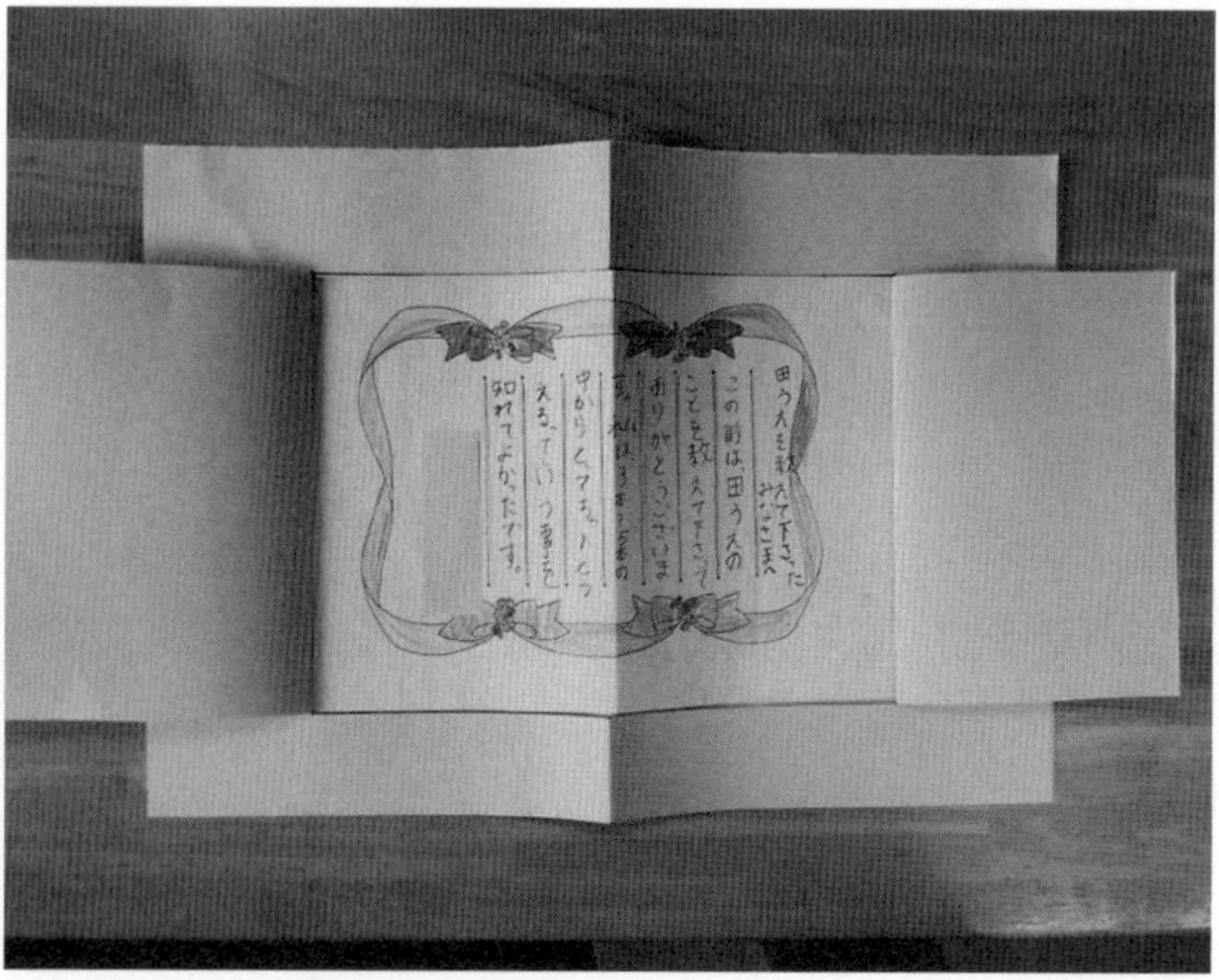

前ページの写真にある手紙は、折って台紙（色画用紙）に貼ったものを開くと、飛び出す（広がる）しかけになっています。手紙を書く子どもは、もらった相手が喜ぶイメージをふくらませながら学習に取り組むことができます。飛び出す手紙は、次の手順でつくることができます。

①手紙を書く
②手紙を四つ折りにする
③両端の裏をのりづけする
④台紙となる画用紙に貼る

また、上のような「開く手紙」もあります。中が開き戸のようになっていて、扉を開いて

手紙を読むことができます。これは、次の手順でつくることができます。

①手紙を書く
②手紙より少し小さめの窓枠をつくる
（事前に印刷しておくとよい）
③はさみで枠の上下と中央を切り、窓枠に開き戸をつくる
④台紙の中央に手紙を貼る
⑤手紙を挟むように窓枠を上から貼る

台紙にきれいに貼りつけることも、相手に思いや気持ちを伝えるうえで重要な要素です。早く完成した子には、余白に絵やイラストなどをかかせるとよいでしょう。

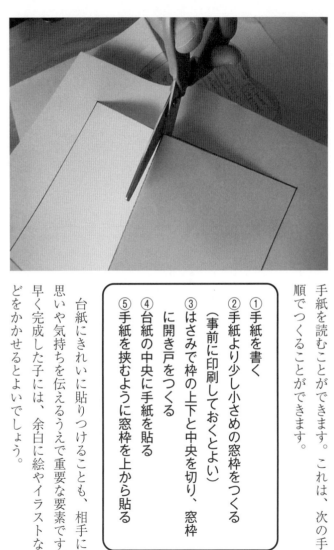

■主な関連教材
・3年「気もちをこめて『来てください』」(光村図書)
・3年「案内の手紙を書こう」(東京書籍)

プログラムにひと工夫を加え、招待状にする

中学年(3・4年)で行う手紙の学習では、実用的な文章としての手紙を書きます。例えば、学校行事についての招待状や案内状です。運動会や学習発表会・音楽会といった行事は、おうちの方に自分の姿を見てもらう機会ですから、中学年の子どもにとっては、伝える相手がはっきりした書きやすい学習になります。

ここでは、運動会の招待状を例に、おうちの方に喜んでもらえる工夫を2つ紹介します。

・自分の種目と見てほしい姿を書く。
・自分が当日どこにいるのかを書く。

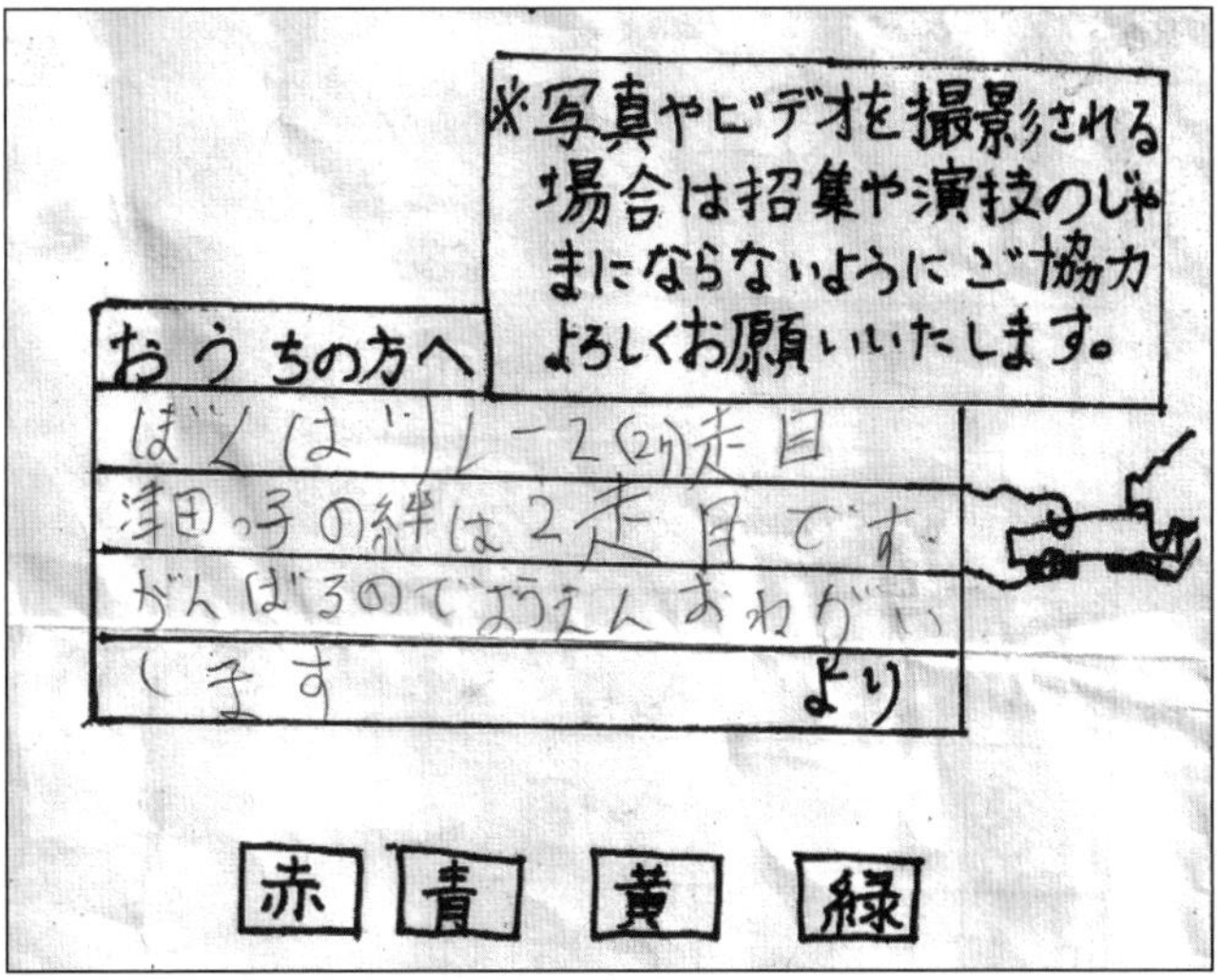

上の例は、学校から配付されるプログラムにひと工夫したものです。

運動会のプログラムであれば、日時や競技順などがわかればよいのですが、せっかくですから、プログラムが招待状にもなるよう、「おうちの方へ」という欄を設けています。

ここで、自分がどの種目に出るのかを書いて伝えます。おうちの方も、子どもが出る種目までは把握している方が多いですが、種目に加えて出走順まで書くと喜ばれます。

また、運動会に向かう心構えを書かせることでおうちでの話題になりますし、子どもも励みになります。学年に応じて、子どもの書く欄の長さは調節します。

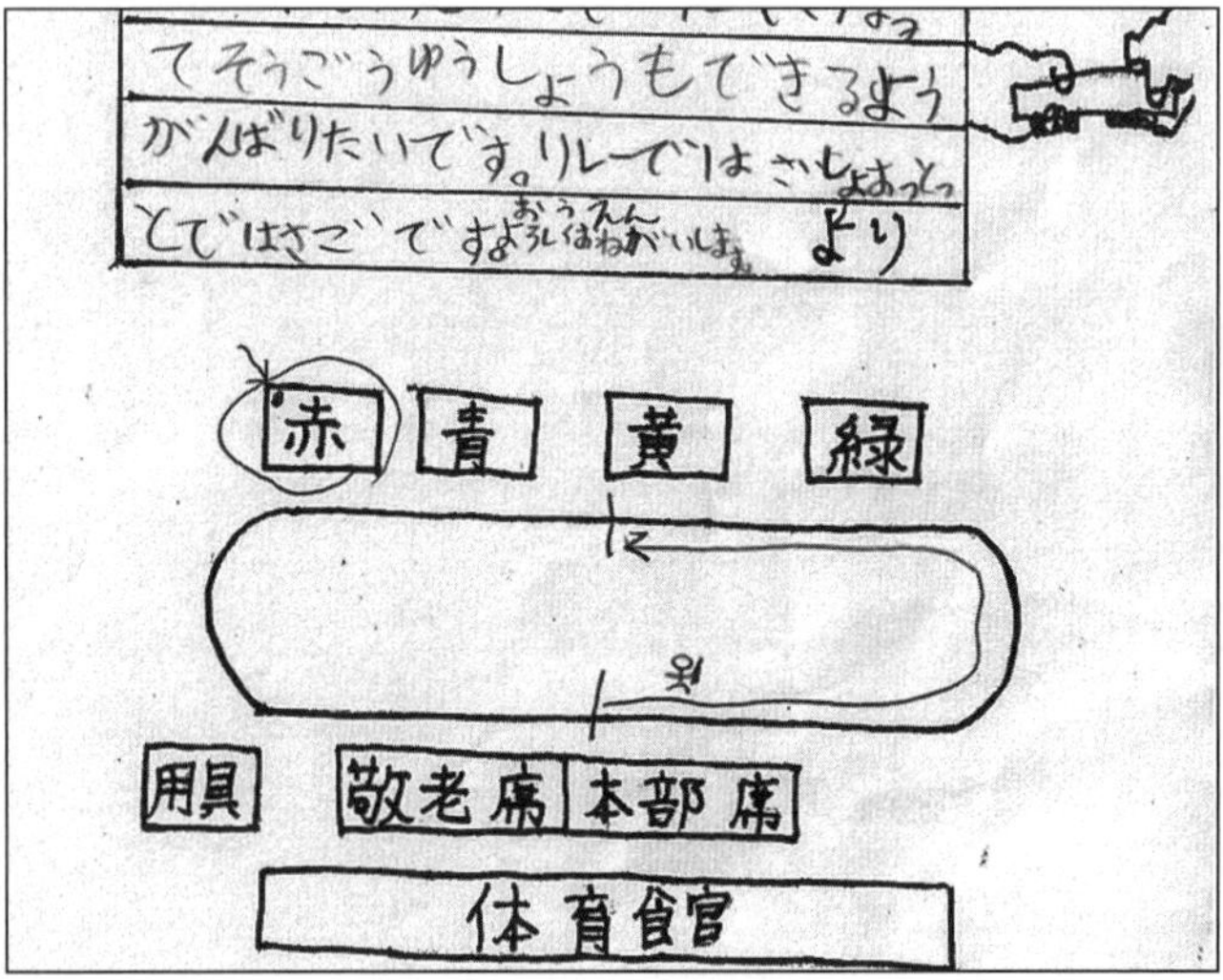

次に、運動会や学習発表会・音楽会で子どもの位置を伝える工夫を紹介します。

運動会では、上の例のように、見取図でわかりやすく書かせます。

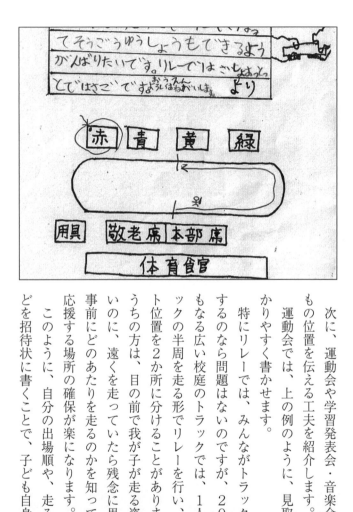

特にリレーでは、みんながトラックを1周するのなら問題はないのですが、200mにもなる広い校庭のトラックでは、1人がトラックの半周を走る形でリレーを行い、スタート位置を2か所に分けることがあります。おうちの方は、目の前で我が子が走る姿が見たいのに、遠くを走っていたら残念に思います。事前にどのあたりを走るのかを知っておくと、応援する場所の確保が楽になります。

このように、自分の出場順や、走る位置などを招待状に書くことで、子ども自身も競技

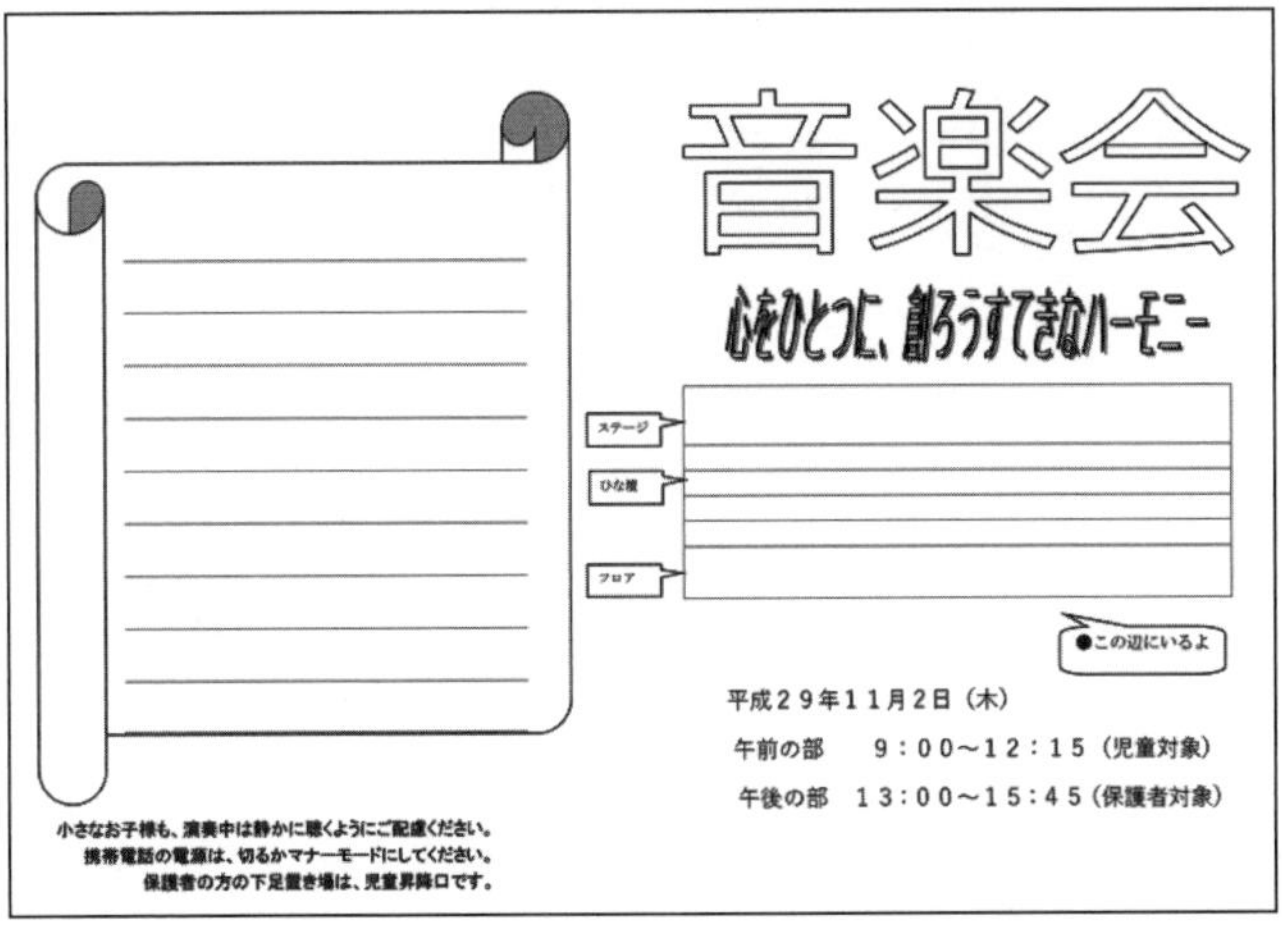

に向かうやる気を高めることができます。

ここでは、運動会の例を示しましたが、学習発表会や音楽会でも同じような工夫をすることができます。例えば、自分がステージのどのあたりにいるのかを伝えることです。ひな壇の図を招待状にかき、子どもに自分がどのあたりに並んでいるのか印（●）をつけさせるだけで構いません。その横に学習発表会や音楽会に向かう心構えを書かせます。

最近は、写真だけでなく、動画を撮影される方が多いので、子どもの位置が事前にわかることは保護者にとても大変喜ばれます。

このような工夫をするだけで、もらう人にとって意味のある招待状になります。

■主な関連教材
・3年「気もちをこめて『来てください』」（光村図書）
・3年「案内の手紙を書こう」（東京書籍）

書く量を、自分で決めさせる

手紙には、招待状・案内状、お礼の手紙などがあります。

フォーマルな手紙になると、それぞれ一般的な形式があるので、それにあてはめて書くようになります。形式にあてはめるといっても、書く内容は人によってそれぞれ違います。子どもたちも、たくさん内容を書くことができる子もいれば、なかなか書けないという子もいます。

そこで、手紙の文章量を子どもに決めさせます。具体的には、罫線の数（行数）が違う用紙を用意します。

普通は全員に同じ罫線の用紙を配付してしまうのですが、行数が違う用紙を2種類用意します。

具体的には次ページの写真のようなものです。

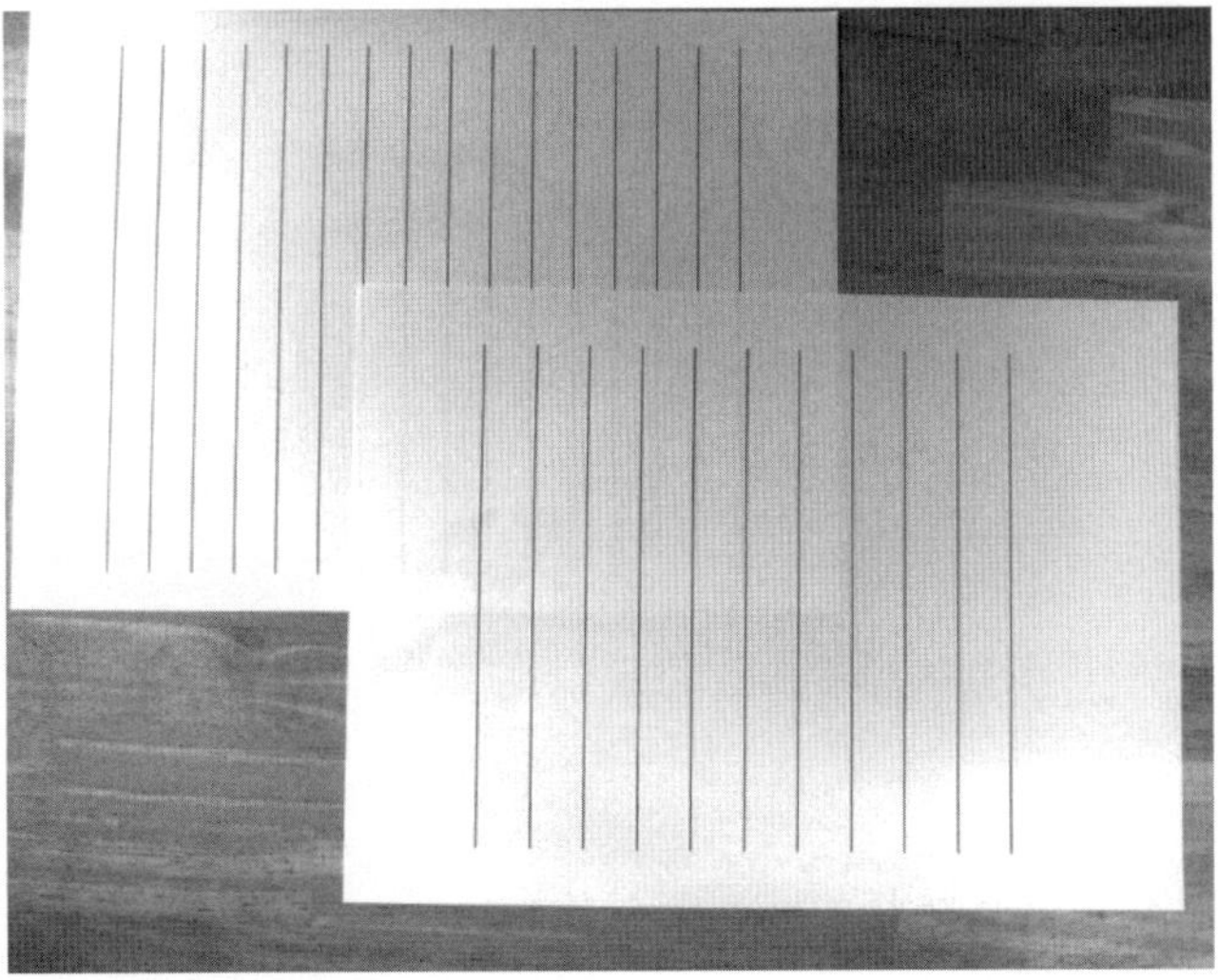

手前の用紙は10行で、奥の用紙はその1・5倍の15行あります（目的や学年によって基本の行数は調整します）。

「手紙を書く紙が2種類あります。10行の紙と15行の紙です。好きな方を選んでいいですよ」

と子どもたちに投げかけます。

全員一律で同じ用紙を使って書かせると、少ない量しか書けない子どもにも無理してすきまを埋めさせようとしてしまいがちです。結果として、子どもは手紙や作文を書くことに対してさらに苦手意識をもってしまったり、嫌いになってしまったりします。

行数の違う用紙を2種類用意しておくことで、子どもは自分の書けそうな量を選べて、

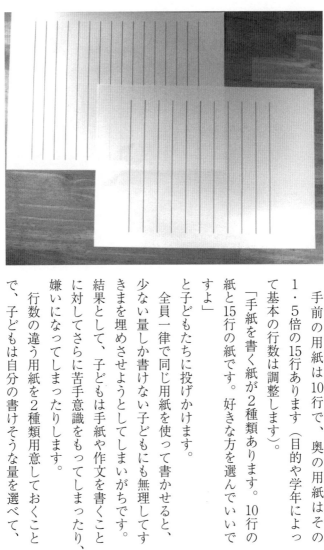

無理なく学習に取り組むことができます。

　続けて何度も手紙を書く機会がある場合は、次のように話をして、手紙を書く力のある子どもには、より長い文章を書けるようにしていきます。

「今日も手紙を書くために2種類の紙が用意してあります。でも、この間、行数が多い方を使っても、『もっと書きたい！』『紙の裏を使って書いていいですか？』という意見がありました。そういうときは、書く量が2倍になる作戦があります！」

　このように言って、行の中間にものさしで線を引いて、1行を2行に変えます。

　こうすると、字が小さくなるので、実際は

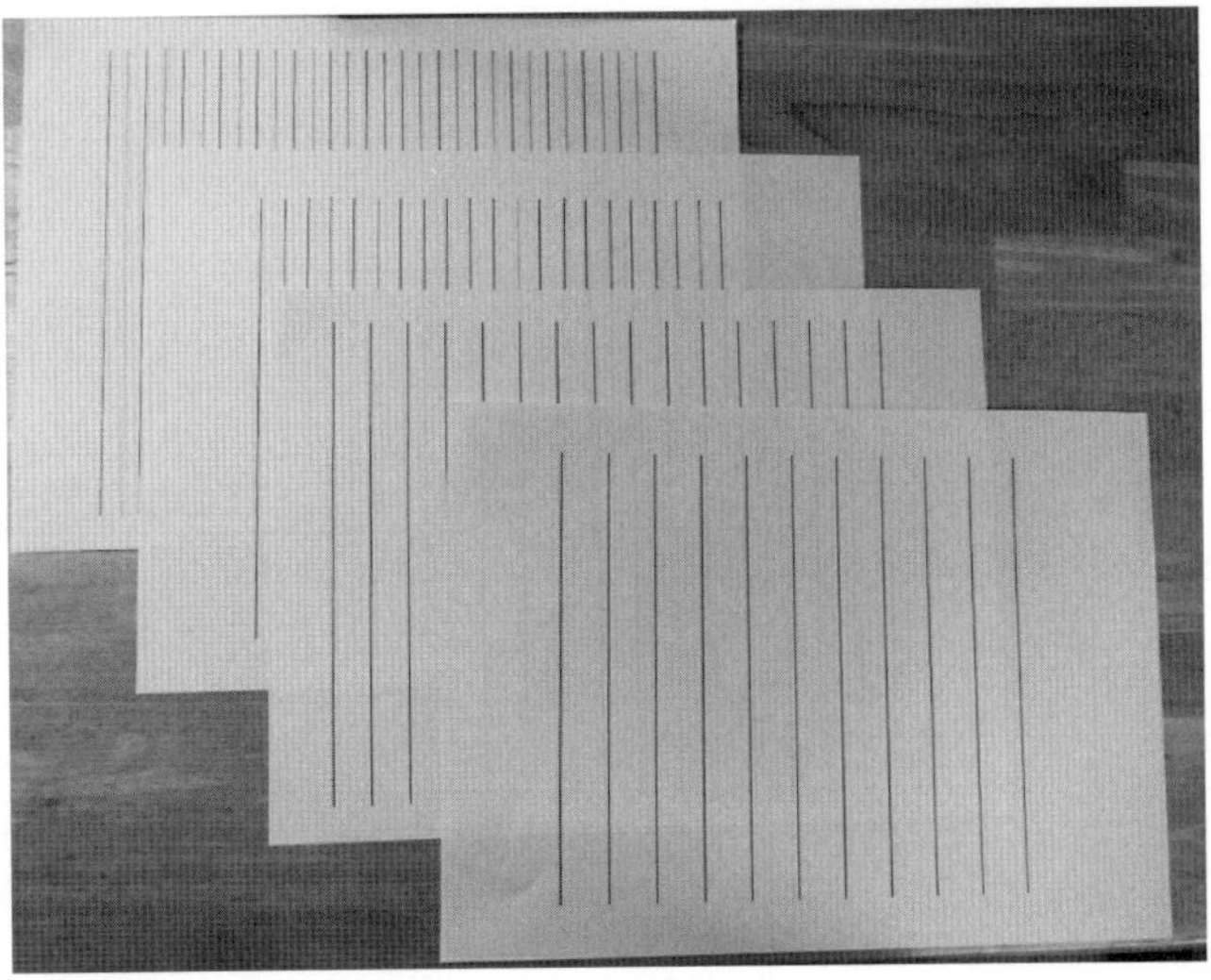

元の用紙の2倍以上の量になります。
こうして、用紙は4パターンになり、子どもたちの選択肢がさらに増えます。
最後は、罫線のない白紙であっても、自分で書く量を調節して書けるようになることを目指します。

■主な関連教材
・4年「お礼の気持ちを伝えよう」（光村図書）
・4年「お願いやお礼の手紙を書こう」（東京書籍）

型や内容の観点を示し、お礼の手紙を書きやすくする

中学年の学習では、社会科見学をしたり、地域講師の方から話を聞いたりと、学校外の方と出会う機会も増えてきます。そのお礼として手紙を書きます。このような手紙の書き方を、きちんと国語の学習として位置づけましょう。

手紙を書くときは、次のことを意識して書かせます。

①だれに書くのか
②どのように書くのか
③何を書くのか

子どもたちの中には、手紙を書くのが苦手という子もいます。

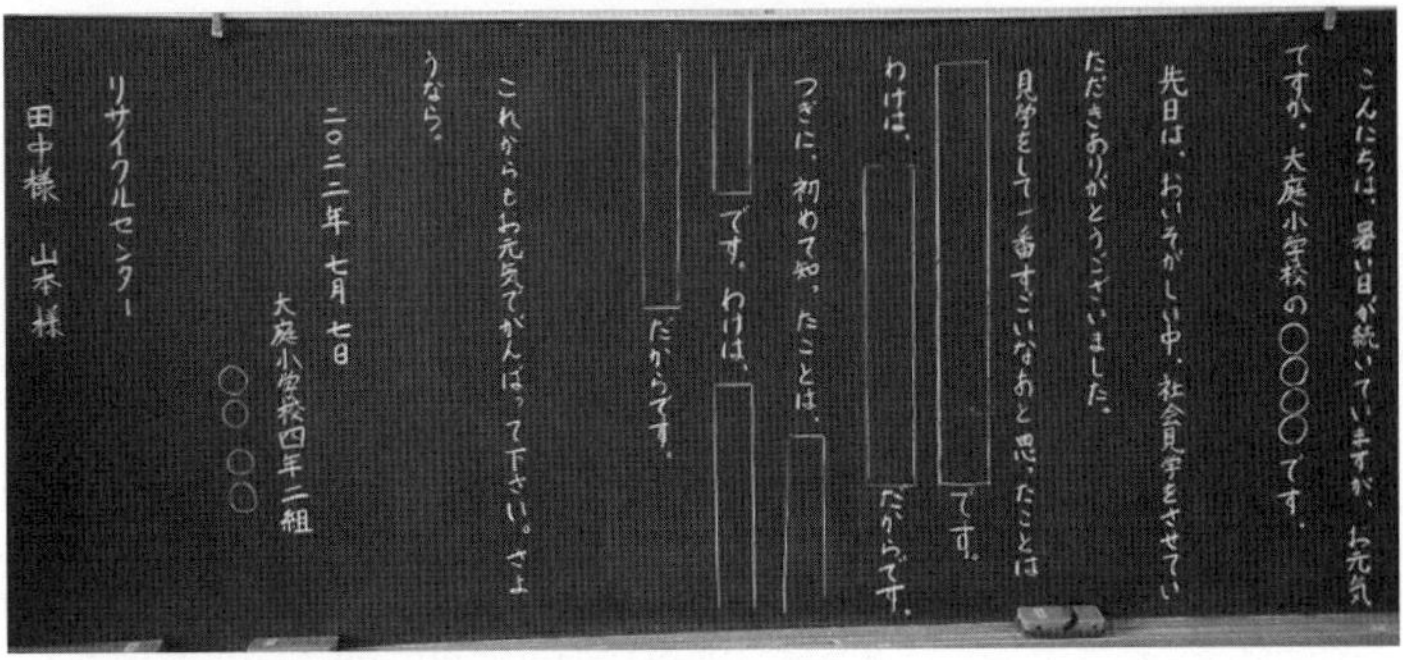

そういった子は、「①だれに」についてははっきりしているものの、「②どのように」「③何を」についてでつまずいている場合がほとんどです。ですから、ここを書きやすいようにアドバイスします。

まずは「②どのように」書くのかです。

これは「型」を教えることで解決します。

教科書には、「前文・本文・末文・後づけ」という書き方が載っています。この書き方を、その都度、「①だれに」書くのかに応じて教えます。

リサイクルセンターへ社会見学に行ったお礼を書く場合を例にします。

「今日の国語の授業は、この前リサイクルセンターに見学に行ったお礼のお手紙を書きます。教科書にも書き方が載っていますが、黒板に先生が書くことをそのまま写してもいいですよ。ただし、□に何を書くかは自分で考えましょう」

このようにすると、苦手な子どもも空欄を埋めながら取り組むことができます。ワークシートにして配付してもよいのですが、教師が子どもと同じスピードで板書していくことで、全員が安心して取り組めます。

次に、「②何を」書くのかについてです。

手紙に何を書くのかについては、「心に残ったことを書きましょう」では、苦手な子どもはピンとこないので、次のように具体的に示します。

①一番すごいなあと思ったこと　②はじめて知ったこと
③一番びっくりしたこと　④なぜ？　どうして？　と思ったこと

「手紙の「なか1・なか2」にあたるところは、この4つのどれかを書いてみましょう。もちろん2つでも3つでも、これ以外のことを書いてもいいですよ。働いている人は『こんなことを思ってくれたんだ』ってうれしくなるはずです」

このように子どもたちに話します。

書くのが得意な子どもには、次のことを書き足すように指示します。

⑤（見学後）学校でどんな勉強をしているか
⑥これから自分はどうしていきたいか

⑤は、社会科見学などのお礼のときに書きます。手紙をもらった方は、その後学校でどんな学習が行われているのかがわかり、見学が役に立っていることがうれしくなります。

⑥については、環境や福祉、公共施設などの見学のお礼のときに書きます。自分の考えやこれからの生き方を書くことを通して、子どもが自身を省みるきっかけにもなります。

手紙は書き終えた子どもから教師のところに持って来させます。

型を示して書かせているので、漢字や文法を中心に点検します。修正するべきところに鉛筆で○をつけたり、訂正する言葉を教えたりして、再度持って来させます。

合格した子どもには、手紙に色を塗らせたり、内容にかかわる絵やイラストをかかせた

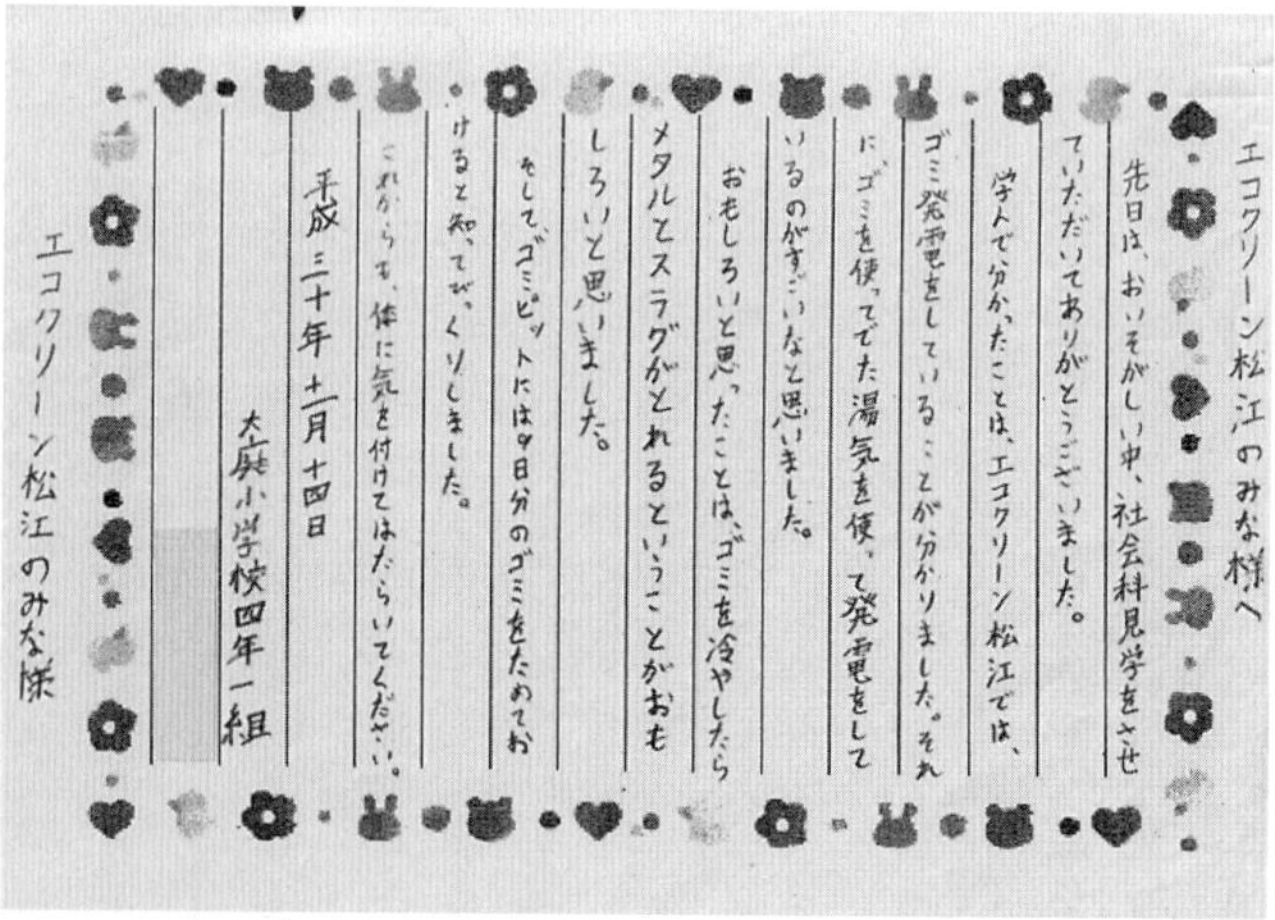
エコクリーン松江のみな様へ
先日は、おいそがしい中、社会科見学をさせていただいてありがとうございました。
学んで分かったことは、エコクリーン松江では、ゴミ発電をしていることが分かりました。それにゴミを使ってでた湯気を使って発電をしているのがすごいなと思いました。
おもしろいと思ったことは、ゴミを冷やしたらメタルとスラグがとれるということがおもしろいと思いました。
そして、ゴミピットには9日分のゴミをためておけると知ってびっくりしました。
これからも、体に気を付けてはたらいてください。
平成三十年十一月十四日
大庭小学校四年一組
エコクリーン松江のみな様

りして、時間調整をします。

手紙は、何度も同じ型で書いていく中で書き慣れていきます。十分に書き慣れてきたら、

「先生が示した書き方でなくても、自分で工夫して書いてもいいですよ」

と指示し、自由度を上げてもよいでしょう。そうすると、その子なりの工夫が取り入れられ、一段と上達します。

また、子どもが書いたお礼の手紙の内容を読むと、学習の理解度が見えてきます。例えば、消防署見学のお礼であれば、消防署でどれだけ一生懸命見学していたかがわかります。従って、内容については社会で、手紙の書き方については国語で、それぞれ評価するとよいでしょう。

第3章

「日記」の授業技術

Chapter 3

■主な関連教材
・2年「きょうの　できごと」（光村図書）

学級全員で1つの日記を推敲する

よりよい日記を書くためには、したことや見たこと、見つけたもの、言ったことや聞いたこと、感じたことを思い出し、詳しく書かなければいけません。しかし、子どもたちにとって、それはとても難しいことです。

そこで、クラスのみんなで実際の日記を推敲しながら、質を高めていくという取組を紹介します。

まず、自由に日記を書かせます。

そして、子どもたちが書いた日記から、クラスのみんなで推敲する日記を1つ選びます。どの日記を選ぶのかがとても重要です。非の打ち所がない日記を選ぶのではなく、言葉は足りていないけれど、広げていくとおもしろそうなものを選びます。

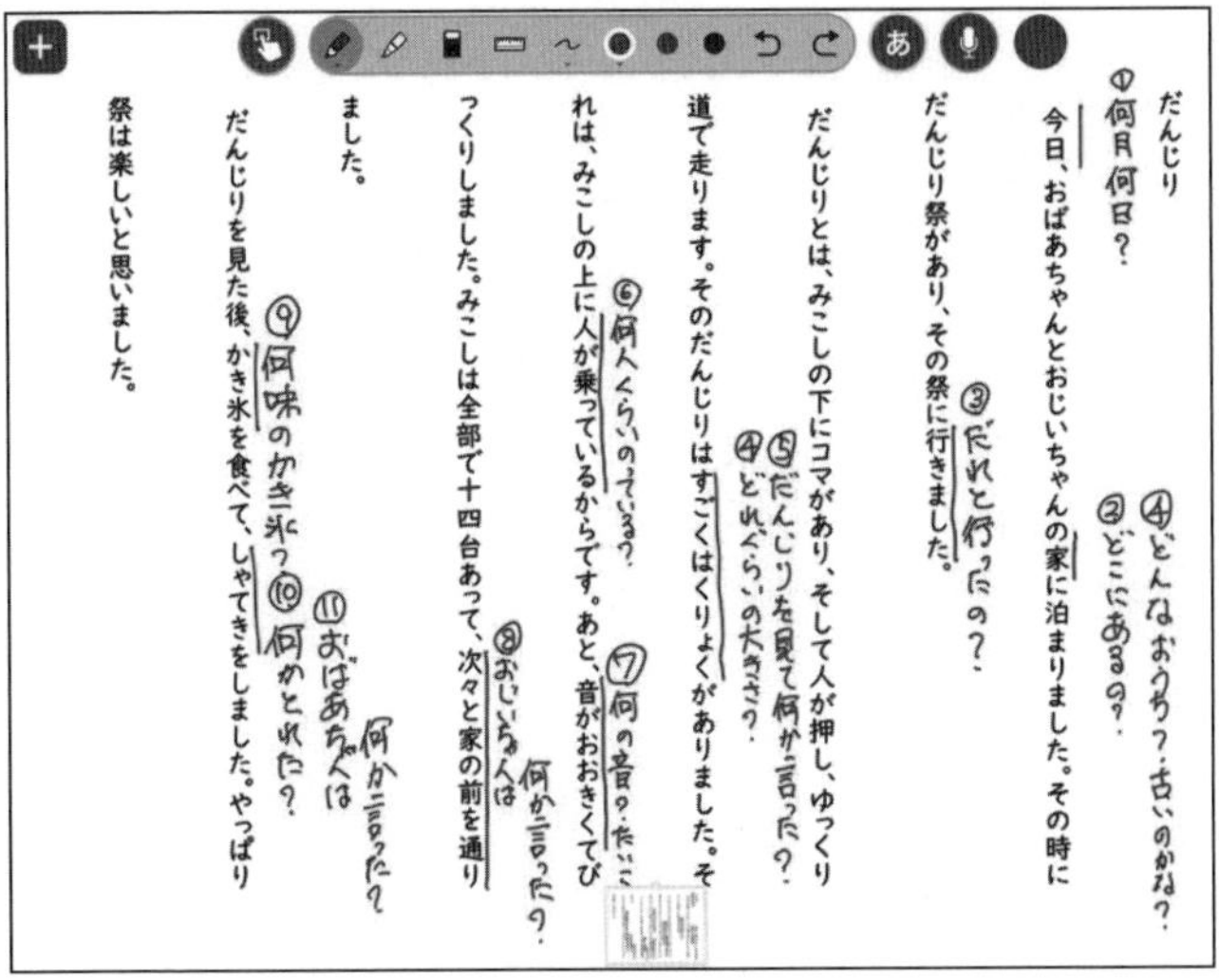
だんじり
今日、おばあちゃんとおじいちゃんの家に泊まりました。その時に
だんじり祭があり、その祭に行きました。
だんじりとは、みこしの下にコマがあり、そして人が押し、ゆっくり
道で走ります。そのだんじりはすごくはくりょくがありました。そ
れは、みこしの上に人が乗っているからです。あと、音がおおきくてび
っくりしました。みこしは全部で十四台あって、次々と家の前を通り
ました。
だんじりを見た後、かき氷を食べて、しゃてきをしました。やっぱり
祭は楽しいと思いました。
①何月何日？
④どんなおうち？古いのかな？
②どこにあるの？
③だれと行ったの？
⑤だんじりを見て何か言った？
④どれぐらいの大きさ？
⑥何人くらいのっている？
⑦何の音？たいこ
⑧おじいちゃんは何か言ったの？
⑨何味のかき氷？
⑩何かとれた？
⑪おばあちゃんは何か言った？

また、日記にはその子のプライベートな部分が書かれます。クラスのみんなで推敲するので慎重に選びます。

次に、選ばれた日記を全員に配付し、黒板やモニターに拡大して提示します。そして、日記を書いた本人に音読してもらい、いよいよ推敲です。

推敲といっても、「どこを直したらいいですか？」などとは聞きません。ここでは、子どもたちに「日記を書いてくれた○○さんに、『おたずね』をしましょう」と声をかけ、日記を書いた子に質問をしてもらいます。具体的には、日記の中の尋ねたいところに線を引き、質問を書かせます。どんなことでもよいので、できるだけ多く質問を考えさせましょ

・それは何時ぐらいですか。
・お母さんはどんな顔をしていましたか。
・お母さんの顔を見てどう思いましたか。
・それは何色でしたか。
・どんなにおいがしましたか。
・友だちは何と言いましたか。
・それを見て○○さんは何と言いましたか。
・どんな音が聞こえましたか。
・どんな味がしましたか。
・友だちを見てどう思いましたか。
・○○さんはなぜ「…」と言ったのですか。

う。

なかなか質問が出てこない場合は、教師からいくつか提示すると、考えやすくなります。「3分間に、いくつのおたずねを書けるかな?」などと声をかけると、子どもたちはやる気を出してがんばります。

この活動を何度も繰り返すと、子どもたちから多くの質問が出るようになります。書けた質問の数を記録していくと、自分の成長の様子がわかります。質問ができるということは、物事を捉える観点があるということです。質問を考える活動を通して、子どもたちの物事を捉える観点を増やしていきます。子どもたちからは、上のような質問が多く出ます。

質問が書けたら、日記を書いた子に実際に

書き出しの工夫例

●セリフから書き始める

・自分のセリフ

「あぶない!」

・他人のセリフ

「こら!　そこであそんでいるのは…」

●会話から書き始める

「実は言わなきゃいけないことがある」

「何?　早く言ってよ」

●聞こえた音から書き始める

ドーン。うしろから急にものすごい音が。

●自分の心の声から書き始める

あぁ、なんでこんなことしてしまったのだろう。

尋ね、答えてもらいます。日記を書いた子が答えたことは、拡大提示した日記に書き込んでいきます。教師が特にふくらませたいところがあれば、そこを重点的に質問させましょう。

そして、子どもたちの質問でより深まったことを整理します。日記で重要なことは、五感(見たこと・聞いたこと・におい・味・手ざわり)を働かせて書くことです。聞いたことなら耳のマーク、においなら鼻のマークなどで掲示し、「日記を書くときのポイント」などとして整理すると、次に日記を書くときの助けになります。

また、よりよい日記にするために、書き出しを工夫することも有効です。しかし、「書き出しを工夫しましょう」と指示するだけでは、多くの子はどのように工夫したらよいのかわかりません。工夫した例をたくさん見せることが有効です。教師が考えたものやこれまでの日記の中で工夫されたもの、物語の一文目などをまとめて子どもたちに提示すると、それを真似しながら工夫し始めます。

日記の内容が深まったら、題名を考えます。題名は、見た人が読みたくなるような工夫をしてほしいものです。題名には、次のようなつくり方があります。

- 日記の文章の中からキーワードを選ぶ。
- 「最強の妹」のように、キーワードにひと言つけ加える。
- 会話文の中から一番おもしろいひと言を選ぶ。

他にも多くの題名のつけ方があります。ブログなどのタイトルも参考になります。おもしろい題名をまとめて提示すると、工夫して題名を考えるようになります。

最後に、日記を書き直します。みんなで推敲した日記を書いた子は、黒板を見ながら自分の日記を書き直します。その他の子は、1時間の授業で明らかになった「日記を書くときのポイント」を参考に、自分が書いた日記を振り返ります。時間があれば、班やペアで、質問し合って深めていくこともできます。書けた日記は、学級通信などを通してみんなで読み合うと、今後の意欲につながります。

みんなで推敲する時間がないときは、学級通信などに載せた日記を終わりの会で読み、日記を書いた子に質問することも有効です。1人の日記をみんなで読み合うことは、その子をより深く理解することにもつながります。1年間の中で、すべての子どもの日記が一度でも取り上げられると、より豊かな人間関係づくりにつながります。

日記は、自分の身の回りに起こったことを振り返ることにつながります。出来事を思い出すとともに、友だちの表情やその場のにおい、音など、そのときの様子を詳しく思い出します。そして、自分の行為を振り返り、価値づけていきます。振り返る観点がより豊かになるということは、自分の身の回りを捉える視点が豊かになるということです。

また、日記は継続的な取組が重要です。宿題だけでなく、この実践のように推敲しながら学び合う時間を定期的に設定し、書く力や物事を捉える目を鍛えることが大切です。

■主な関連教材
・2年「きょうの　できごと」（光村図書）

カードを活用して、身の回りを見つめる目を育てる

人は、必死に今その瞬間を生きていますが、意外と何でもすぐ忘れてしまうものです。日記を書くという活動には、自分の1日を振り返り、見たものや聞いたもの、考えたことを思い出すことに価値があります。

しかし、子どもたちに「日記を書きましょう」と指示すると、「書くことない！」と答える子が少なくありません。中には、日記を書く宿題をするために、親にお出かけすることをお願いする子もいます。

では、本当に書くことはないのかというと、そんなことはありません。子どもたちの日常には本当に様々な出来事があります。ただ、その出来事を見る目が育っていないだけなのです。

子どもたちに物事を見る目を育てるためには、「身の回りを見つめようカード」を活用

することが有効です。
カードは、4つの項目に分かれています。

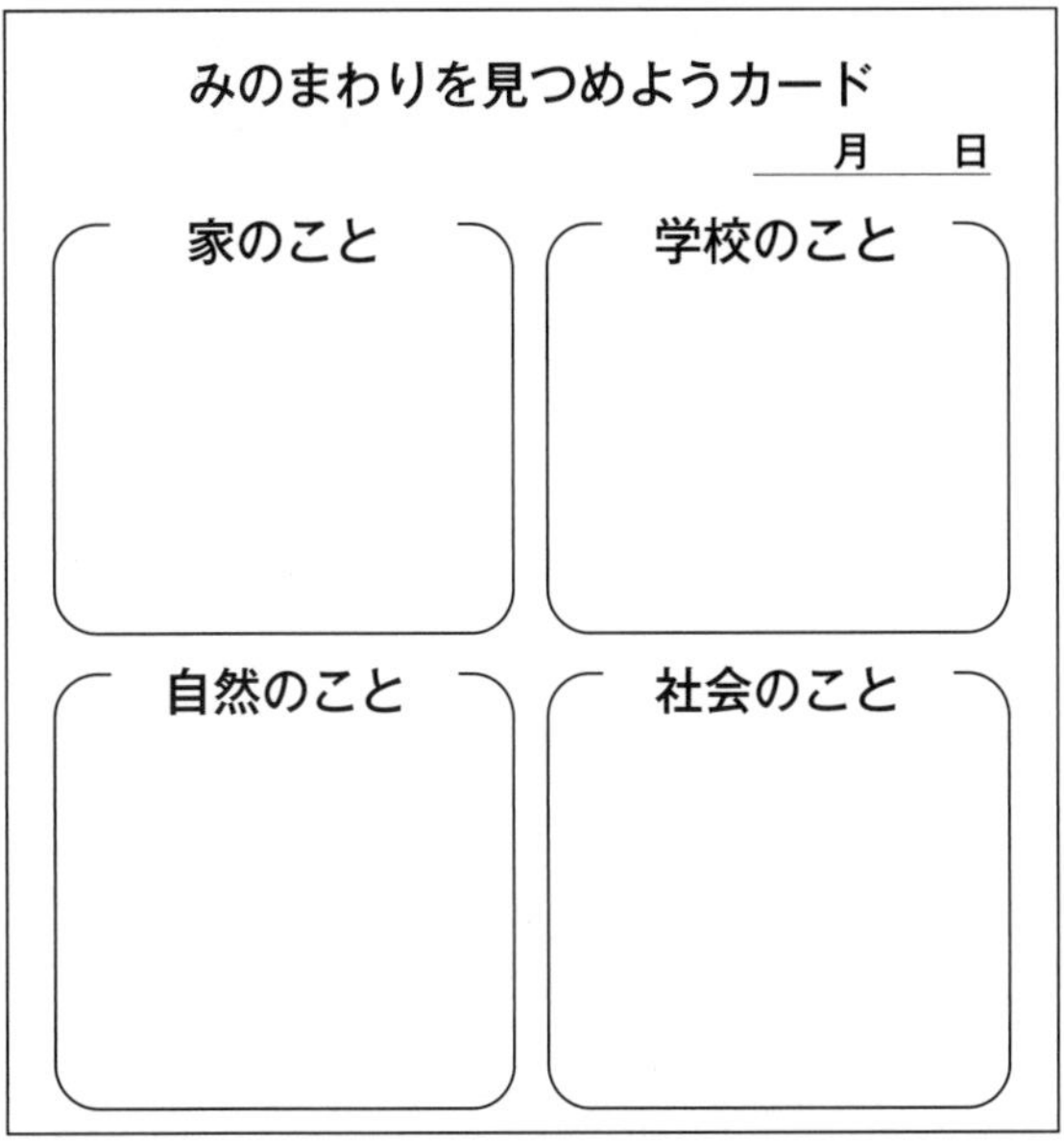
みのまわりを見つめようカード
月　日
家のこと
学校のこと
自然のこと
社会のこと

1つ目は、「学校のこと」です。ここには、友だちと遊んだことやケンカしたこと、授業でおもしろかったことや困ったことなどを書きます。

2つ目は、「家のこと」です。低学年から高学年になるにつれて、子どもたちは家族よりも友だちに意識が向いていきます。だからこそ、しっかりと自分の家族を振り返ることが大切です。

3つ目は、「自然のこと」です。登下校の間に、子どもたちは多くの自然を目にしています。霜が降りたり、桜が散ったり、イチョウが色づいたり…。

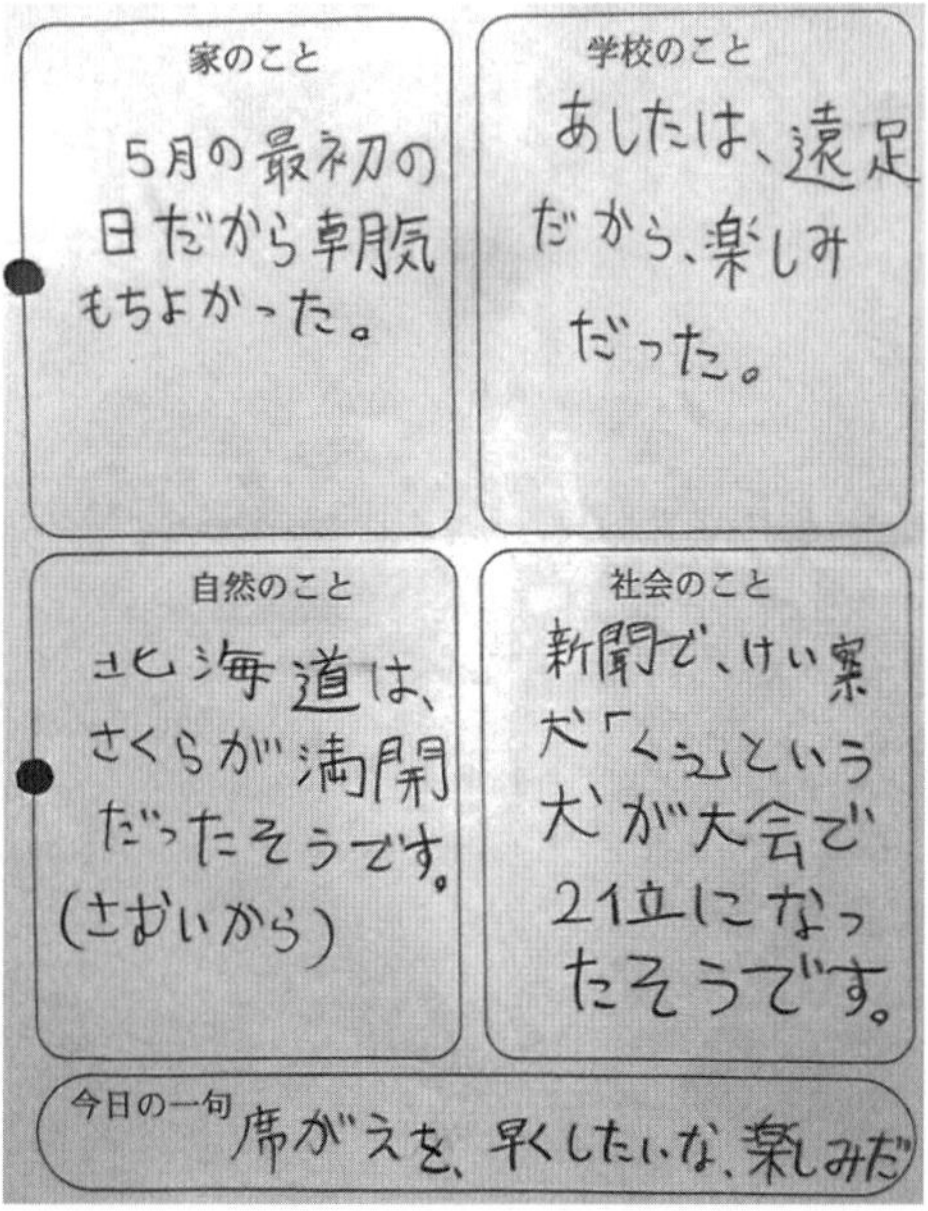
学校のこと
あしたは、遠足だから、楽しみだった。
家のこと
5月の最初の日だから朝気もちよかった。
社会のこと
新聞で、けい察犬「くう」という犬が大会で2位になったそうです。
自然のこと
北海道は、さくらが満開だったそうです。(さむいから)
今日の一句
席がえを、早くしたいな、楽しみだ

しかし、多くの子はその自然に意識を向けていません。自然のことを書くことで、身の回りの自然の様子や変化に目を向けることができます。

　4つ目は、「社会のこと」です。テレビやネットで見たニュースについて書きます。気になるニュースを書くことで、社会に目を向けることができるようになります。低学年の子にとっては、少し難しいかもしれません。子どもたちの様子や地域の実情に合わせて、別の項目を設定してもよいでしょう。

　それぞれの欄には、あえて罫線やマスを設定していません。子どもたちの物事を見る目の成長によって、書く量は変わります。最初はひと言しか書けなかった子も、積み重ねることでたくさん書けるようになっていきます。よいことを書かせようとするのではなく、

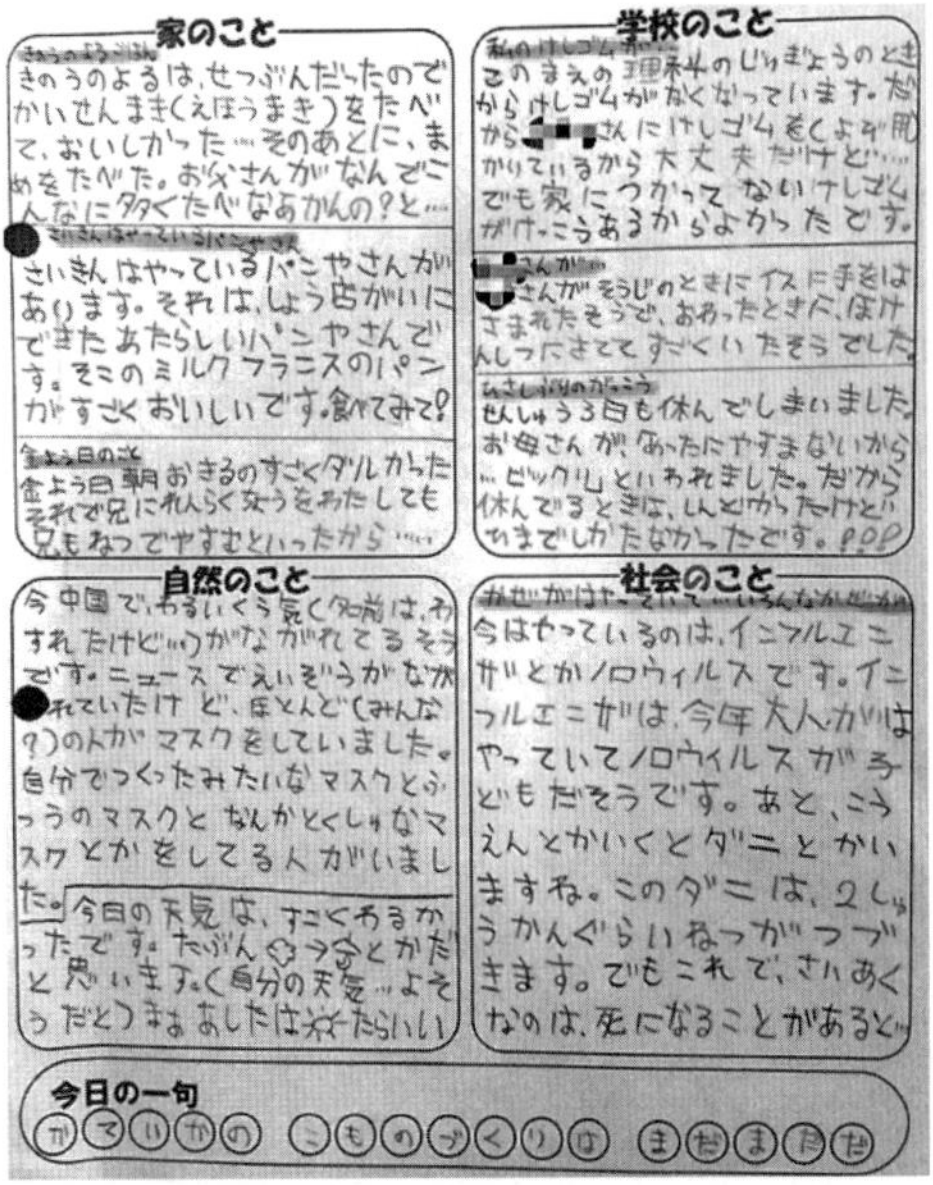

今まで目を向けていなかったことに目が向いたときたくさんほめてあげると効果的です。

大切なのは、継続的に「身の回りを見つめようカード」を書くことです。帰りの会や宿題などで書かせ続けます。カードに書くことを見つけるために、登下校で自然に目を向けたり、ニュース番組を見たりするようになります。そして、繰り返すことで些細な変化に気づくようになっていきます。つまり、書く場を継続的に設定することで、子どもたちの物事を見る目を育てていきます。

ある程度書きたまったら、「身の回りを見つめようカード」を参考に、日記に書くテーマを決めます。

■主な関連教材
・３年「ちいちゃんのかげおくり」（光村図書）
・５年「大造じいさんとガン」（光村図書など）

物語の学習で、日記を書かせる

日記は、その日に見たことや聞いたこと、感じたことを文章にまとめる活動です。日常的に日記に取り組んでいると、様々な場面で日記を活用することができます。物語の学習においても、日記は効果的な学習活動になります。

物語に登場する人物は、様々なものを見て、聞いて、感じています。しかし、そのすべては書かれていません。物語の学習では、本文中の言葉を手がかりに、人物が見たものや聞こえたものの想像を広げることでより深く読むことができます。そこで、登場人物になりきって日記を書く活動を行います。

読み取ったことを言葉で表現するのは、語彙の少ない子どもたちにとってはとても難しいことです。しかし、日頃から日記を書き慣れていると、日記の形式で登場人物の心情を表現することができます。

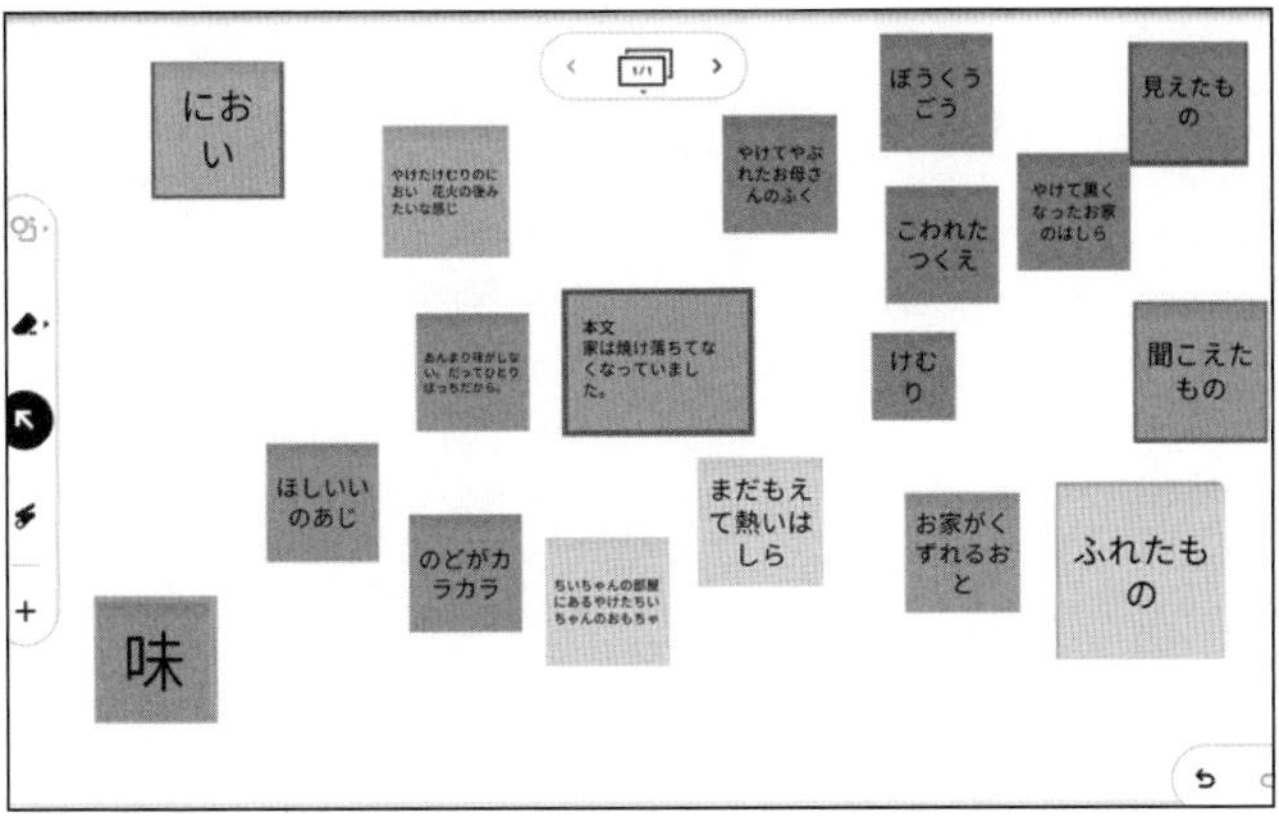

登場人物になりきって日記を書くために、まず、登場人物の心情が想像できる本文中の言葉に線を引きます。その言葉を手がかりに、人物が五感で感じたもの（見えたもの、聞こえたもの、匂ったもの、味わったもの、触れたもの）を想像します。マインドマップのように書き広げていくことで、より想像が広がります。各々で想像したものを交流し、学級全体で共有します。

そして、それらを参考に日記を書きます。日記なので、登場人物になりきって書くことが大切です。「大造じいさんが家に帰って、お風呂に入った後、寝る前に日記を書くんだよ」とか、「夜、豆太が布団で寝ているのを横に見ながら、ろうそくの明かりで手元を照らしながらじさまが日記を書くんだよ」などと、日記を書くシチュエーションを明確にすることで、より書きやすくなります。

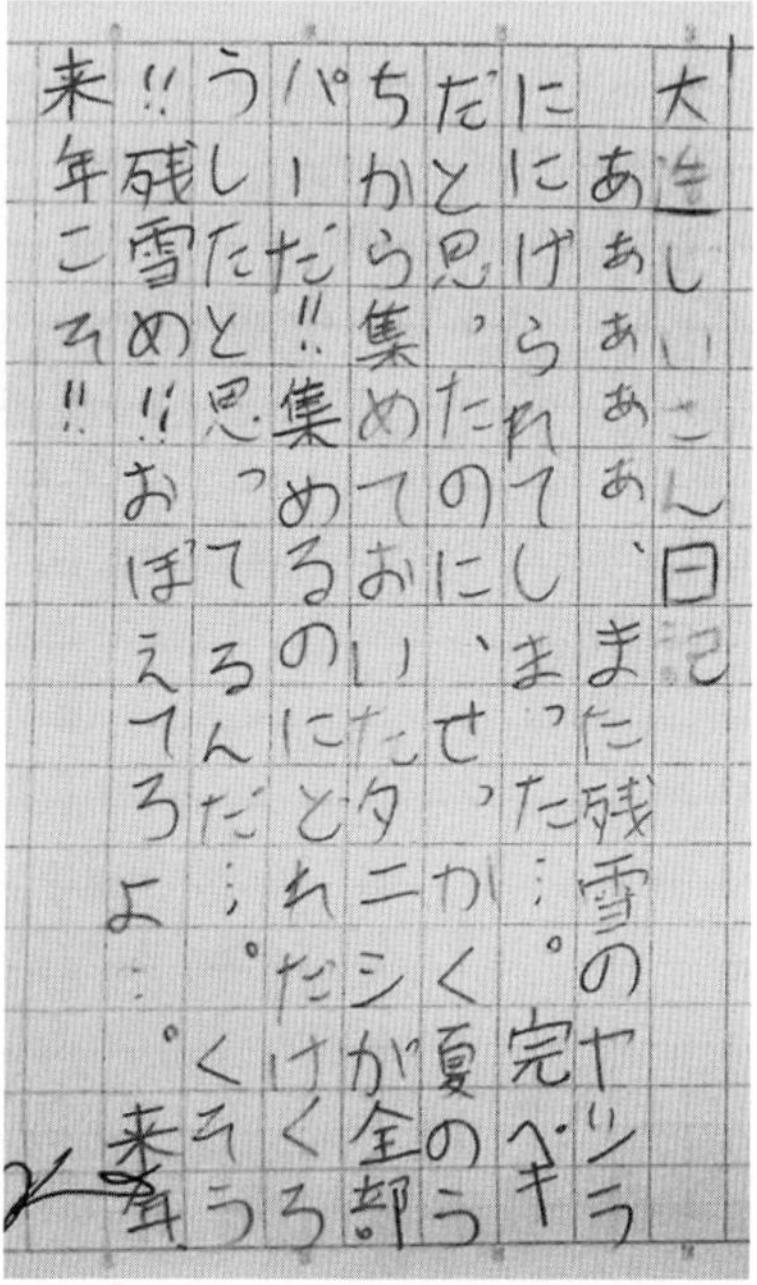

大造じいさん日記
あああああ、また残雪のヤツラ
ににげられてしまった…。完ペキ
だと思ったのに、せっかく夏のう
ちから集めておいたタニシが全部
パーだ!!集めるのにどれだけくろ
うしたと思ってるんだ…。くそう
!!残雪め!!おぼえてろよ…。来年
来年こそ!!

登場人物になりきって日記を書く活動を通して、子どもたちは、登場人物が見たことや聞いたものを想像します。日記を書く活動を通して、子どもたちは登場人物に同化することができます。

物語の学習の中で日記を書くのは、1時間の学習のまとめとしても有効です。1時間の授業で読み取ったことを、学習のまとめとして日記に書き表すことで、子どもが読み取ったことを整理したり、教師が子どもの読みの深まりを見取ったりすることができます。

登場人物になりきって日記を書くことには大きく2つの効果があります。1つ目は、読み取ったことの表現です。「このときの人物の気持ちは?」と聞くと、子どもたちは「さみしい」などの言葉でしか表現できないことがあります。本当は多くのことを読み取っているのですが、読み取ったことを表現する術がないのです。しかし、日頃から日記を書く

> 今日は朝になって、はす向かいの家のおばさんと会ったよ。それで、おばさんといっしょにおうちに帰ったけど、家はもうやけおちていたよ。つくえとかたんすとかがばらばらになっちゃったよ。おうちが焼けたにおいがまだしたよ。おばさんに、「お母ちゃんたち、ここに帰ってくるの」ときかれたよ。もしおばさんについて行ったら、お母さんとお兄ちゃんがもどった時に、ちいちゃんがいなくて心配するとだめだから、だいじょうぶってうなずいたよ。ひとりぼっちになっちゃったよ。さみしいけど、いつか帰ってくるよ。
>
> ちいちゃん日記（「ちいちゃんのかげおくり」）

ことに慣れていると、読み取ったことを豊かに表現することができます。２つ目は、人物になりきることです。物語を深く読むためには、客観的、分析的に物語を読むことと、人物になりきって共感的に読むことの往還が重要です。日記を書くことで人物になりきって教材を読み、それを土台として分析的に物語を読むと、より深く物語を読み取ることができます。

登場人物になりきって日記を書くためには、日頃から日記という形態で文章を書くことに慣れていることが重要です。

■主な関連教材
・2年「きょうの　できごと」（光村図書）

フィッシュボーン図で、日記全体の見通しをもたせる

運動会などの行事の後に、日記を書くことがあります。子どもたちは運動会の興奮冷めやらぬうちに書き始めます。しかし、開会式から順番に書き始め、一番がんばった種目のことを書くころにはもう疲れてしまい、あっさりとした文章になってしまうことも多いものです。

これは、日記全体の見通しをもたずに書き始めたことが原因です。子どもたちは、日記を書きながら運動会のことを思い出し、書きながら日記の構成を考えています。ある程度長い文章を書くときには、①出来事を思い出す→②出来事を整理する→③書く内容を選択する→④書き始める、のように4つの段階があります。この段階を踏むことで、見通しをもって日記を書くことができます。

子どもたちが出来事を整理し、書く内容を選択するときに有効なのが、フィッシュボー

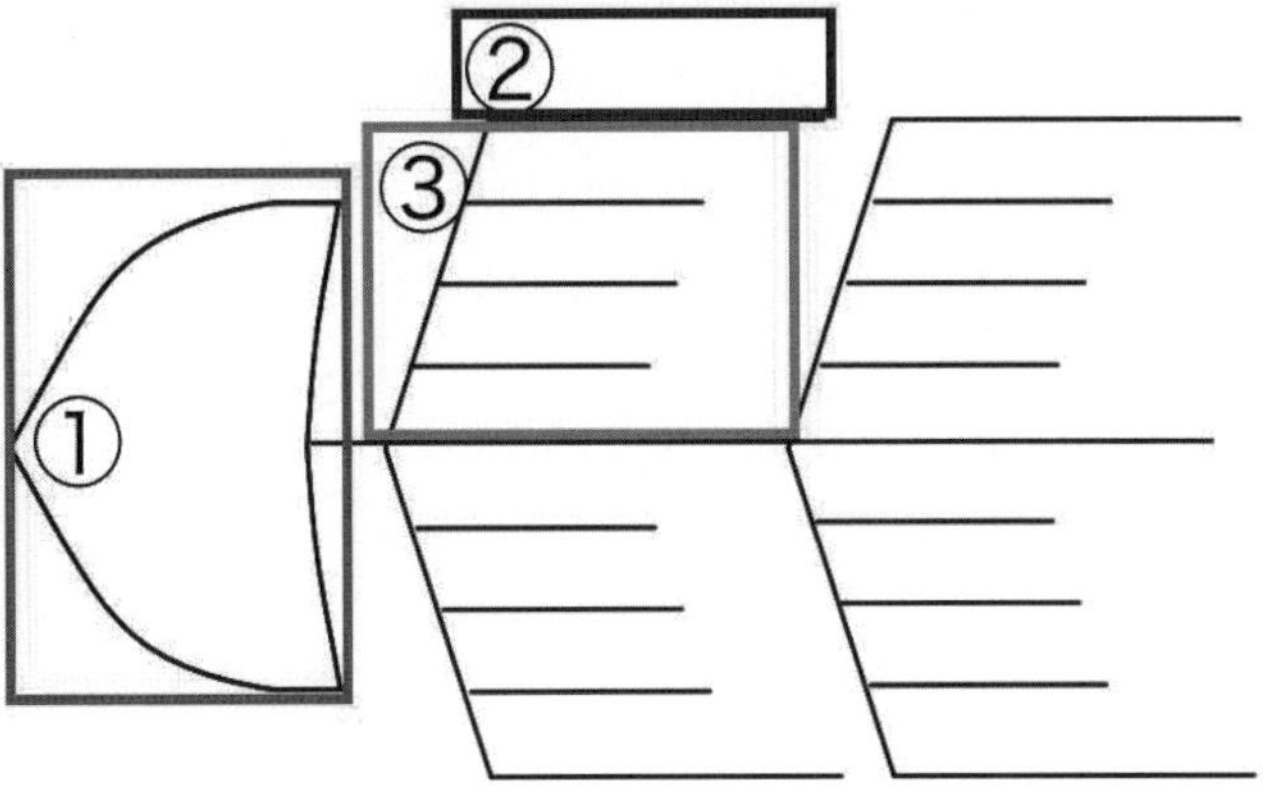

ン図です。フィッシュボーン図とは、物事を多面的に捉えたり、見通したりすることを助けてくれる上のようなシンキングツールです。

①の魚の頭部分には、「運動会は楽しかった」「運動会で最後までがんばることを学んだ」などの全体的な感想を書きます。子どもたちの状況に合わせて、「○○を学んだ」「運動会は楽しかった／楽しくなかった」「○○が大切だと思った」などといくつか定型文を提示すると、書きやすくなります。

②には、個別のタイトルを書きます。例えば、運動会であれば、徒競走・応援団・玉入れ・ダンスなどの出場した種目を書きます。高学年なら、友だちと力を合わせたこと・失敗したこと・最後までやりきったことなどの心に残ったことを書かせたりします。②は説明文の小見出しに似ています。②には子

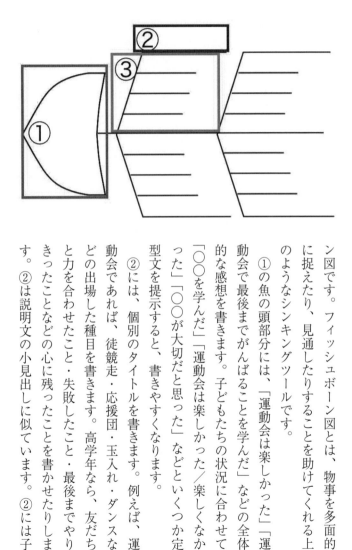

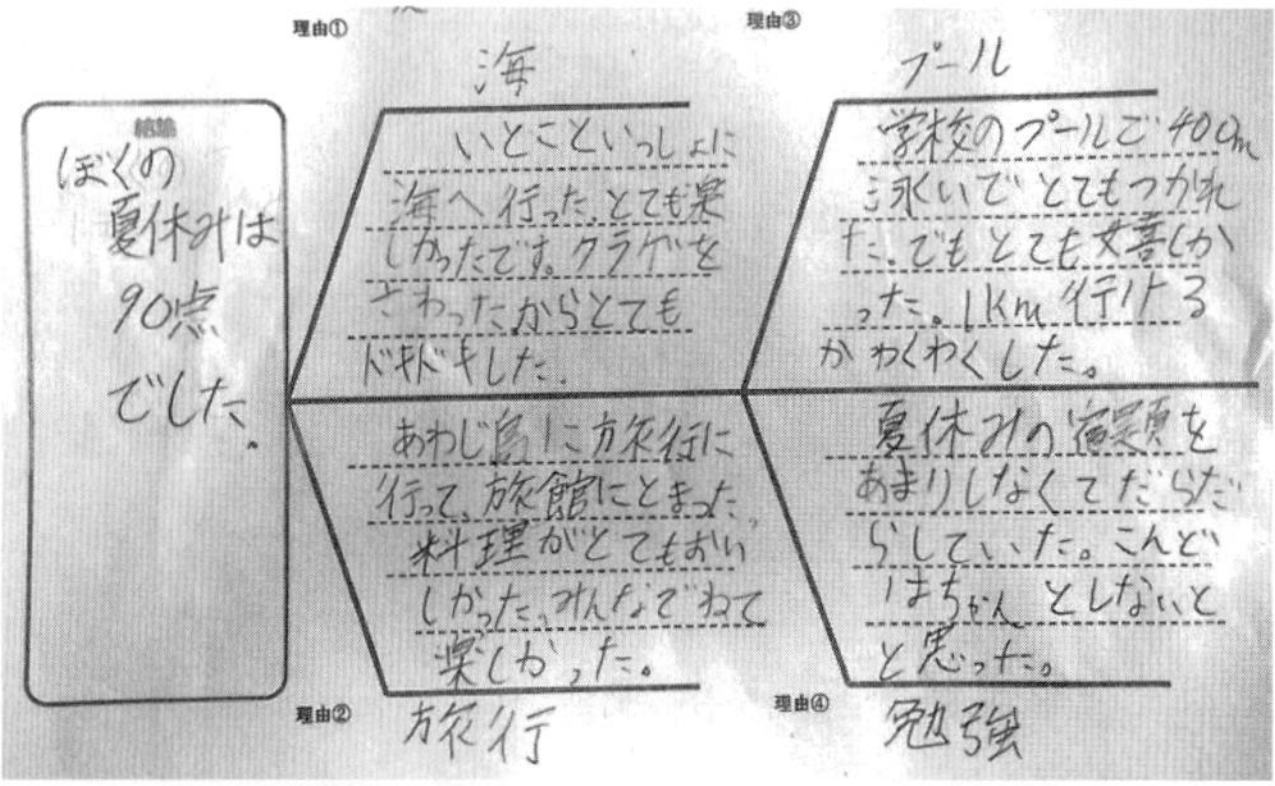

どもたちの運動会を振り返る視点が書き表されます。

③には、②について簡単な文章を書きます。例えば、「リレーでバトンを落として負けてしまったけど、友だちが最後まで走り切ったことをほめてくれた」など、具体的なエピソードを書きます。日記を書くときには、この簡単な文章に会話文や様子を表す言葉を足しながら文章を膨らませていきます。

①から③はどの順番で書いても問題ありません。③の具体的なエピソードから書き始め、①の自分の全体的な感想を書くこともできます。子どもたちがどの順番で書いているかをよく見てみると、子どもたちの思考の流れを理解することができます。

①から③までを書くことができたら、書く内容を選択します。フィッシュボーン図には4つの欄がありますが、すべてを書いてもいいですし、その中から一番

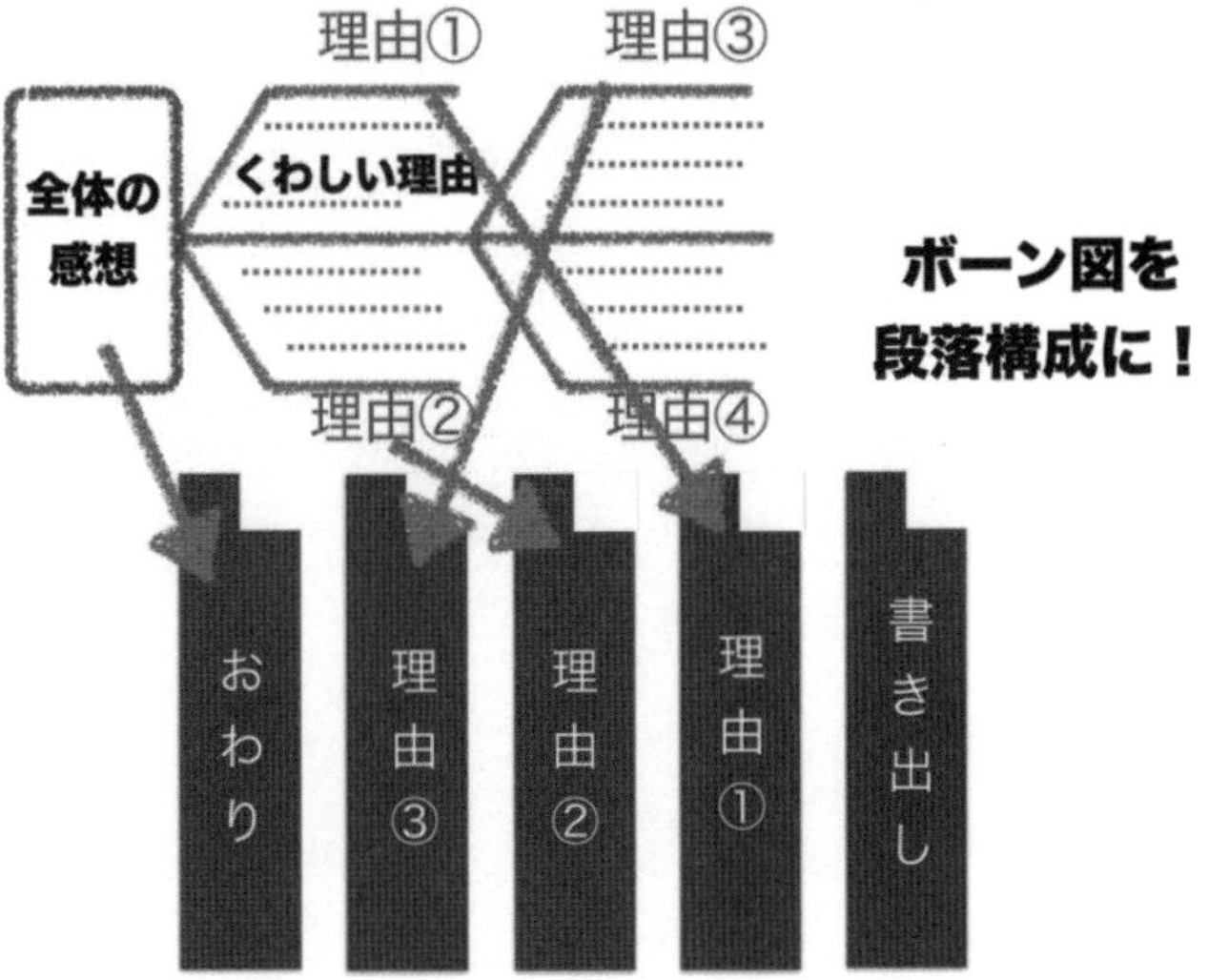

心に残ったものを書いてもかまいません。書く量に応じて選択させましょう。

フィッシュボーン図を用いると、日記全体を、「はじめ・なか・おわり」に分けて書くなど、文章構成についても工夫することができます。「私が運動会で一番心に残った種目は、徒競走です」などと①の全体的な感想から書き始めると、頭括型の文章になります。それに対して、「このように、私は、団体演技によって大きく成長することができました」などのように、①の全体的な感想を最後に書くと尾括型の日記になります。尾括型にすると、セリフから書き始めるなど、書き出しの文章を工夫することができます。

文章の長さや伝えたいことに合わせて、子どもたちに工夫させるとよいでしょう。

日記を書き始めるまえに、フィッシュボーン図をつくることで、自分の頭の中を整理し、見通しをもって書くことができるようになります。フィッシュボーン図を活用して日記を書くことを積み重ねることで、説明文などの論理的な文章の書き方も学ぶことができます。

第4章「意見文」の授業技術

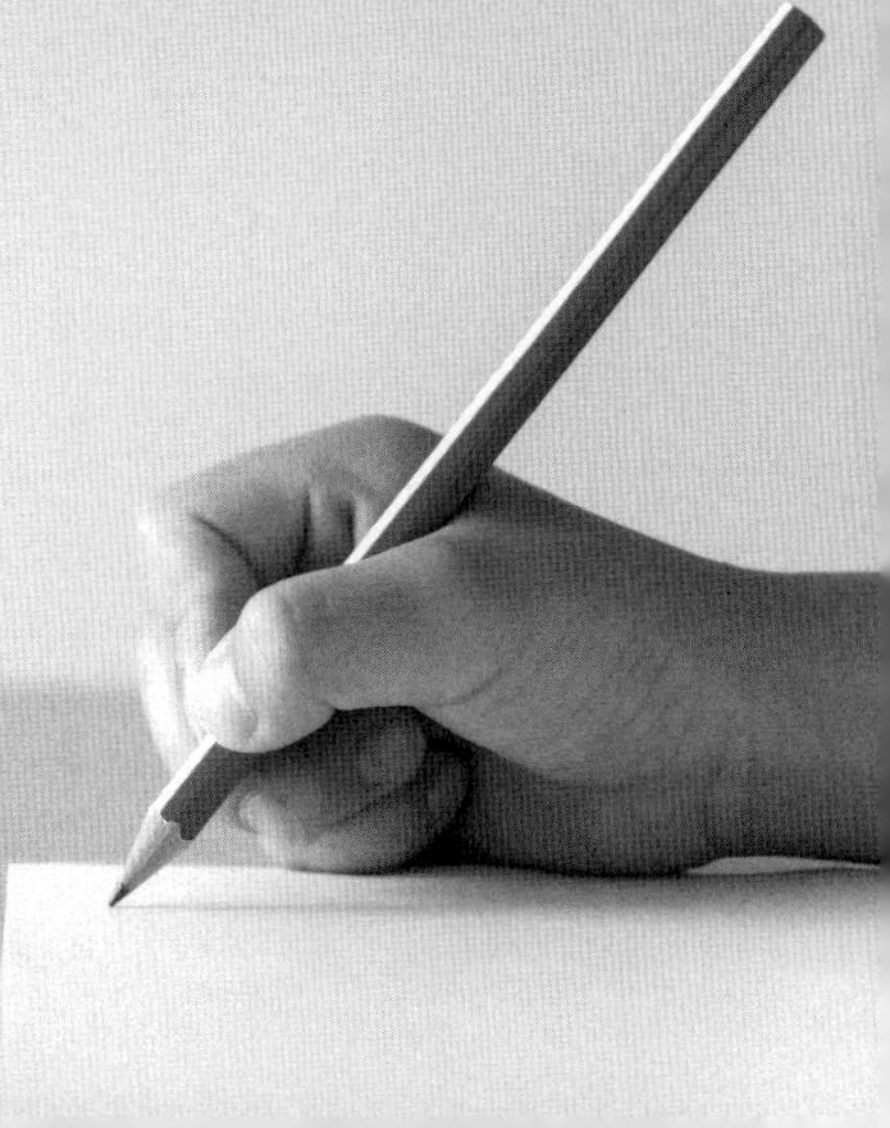

Chapter 4

■主な関連教材
・4年「もしものときにそなえよう」(光村図書)

思考ツールで、わかってもらいたいことを焦点化する

中学年の子どもたちは、書きたいことを書きたい順序で書く力が高まってきています。どのような題材でも、ある程度の書く力が備わってきているからです。一方で、読み手に主旨がわかりやすい書き方を身につけさせていかなければなりません。ただ自分の書きたいことを書きたいように書くだけでは、読み手の理解は得られないからです。

「もしものときにそなえよう」(光村図書)は、いつ起こるかわからない自然災害に対して、「そなえあれば、うれいなし」という視点で「どうそなえるか」についての意見文を書く単元です。このような題材で意見文を書かせる単元では、次の2つを確実に指導しなければなりません。

1つ目は、テーマを絞るということです。自然災害は様々ですが、次のようなテーマの中から1つ選ばせるようにします。

・台風　・大雨　・大雪　・雷
・地震　・津波　・火山の噴火

日本は自然災害の多い国ですから、どのテーマでも、子どもたちはある程度の経験や知識があるかもしれません。ただし、地域によっては、以前、その自然災害によって大きな被害を受けてしまったことなどもあるので、テーマ設定の際に配慮する必要があります。

2つ目は、読み手に主旨が伝わりやすい意見文の条件として、次の2つを意識することです。

①テーマに関することを、詳しく調べること
②調べたことを整理して、事例を取り入れること

実際の授業の流れで説明します。

総合的な学習の時間、あるいは、地域の活動などで防災学習を取り入れている学校や地域は多いと思います。そこで、ここでは、過去に大きな地震を経験したA県の小学校を想定して説明します。子どもたちに、次のように問いかけます。

「この地域では、昔、大きな地震を経験しています。もう地震が起きなければよいのですが、もしもまた地震が起きたとき、どのように行動すればよいでしょうか」

学校では定期的に避難訓練が行われます。また、地域でも同様の防災に関する活動が行われていることが多いでしょう。そういった経験から、子どもから次のような考えが出てくると予想されます。

- 地震が起きたら、まずは自分の身を守ることが大切だから、何かの下に隠れる。
- 地震後は、普段の生活ができないことがあるから、食べ物を保存しておく。
- 自分一人のときに地震があるかもしれないから、家族の連絡先を知っておく。

子どもたちなりの考えが出てきたところで、地域には地震への備えを学ぶことができる施設があるので、総合的な学習の時間と連動して見学に行き、様々な備えを体験することを伝えます。

そういった学習を経験し、より専門的な備えに関する知識を身につけた子どもたちに、次のように問いかけます。

「日本は自然災害の多い国なので、様々な自然災害が考えられます。テーマを決めて、それぞれに対する備えを調べ、文にまとめましょう」

先述のテーマの中から1つを選ばせます。ここでは、1人1台端末を活用して情報収集する活動を設定します。地域によっては、市役所がホームページにまとめているものもあるので、教師が教材研究でそれらに絞り、提示するのもよいかもしれません。

例えば、ある子が津波に関する備えをテーマに設定したとします。津波に関する備えでよくあるのが、地域のハザードマップです。自分の地域のハザードマップから、もしものときに備え、どこに避難したらよいかを提案できるでしょう。また、避難した先で必要な生活必需品をどのように確保するかも重要です。保存食としてどのようなものを備えておけばよいのか、持ち出すためにどのような保存方法がよいのかなども提案できるでしょう。さらに、自分だけではなく、近所に高齢者がいる場合、一緒に避難する必要もあります。その場合は、どんな協力ができるのかを考えておくことも大切です。

このように、情報を収集して、自分なりに考えをもつことはできます。しかし、それらすべてを羅列しただけでは、伝えたいことが整理されておらず、読み手に主旨がわかってもらえない可能性があります。そこで、上図のように思考ツール（イメージマップ）を活用して調べたことを整理し、わかってもらいたいことを焦点化していきます。そのうえで文章を書いていきます。

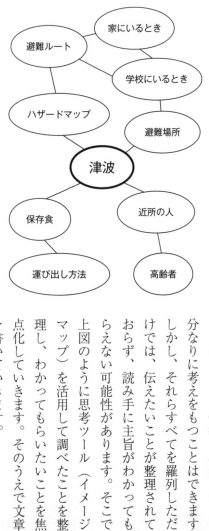

早く、安全にひなんするためには、ハザードマップを正しく理解しておくことが大切だと考えました。〇〇市のハザードマップには地域の公共しせつや、いざという時に利用できそうなお店がのっています。いざという時だけではなくて、普段からこれらをしっかり知っておく必要があると思います。
　また、家にいる時にひなんする場合は、近所のおばあちゃんのことも考えてあげなければならないと思いました。一人では助けてあげられないかもしれないから、近所の大人とふだんから仲良くしておくことが必要です。

上の例は、津波への備えとして、ハザードマップの活用と、近所の高齢者を助けることの必要性を事例にした意見文の一部（「なか」にあたる部分）です。

中学年ともなると、知っていることを具体的に書く力は備わってきていますが、事実や思いの羅列では読み手に主旨がわかってもらえません。しっかり調べたうえで、思考ツールを活用するなどして、調べた中から特に意見として書きたいことを焦点化させるための単元デザインが欠かせません。

テーマ設定と選択をしっかり行わせること、調べたことから整理して事例に書かせることを大切に、意見文を書かせましょう。

■主な関連教材

・5年「あなたは，どう考える」（光村図書）

子どもが自分事と捉えられる題材を設定する

高学年になると、説明文の学習と連動させて意見文を書くという言語活動を設定することが多くなります。意見文ですから、自分の意見を読み手に伝えることに主眼を置きます。しかし、自分の「意見」と自分の「考え」には違いがあります。それは、意見には根拠や理由が必要になるということです。根拠は、客観的な情報からもち出します。つまり、何かしらの数値や他者の言葉などがそれに当たります。その根拠に加え、自分の生活経験や体験から理由づけを行い、意見としてまとめたものが意見文となります。

意見文を書くことを指導する際に大切なことは、読み手を考えること、つまり、相手意識ということになります。読み手が納得するような文章構成と、読み手が納得するような内容が必要になるわけです。もう1つ大切なことは、自分とは逆の意見を想定しておくことです。つまり、反論を想定して、それに対する意見を書くことも必要になるのです。

読み手が納得する意見文の条件は、次の3つです。

①客観的な情報から根拠を持ち出し、理由づけすること
②内容と構成を考えること
③反論想定の内容を加えること

（はじめ）	自分の主張
（なか1）	主張を支える根拠と理由
（なか2）	反論想定に対する意見
（おわり）	まとめとしての再主張

← 説明文の構成を活用

①～③を意識した文章構成は、上のようになります。説明文を読むことの学習と連動させて構成を決めます。そうすることで、読み書き複合単元として時数を有効に活用することもできます。説明文のように、筋道立てて書く力も高まります。

「あなたは、どう考える」（光村図書）では、病院の診察時の呼び出しは番号と名前どちらがよいか、スーパーマーケットは二十四時間営業がよいか、といった題材例があげられています。いずれも子どもたちにとって身近なものであり、「客観的な情報から根拠をもち出し、理由づけすること」がしやすい題材です。

このように、題材設定がポイントで、子どもが自分事として捉えられるような題材にする必要があります。例えば、次のような題材があげられます。

- 学校の昼食は、給食がいいか、弁当がいいか
- 中学校の服装は、制服がいいか、自由がいいか
- 学校生活に昼休みは必要か、なしにして早く下校したいか

いずれも子どもたちの学校生活に関するものですし、どの子も自分の意見をもちやすい題材です。よく「話すこと・聞くこと」の話し合い単元でも設定される題材ですが、意見文の読み手を子どもと想定した場合、互いにある程度共通の経験や体験がある題材にすることで、読み手も育つ学習になることが期待できます。

実際の授業の流れで説明します。

まず、子どもに「書きたい」という思いを抱かせることが大切です。書くためのエネルギーなくしてよい意見文にはなり得ないからです。そこで、次のように子どもに問いかけます。

「5年1組は、今日から宿題を出しません。いいですか?」

このように子どもたちに問いかけると、おそらく、「やった!」と言う子と、「それは困ります」という子に分かれると考えられます。どちらの立場にも、自分なりの意見が成立します。よって、意見文を書くというエネルギーがわきやすいのです。

「やった」と考える子どもは、もしかしたら勉強が嫌いかもしれません。だから、宿題がない=勉強がないことは、自分にとって都合のいいことになります。一方、「それは困ります」という子の中にも、勉強は嫌いだけどやらなければ大変なことになるという危機感もあるかもしれません。このように、「勉強が好き」「勉強が嫌い」という両極だけではない根拠や理由があげやすいような題材を設定することも、教師の教材研究の重要な部分になります。

題材設定から根拠となる情報収集、文章構成の部分は省略しますが、次のような意見文を書き上げることが期待できます（なか1、なか2の部分のみ）。

●「宿題あり」がよい

宿題があれば、最低限学習することがあるということなので、学力が上がることが期待できます。実際、私も勉強は正直嫌いだけど、宿題は「やるもの」と考えてがんばって取り組んでいます。

宿題がなくても自分のペースで家庭学習をすることができる人もいるかもしれません。そういった人にとっては、宿題なしの意見はわかります。でも、自分で取り組むことが難しい人もいるので、やはり宿題はあるとよいと思います。

この意見文は、読み手が同じクラスの仲間、あるいは同じ学校の異学年、そして教師ということになります。場合によっては、保護者に読んでもらうのもよいかもしれません。子どもたちが自分事として書きやすいということが、読み手に納得してもらおうというエネルギーになり、納得してもらうための根拠や理由づけがしやすくなります。そして、反論想定の部分でも、自分事なので「逆の立場だったら」が考えやすくなります。

●「宿題なし」がよい

宿題がないと、自分のペースで学習することができます。クラスには習い事をしている人が大勢います。私も帰宅後の予定がつまっていて、宿題をする時間がないという現状があります。

習い事をしていない人の場合は、宿題がないと遊ぶことだけに時間を使ってしまうかもしれません。でも、宿題があれば確実に家庭学習をすることができます。だから、宿題があった方がよいという意見もわかります。

意見文を書き上げたら、互いに読み合う活動を確実に行いましょう。そうすることで、意見が違っても、背景にある根拠や理由の違いに気づき、反論想定に対する自分の意見を深く考えやすくなります。

意見文を書く力は将来に生きて働く言葉の力になります。物語を書く、つまり作家や脚本家になるという将来は限られたものですが、世の中に存在する様々な職種において、根拠や理由を示して自分の意見を書いたり、書いた文で相手の承諾を得たりする場面があるはずです。そういった場面で、相手が納得してくれるような書き方ができれば、小学校での意見文の学びが生かされるということになるのです。

■主な関連教材
・6年「海の命」(光村図書など)

物語から受け取ったメッセージを、自分事として書かせる

物語を読んだ最後に、主役(中心人物)の言動に関する内容や、物語から受け取ったメッセージを意見文にするという言語活動を設定する機会があると思います。物語を読んだ感想レベルではなく、自分事として、特に高学年であれば「生き方」を考えさせる学習として、物語を「読むこと」と、意見文を「書くこと」の複合単元づくりを行いたいものです。

「海の命」は、クライマックス場面で主役の太一が長い間追い求めてきた瀬の主・巨大なクエを打たずに、そのことを生涯だれにも話さなかったというあとばなし場面をもつ壮大な物語です。

例えば、この物語の単元最初に、子どもたちに次のように問いかけます。

「『命』とは、なんでしょうか」

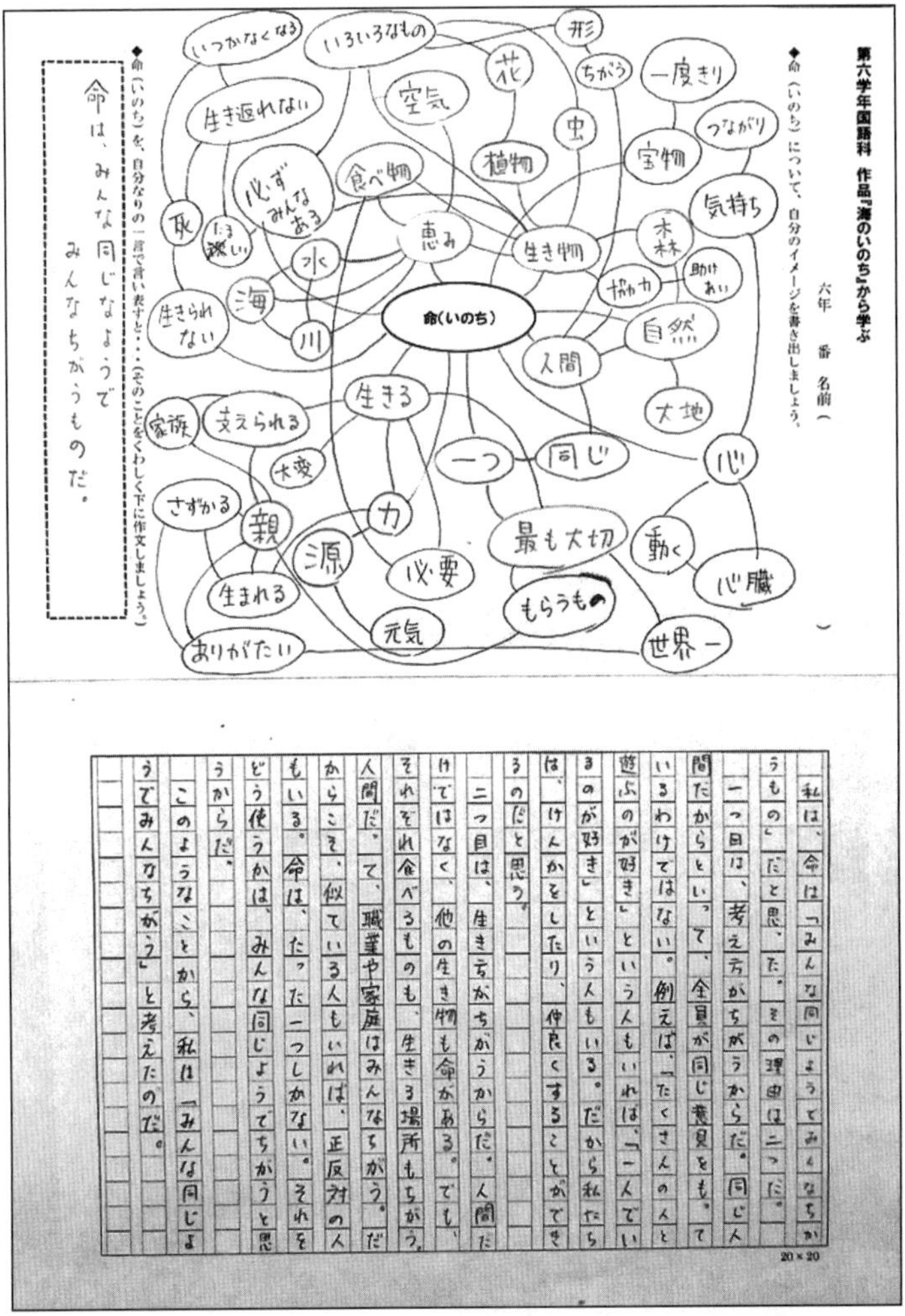

第六学年国語科　作品『海のいのち』から学ぶ

六年　番　名前（　　）

◆命（いのち）について、自分のイメージを書き出しましょう。

◆命（いのち）を、自分なりの一言で言い表すと・・・（そのことをくわしく下に作文しましょう。）

命は、みんな同じようでみんなちがうものだ。

私は、命は「みんな同じようでみんなちがうもの」だと思った。その理由は二つだ。

一つ目は、考え方がちがうからだ。同じ人間だからといって、全員が同じ意見をもっているわけではない。例えば、「たくさんの人と遊ぶのが好き」という人もいれば、「一人でいるのが好き」という人もいる。だから私たちは、けんかをしたり、仲良くすることができるのだと思う。

二つ目は、生き方がちがうからだ。人間だけではなく、他の生き物も命がある。でも、それぞれ食べるものも、生きる場所もちがう。人間だって、職業や家庭はみんなちがう。だからこそ、似ている人もいれば、正反対の人もいる。命は、たった一つしかない。それをどう使うかは、みんな同じようでちがうと思うからだ。

このようなことから、私は「みんな同じようでみんなちがう」と考えたのだ。

20×20

前ページの記述例では、この問いに対して、「みんな同じなようでみんなちがうものだ」と書かれていて、その理由として「考え方のちがい」と、「生き方のちがい」をあげています。この段階で自分事として理由もしっかり書くことができている意見文ですが、「海の命」を読むことで、その捉えの深化、更新を期待することができます。

「海の命」の「読むこと」の学習内容については省略しますが、物語を単元学習としてデザインするに当たって、次のように中心話題（物語の必然の問い）と、重要話題（中心話題に迫るために大切な話題）を子どもとともに設定します。

【中心話題】
なぜ、太一は、瀬の主を打たなかったのか。

重要話題①海に帰るとはどういう意味なのか？

重要話題②母の悲しみとは？

重要話題③なぜ太一は泣きそうになったり、笑顔をつくったりしたのか？

重要話題④なぜ太一は瀬の主のことを生涯だれにも話さなかったのか？

物語「海の命」は、主役である太一の生き方を問う（読ませる）ことが多い作品です。それは、卒業を控えた6年生という時期に、これからの自分の生き方を考える1つのきっかけになるからです。また、題名の「海の命」の「命」とは何なのかを考えることも多いでしょう。抽象的な表現だからこそ、読み手である子どもたち一人ひとりにとって「命」を考えるに値する物語だと考えます。

先述の子どもは、中心話題に迫るために重要話題に対する読み深めを通して、物語から受け取ったメッセージ（「作品の心」）を次のようにまとめました。

生きるってね、自分の生き方を選び、出合い、つながる幸せを感じることだよ。

「生きるってね」という書き出しは、二瓶弘行先生の提唱する「作品の心」の書き出しと同じように指導しているからですが、「生き方を選ぶ」「出合い」「つながる」ということを「幸せ」という言葉につなげている（まとめている）ことに物語を深く読めた足跡を見取ることができます。このように書いた理由として、次のようにまとめました（「作品の心」の理由）。

太一が自分の生き方を選んだように、私にも大きな選択がいつか必ず訪れる。そのとき、自分が出合ってきた「ひと」や「もの」とつながった幸せを思い出し、自分に一番いい道を、自分の力で後悔のないように選び、最期に満足し、幸せを感じるため、今日も生きているから。

このように作品から受け取ったメッセージ（「作品の心」）とその理由からは、「『命』とは、なんでしょうか」という問いに対する先の意見文からの深化・更新を見取ることができます。

そもそも意見文における意見というものは、一人ひとり違うからこそその価値があるのであり、自分の意見を伝えたいからこそ書くのが意見文なのだと考えます。そのように考えると、物語を読む学習においては、読み手がもつ感想や解釈こそがまさに意見文そのものなのだと言えます。

この子が単元学習の最後にまとめた文＝意見文は次のようになりました。物語「海の命」で、太一の生き方を通して自分の生き方を考えた結果です。

人間ってね、生きるってね、自分で自分の生き方を選び、出合い、つながる幸せを感じることだと思う。理由は二つだ。

一つ目は、太一の一生が、幸せだと思うからだ。太一は、瀬の主を前に、大きな選択をした。それと同じように、人間は必ず、大きな選択がおとずれる。太一はそのとき、父や与吉じいさ、そして瀬の主と出合い、つながった結果、太一らしい、後悔のない選択をした。だから、太一の一生は、幸せだと思う。

二つ目は、最期に満足して、一生を終えることが「生きる」ことだと思うからだ。父や与吉じいさは、満足したから海に帰っている。太一がそれを新たな夢にしたとき、私は、きっと太一も自分の人生に満足することができるなと思った。私も、悔いのない、笑って終えられる人生を歩みたい。

このような理由から、私は、人間ってね、生きるってね…と思った。

20×20

説明文の学習と複合させて意見文を書く単元は一般的になりつつあります。特に高学年では大きな意味のある言語活動だと考えます。それに加え、物語の学習でも単元終末に意見文を書く単元デザインがもっとあってもよいのではないでしょうか。物語の学習で、登場人物の言動の意味を考えます。登場人物の変容の背景にある出来事とのつながりを深く読みます。言葉と言葉を巧みにつないで自分の考えをつくります。それらの単元学習のまとめとして、作品に対する意見、登場人物の言動に対する意見を、自分とつないで考えさせることで、価値ある意見文を書くことができると考えます。

この子どもは、前掲の意見文のなか2で、次のように書いています。

> 最後に満足して、一生を終えることが「生きる」ことだと思うからだ。父や与吉じいさは、満足したから海に帰っている。太一がそれを新たな夢にしたとき、私は、きっと太一も自分の人生に満足できるなと思った。私も悔いのない、笑って終えられる人生を歩みたい。

まさに、物語を読んだ感想や解釈の域を超えた6年生段階の意見文です。

第5章 「推薦・紹介文」の授業技術

Chapter 5

■主な関連教材
・５年「この本，おすすめします」（光村図書）
・５年「『図書すいせん会』をしよう」（教育出版）

具体例と条件の提示で、意欲と見通しをもたせる

書くことの学習を行う際に意識したいのが「条件」と「具体例」を示すことです。どのぐらいの文字数で、どのぐらいの内容を書くのか、という条件について、教師は明確に示す必要があります。

しかし、条件だけ説明しても、子どもはイメージがつかみにくいものです。そこで、紹介文や推薦文の具体例を示すことで、「これならやってみたいな」とか「自分だったらここをこうしたいな」といった、子どもの思いや願いが引き出されていきます。

具体例は、教師がサンプルを作成して、それを提示する方法でもよいですが、かつて受け持った教え子の作品の画像や実物を複数提示すると、題材の設定を行う際の参考にもなります。

例えば、本の帯やＰＯＰは、本が好きな子どもには身近なものですが、書店や図書館に

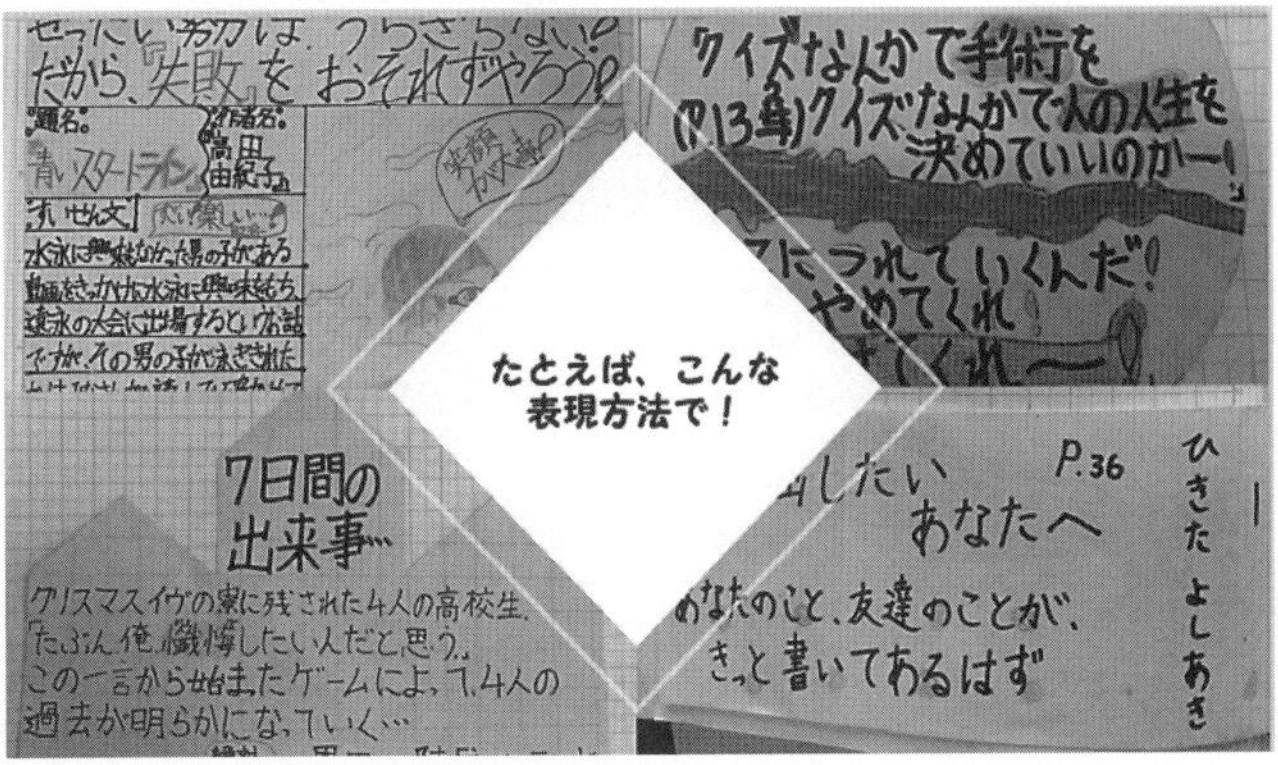

あまり行かない子どもには、見慣れない、聞き慣れないものです。また、日頃からフォーマットが定まった生活作文や行事作文を書いてきた子どもたちにとって、これほど自由な表現方法はほとんど経験がなく、イメージしにくい場合が多いでしょう。

そこで、「へぇ、こんなふうに自由でいいんだ」とか、「なるほど、これなら読んでみたくなるよね」といった子どものつぶやきが聞こえてきそうな作品を複数提示しましょう。１つだけ提示するとイメージが固定されてしまうので、上の例のように、３～４例程度は必要です。教科書にも例は示されているので、補足するとよいでしょう。

また、「みんなの先輩たちは、こんな素敵な作品をつくったんだけど…」と語りながら紹介すると、「わたしも、すごい作品をつくってみたい！」と、学習の動機づ

すいせんの条件

- ☆ 本の題名、作者名を書く。
- ☆ 表現方法を一つ選ぶ。
  新聞、ポスター、POP、本の帯、リーフレット…等
- ☆ 敬体（です・ます調）で書く。（引用文は常体でもよい）
- ☆ 本のとくちょうが分かるようにする。
  ひとことしょうかい・作者について・宣伝文句
  読んだ感想…等
- ☆ 読みたくなるように、構成やすいせんの言葉を工夫する。
  心に残った言葉を引用、最初のあらすじをまとめる…等

けになります。没頭して書いたり、夢中で本を読みながら書いたりした子の取組のすばらしさも語るとよいでしょう。

さらに、どのような条件で書けばよいのかを明示することが大切です。クイズのように、「どの表現方法にも必ず書かれているものは、いったい何でしょう？」と投げかけて、子どもに条件を考えさせてから提示するのがコツです。

また、条件を提示する際に、口頭で伝えるだけでは徹底できません。耳からの記憶というのは、次第にあいまいになっていくものです。そこで、上の画像のように、スライドにまとめて提示し、一つひとつ確認することをおすすめします。

これらの条件は、評価規準にもなるもので、条件が守られているかどうかで子どもが自己評価することができます。「本のとくちょうが分かるようにする」「読みたくなるように、構成やすいせんの言葉を工夫する」などは、どうすれば特徴がわかるようになるのか、どのような工夫をすればよいのかなどをスライドで確認し、次時以降は個別に助言するとよいでしょう。

優れた工夫をする子どもが現れたらすぐに紹介し、価値づけることで、クラス全体の作品の質が高まっていきます。

■主な関連教材

・5年「『町じまん』をすいせんしよう」（教育出版）

1人1台端末を活用して、情報を収集、整理させる

1人1台端末が浸透してきた今、書くことの学習を進めるうえで、インターネットを利用して情報を集めるスキルは確実に身につけさせておきたいものです。

例えば、個人の端末がなかったころは、パソコンルームで調べ学習を行い、必要な情報をプリントアウトして持ち帰り、教室のリサイクル箱に大量の紙が溜まり、資源の無駄づかいの話になり、環境教育が始まってしまう…といった現象が全国の教室で起きていたことと思います。こういったことも含めて、情報を適切に扱うスキルを身につけさせていきましょう。

ここからは、タブレットを使って紹介文や推薦文に必要な情報を集め、整理する事例を紹介します。

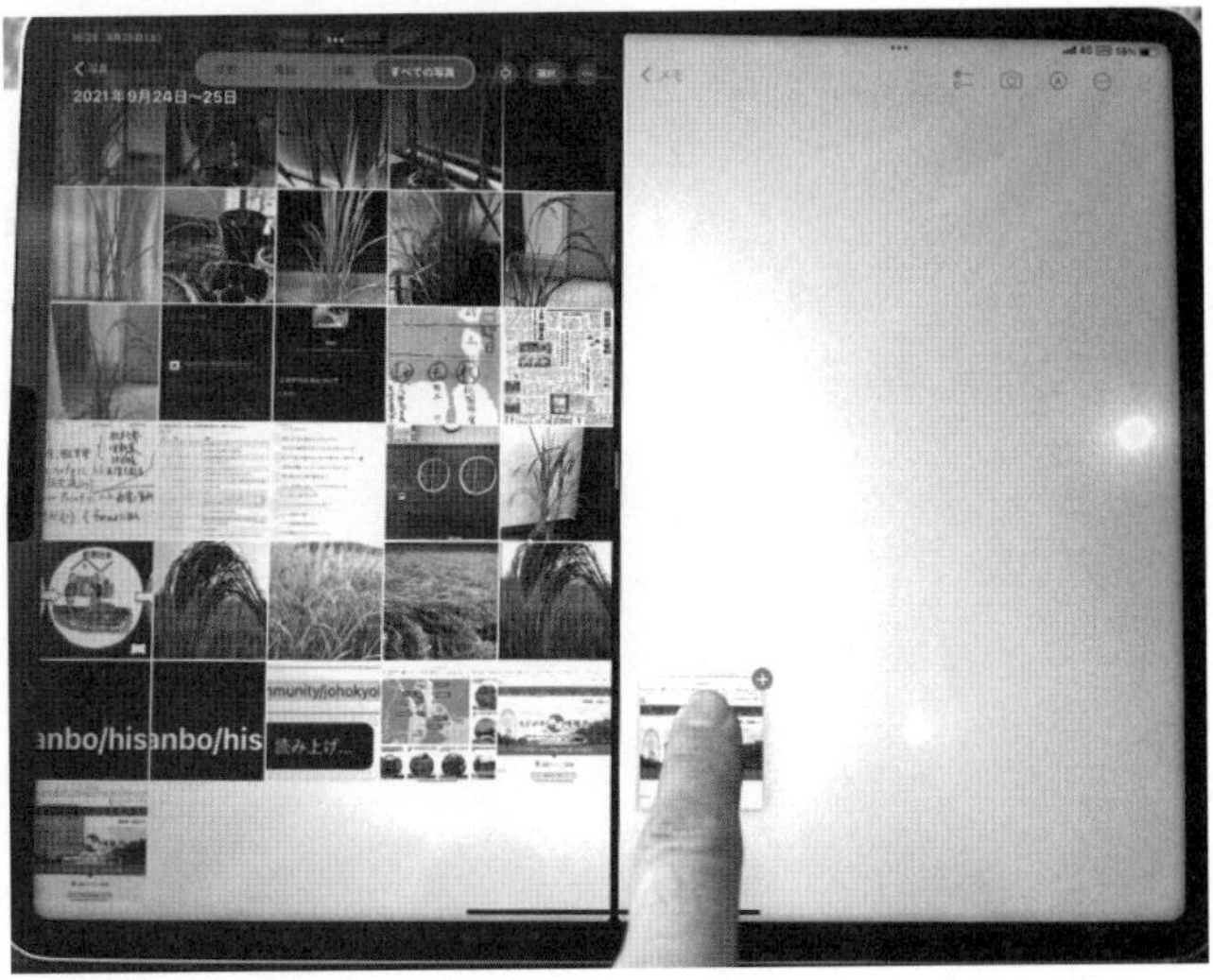

インターネットで検索して、これはという画像や記事を見つけたら、スクリーンショット（画面を画像データにする機能）を行い、画像データを保存します。調べ学習をしている段階ですから、子どもはスクリーンショットを何度も行うことでしょう。

　ある程度スクリーンショットした画像データが集まってから、タブレットの中にあるメモアプリを起動します。そして、写真アプリも同時に起動し、2画面を同時表示します。ここでやるのは、どの情報をメモに残すのか、取捨選択することです。スクリーンショットの中からメモアプリに貼りつけるという作業をする中で、自分の紹介や推薦に必要な情報は何か、ということが精査され、明らかにな

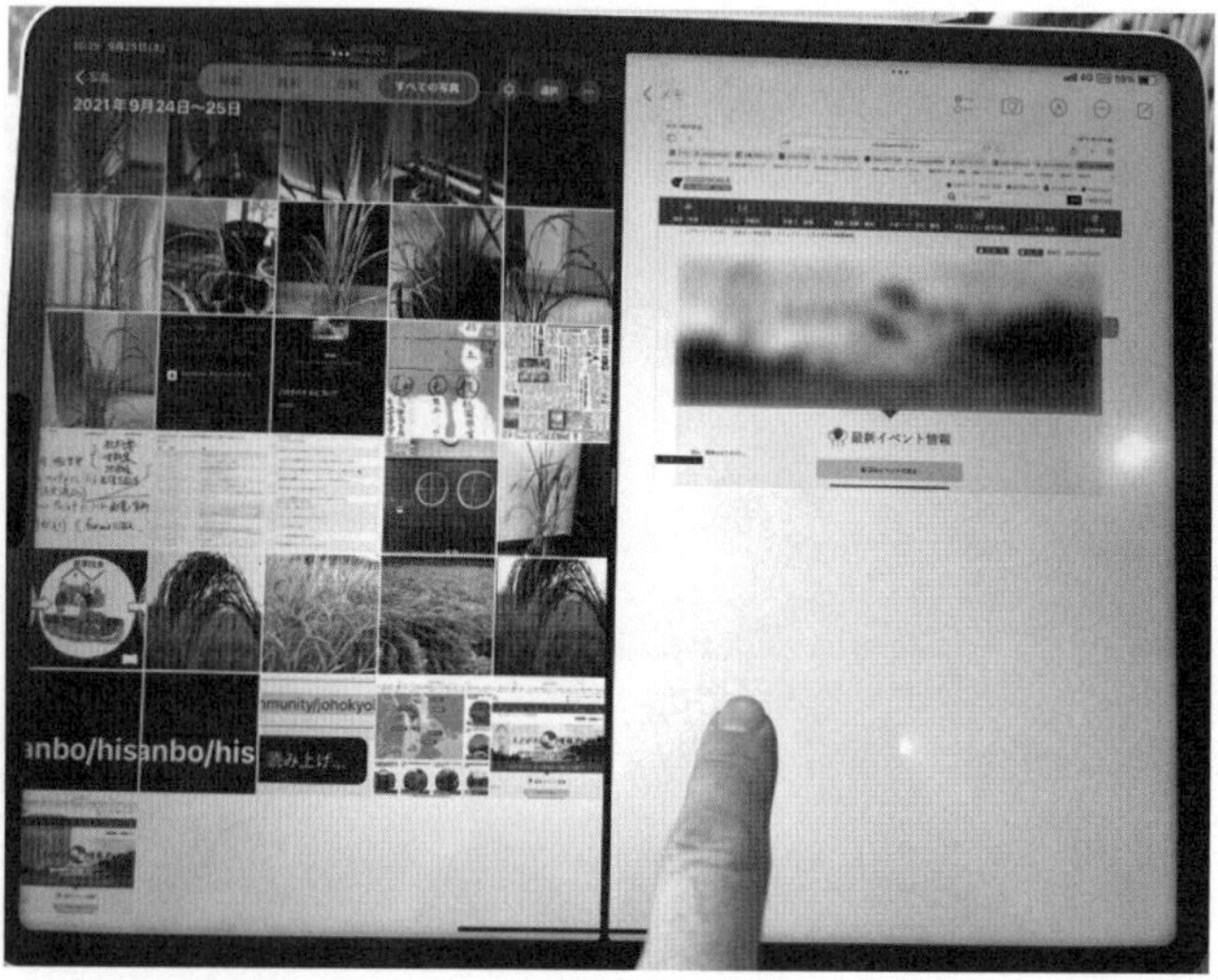

っていきます。

　メモアプリにスクリーンショットした画像を貼りつけた後は、サイトのＵＲＬを添えておくことを忘れないように指導します。しかし、ＵＲＬを文字入力するのは手間です。そこで、コピー＆ペーストの機能を使います。スクリーンショットをしたサイトを開いたら、ＵＲＬの書かれたアドレスバーを長押しすると「コピー」を選択することができます。コピーしたら、再びメモアプリを開きます。メモアプリの画面を長押しすると「ペースト」を選択することができます。これでサイトのＵＲＬも保存することができます。

　紹介文や推薦文を作成するにあたって、インターネットから集めた情報は、ホームペー

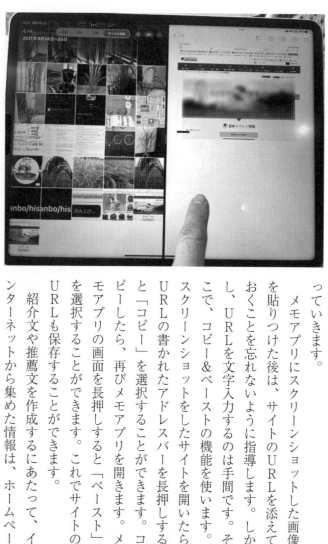

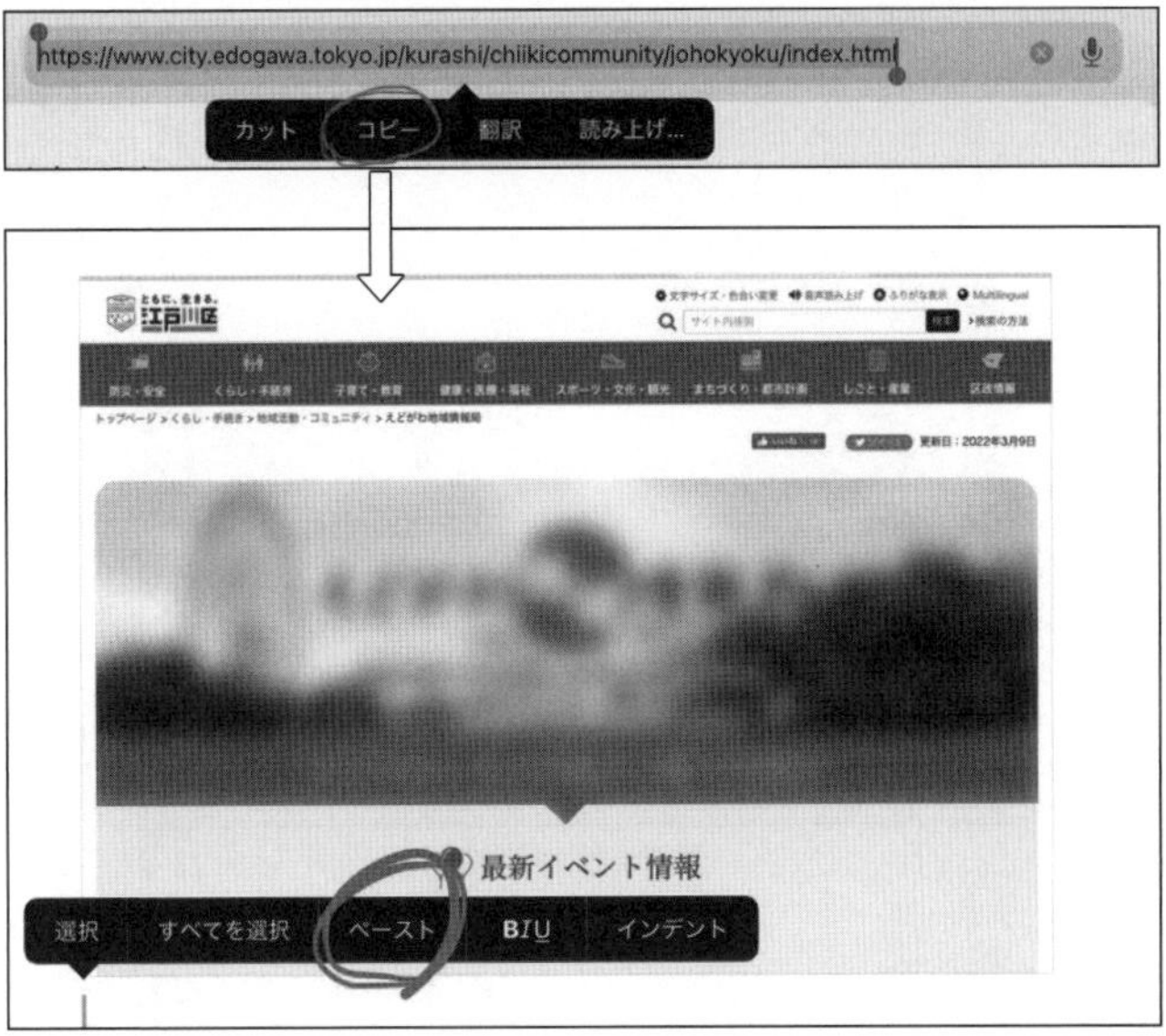

ジの制作者等の著作権を守るため、ＵＲＬなどの出典をきちんと表記しなければならないということを、ここで指導します。

加えて、集めた情報の何を紹介したいのか、自分の考えや感想をメモすることも習慣づけましょう。

■主な関連教材
・4年「調べてわかったことを発表しよう」（教育出版）

付箋に書いた小見出しを出し合い、グループで構成を検討させる

書くことの学習を進める中では、必ず構成の検討をする段階があります。個人で自分自身の文章の構成を検討する方法もありますが、ここでは、主にグループで検討する方法を紹介します。

本単元では、グループで共通のテーマについて調べ、わかったことを文章にまとめ、クラス全体に発表します。

インターネットや本などで調べたことを基に構成を考える際、3色の付箋を用意します。付箋には、小見出しを書きます。小見出しは、できるだけ短く（20字程度）書くように指導します。短冊に付箋を貼り、はじめ（緑色）・なか（黄色）・おわり（青色）などと色ごとに意味段落を分けます。付箋の右上には数字を書いておき、順序が適切かどうかを確認できるようにします。個人で構成を検討する段階なので、まだ本決まりではありません。

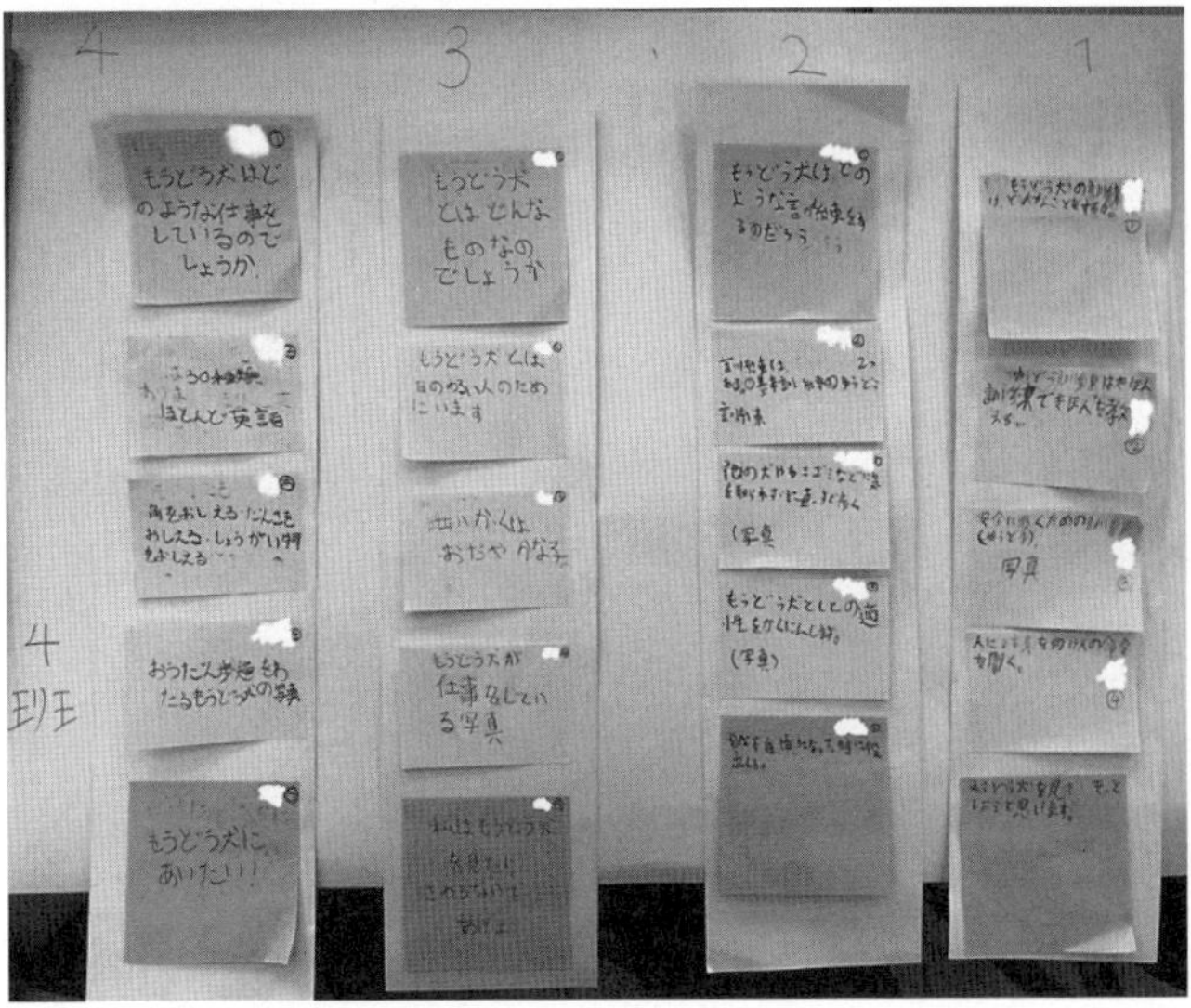

次に、グループで短冊を出し合います。互いの付箋を読み合い、個々の構成を検討します。このとき、次ページの写真のように、黒板にグループで検討をする際のヒントを提示しましょう。そうすると、「図や写真を提示するのははじめの方がいい」とか、『はじめ』に投げかけた問いの答えをもっとはっきり書いた方がわかりやすいよ」などと助言し合うことができ、なんとなく眺めるということがなくなります。検討を通じて、付箋の順番を変えたり、言葉を簡単な表現に直したりする姿が見られるようになります。

さらに、グループ内での発表順をどうするのかについても確認します。付箋を置く

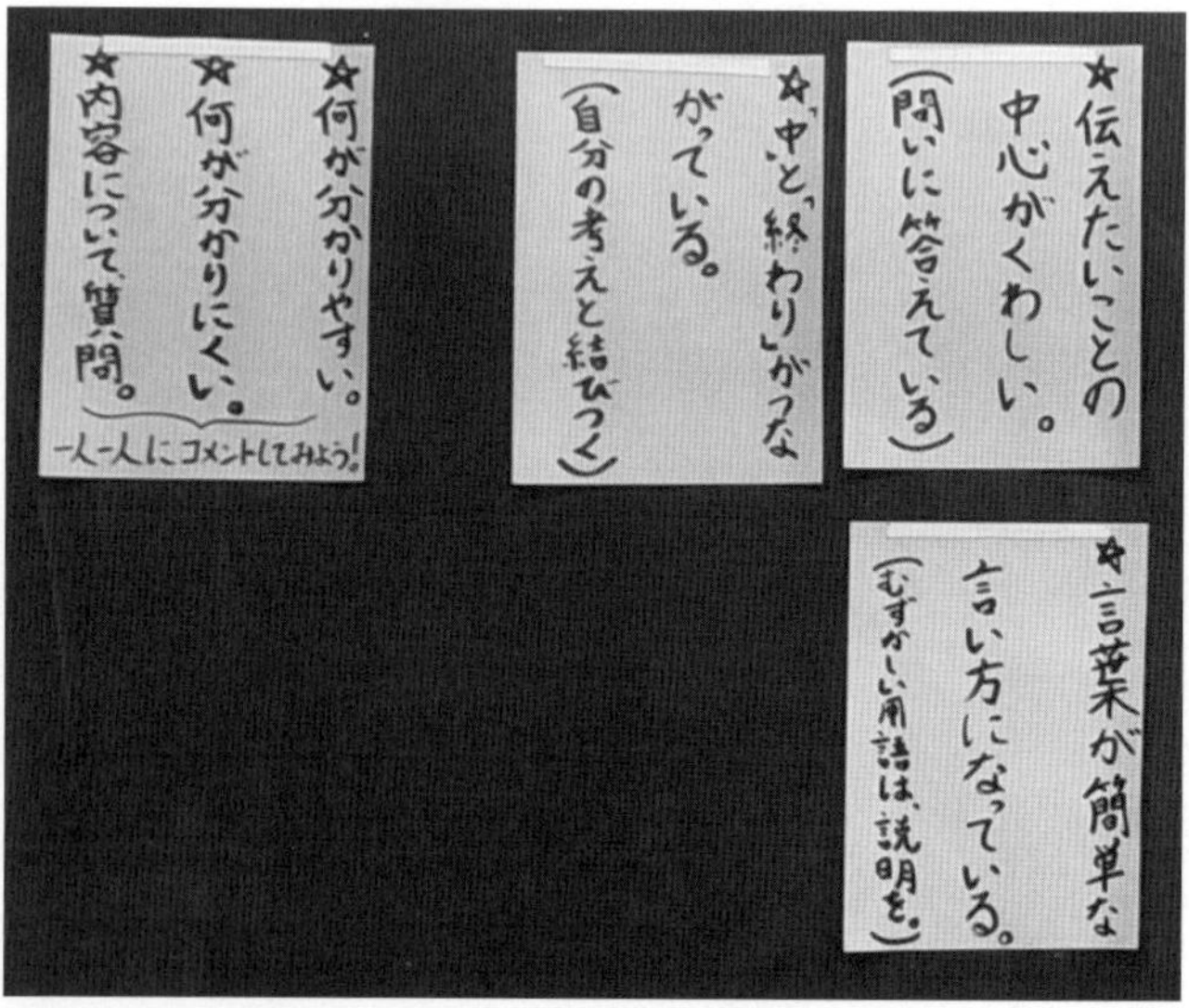
☆伝えたいことの中心がくわしい。
(問いに答えている)
☆言葉が簡単な言い方になっている。
(むずかしい用語は、説明を。)
☆「中」と「終わり」がつながっている。
(自分の考えと結びつく)
☆何が分かりやすい。
☆何が分かりにくい。
☆内容について質問。
一人一人にコメントしてみよう!

ための大きな画用紙を下に敷き、数字を書きます。今度は、個々の付箋の中身を検討するのではなく、グループで発表するうえで発表の順序が適切かどうかの検討をします。個々の短冊の検討の次時に行うようにすると、スムーズに行えます。発表順を考える際は、特に似た内容の人同士が順番に続くことを意識させましょう。

以下は、発表順の検討をしているグループの会話で、テーマ「盲導犬」です。

C1　私とC2さんは、盲導犬の訓練のことを書いているから、続けて発表したらいいよね。

C2　そうだね。訓練のことがだんだん詳

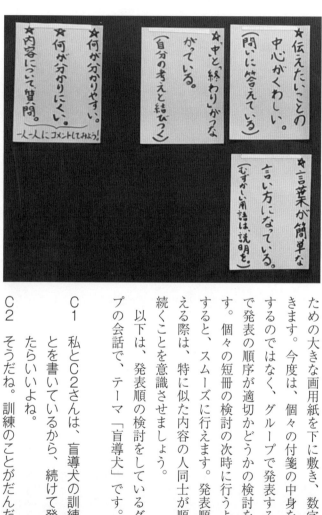

しく伝わると思う。
C3　そしたら、私は盲導犬がどういう犬なのかを伝えているから、最初に発表した方がいい気がする。
C4　そうだね。私は盲導犬がどのような仕事をしているのかを発表するから、C3さん↓C4さん↓C1さん↓C2さんの順番で発表すればわかりやすいね。

C3は、盲導犬がどのような犬なのか、概要を調べたので最初に発表をすることになりました。これを受け、C4は盲導犬の仕事について発表し、C1とC2は、盲導犬の訓練のことを続けて発表することになりました。

続いては、「目や耳が不自由な人に便利なもの」をテーマに、発表順の検討をしているグループの会話です。

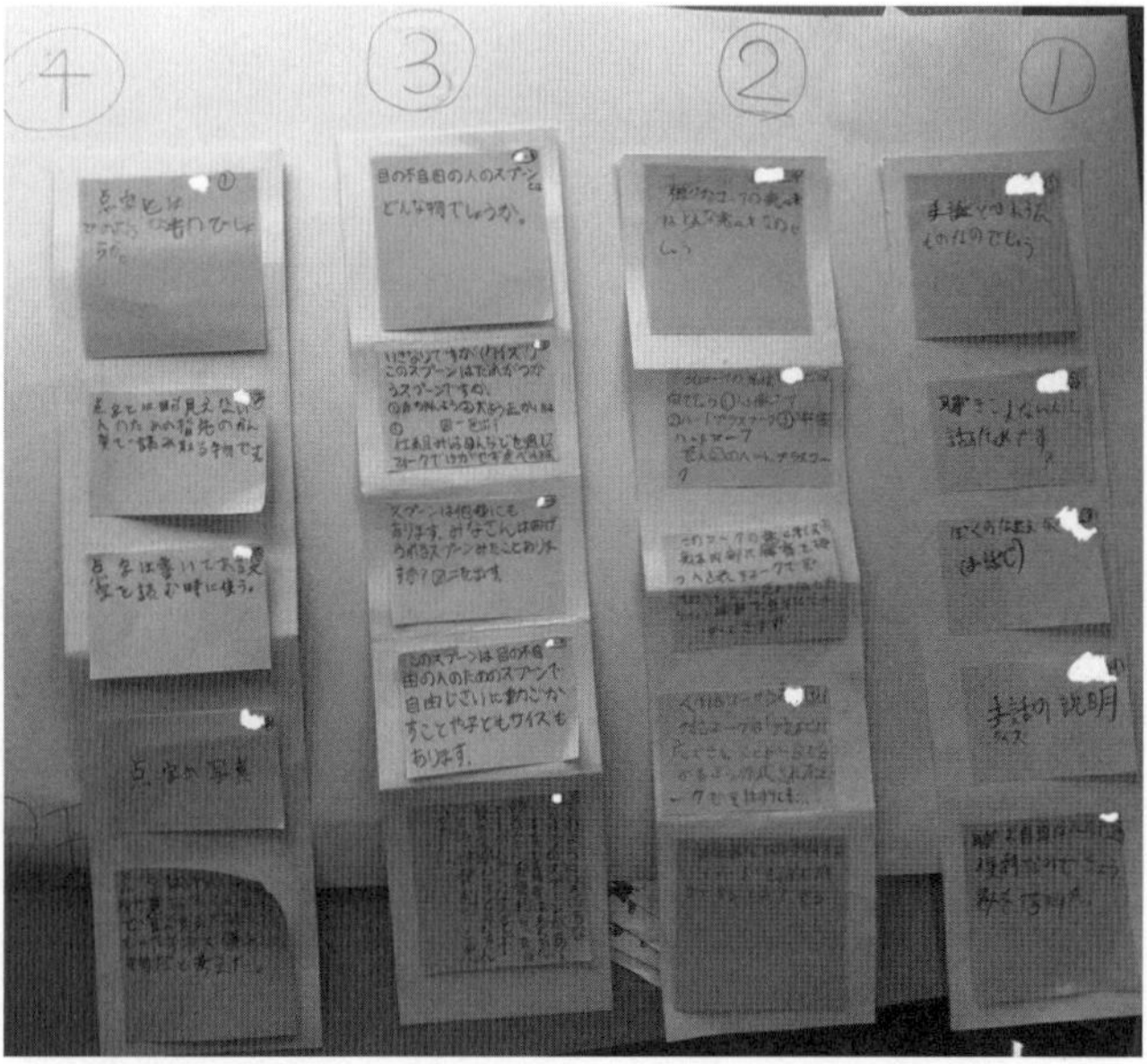

C5　ぼくだけ手話のことを書いているから、最初に発表させてもらえる?

C6　ちょっと待って。私はマークのことを書いたんだけど、手話マークも書いたんだ。

C7　じゃあ、C5さんの後にC6さんが言うといいよね。私は目の不自由な人の道具だから、どこがいいかな…。

C8　ぼくは点字のことを書いたから、目の不自由な人に便利なもの同士だね。続けて発表するよ。

こちらのグループは、検討の結果、

C5↓C6↓C7↓C8の順で発表することになりました。C5とC6が耳の不自由な人、C7とC8が目の不自由な人に便利なものとなります。

このようにして、グループで1つの紹介文を書き、グループ発表の場を設定することで、構成の検討を協働的に行うことができます。個人ではなかなか気がつかないことも、グループで話し合うと気がつくことが多々あります。

また、グループで発表することを前提として検討するため、グループ全体で構成を考える必然性があります。中学年は、抽象的な思考をし始める過渡期ですが、個人差が生じやすい時期でもあります。互いに気がついたことを持ち寄りながら文章全体の構成を検討し、よりよい順序を考えるグループ学習で、焦らず、じっくりと抽象的な思考力をはぐくむとよいでしょう。個人の力だけでは解決が難しい子どもも、教師が視点（ヒント）を示したうえでグループ学習に臨むと、参加しやすくなります。友だちとともに問題を解決する体験を積み重ねることで、一人ひとりに自信をもたせたいものです。

■主な関連教材

・5年「ポスターを作ろう」(教育出版)

・5年「みすゞさがしの旅」(教育出版)

アプリで作品を共有し、感想を交流させる

書くことの学習のまとめで、子どもがいきいきと行う活動の1つに、感想の交流があります。自分が書いた精一杯の作品を紹介した後、友だちがどのような感想をもったのかということは、強い関心事です。全員が必ず感想をもらえる仕組みを整えることは、次の単元以降にもかかわる、重要な意欲づけになります。

5年「ポスターを作ろう」(教育出版)では、試行錯誤の末に仕上げた互いのポスターを共有する際にとても役立つものがあります。それは、タブレット端末等に入っているMicrosoft Teamsやロイロノートのようなアプリです。

まず、端末や紙で作成したポスターを画像データにして、投稿します。端末で作成した場合には、スクリーンショットによる画像化やPDFによる保存を指示します。誤ってだれかが編集したり上書きしたりする恐れがあるからです。紙で作成した場合には、斜めか

ら撮影をしてポスターが見にくくならないように声かけをしましょう。

アプリへの投稿が終わったら、次のように指示を出します。

「では、感想を交流します。最初に、席が隣の友だちの作品を見て、感想を投稿しましょう。それが終わったら、生活班の友だちの作品をみて、感想を投稿しましょう。感想の最後には、『〇〇より』と自分の名前を書いて、必ずだれが書いたのかがわかるようにしましょう」

いきなり「自由に作品を見て、感想を投稿し合いましょう」と投げかけてしまうと、たくさん感想をもらえる子どもと、ほとんど感想をもらえない子どもに分かれてしまうものです。もしかしたら、だれからも感想をもらえない子どもが出てしまう恐れもあります。精一杯つくった自分の作品を、だれからも見てもらえない体験をさせてしまったら、書くことを嫌いになってしまうかもしれません。これは、絶対に避けなければいけないことです。

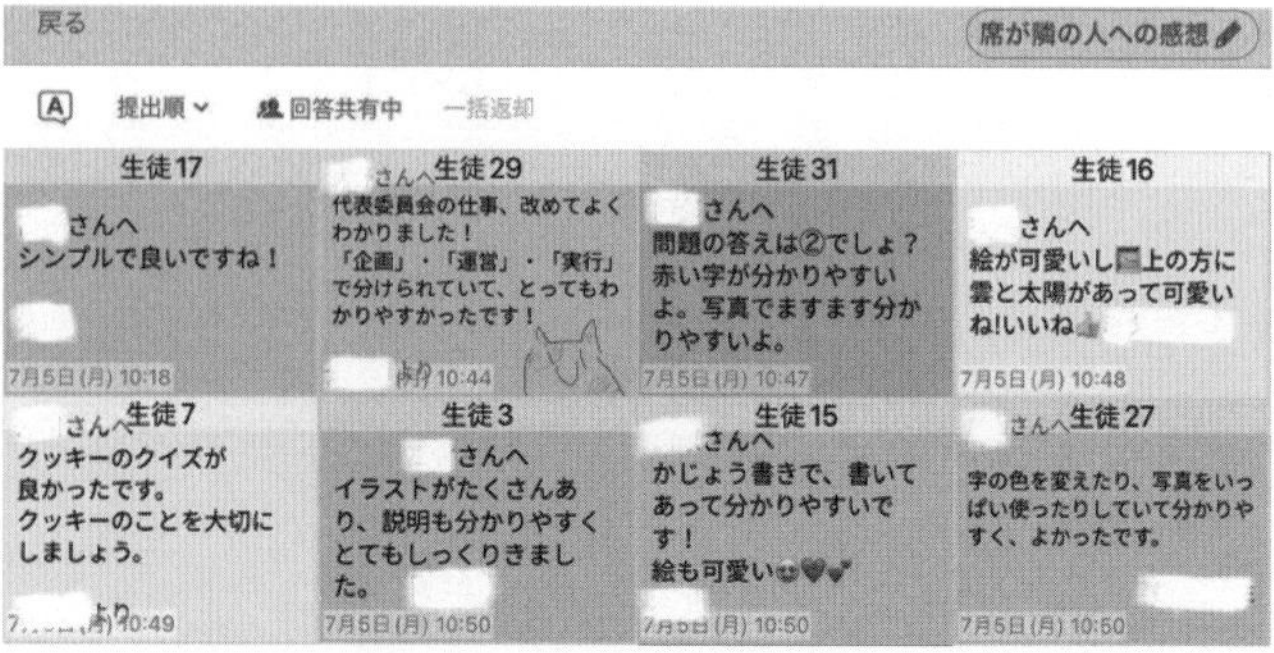
戻る
席が隣の人への感想
提出順
回答共有中
一括返却
生徒17
さんへ
シンプルで良いですね！
7月5日(月) 10:18
生徒29
さんへ
代表委員会の仕事、改めてよくわかりました！
「企画」・「運営」・「実行」で分けられていて、とってもわかりやすかったです！
より
10:44
生徒31
さんへ
問題の答えは②でしょ？
赤い字が分かりやすいよ。写真でますます分かりやすいよ。
7月5日(月) 10:47
生徒16
さんへ
絵が可愛いし上の方に雲と太陽があって可愛いね!いいね
7月5日(月) 10:48
生徒7
さんへ
クッキーのクイズが良かったです。
クッキーのことを大切にしましょう。
より
10:49
生徒3
さんへ
イラストがたくさんあり、説明も分かりやすくとてもしっくりきました。
7月5日(月) 10:50
生徒15
さんへ
かじょう書きで、書いてあって分かりやすいです！
絵も可愛い
(月) 10:50
生徒27
さんへ
字の色を変えたり、写真をいっぱい使ったりしていて分かりやすく、よかったです。
7月5日(月) 10:50

席が隣の友だちや、同じ生活班の友だちの作品に対しては、日頃から互いに少しずつ相談に乗り合ったり、助け合ったりしてきた分、スムーズにコメントできることが多いものです。感想の最後に名前を書かせるのは、書いてもらった人がだれから書いてもらえたのかがわかる方がうれしいということに加えて、無責任に失礼な感想を書いたりしないようにするためでもあります。感想には、友だちの作品のよいところを書くことを伝えます。互いに認め、励まし合うことで、またつくりたくなるような感想を書かせたいものです。

そのうえで、見方や考え方がより豊かになるような気づきが生まれることも大切です。席が隣の友だち、同じ生活班の友だちの感想が書けた子どもには、「自由に作品を見て、感想を投稿しましょう」と、投げかけるとよいでしょう。

付箋に書いた感想を友だちのノートに貼りつける方法もあ

ります。

5年「みすゞさがしの旅」（教育出版）の単元で、金子みすゞの詩を自分なりに読み、考えたことを作文用紙やスライドで紹介します。アプリに投稿したものを読み合い、感想を伝え合うのです。

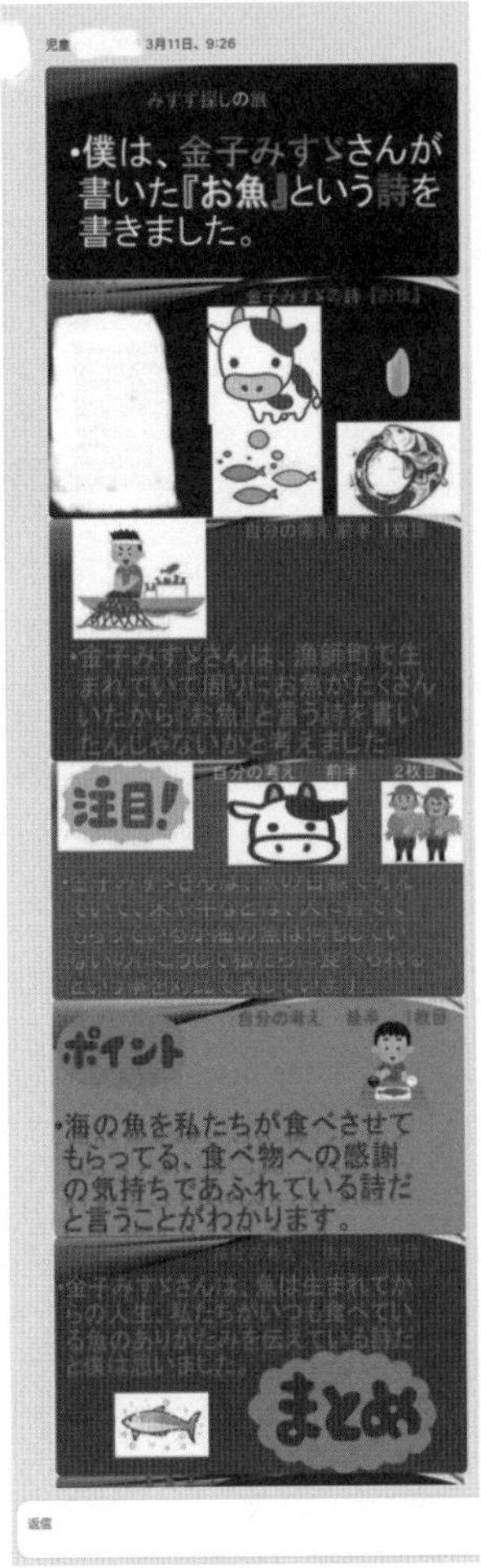

感想は、次ページの写真のように、適度なサイズの付箋1枚にまとめ、紹介文をかいた子どものノートに貼りつけます。

この方法でも、まずは席が隣の友だち、生活班が同じ友だちの紹介文を読み、感想を伝えてから、自由に他の人の紹介文を読むように指示します。

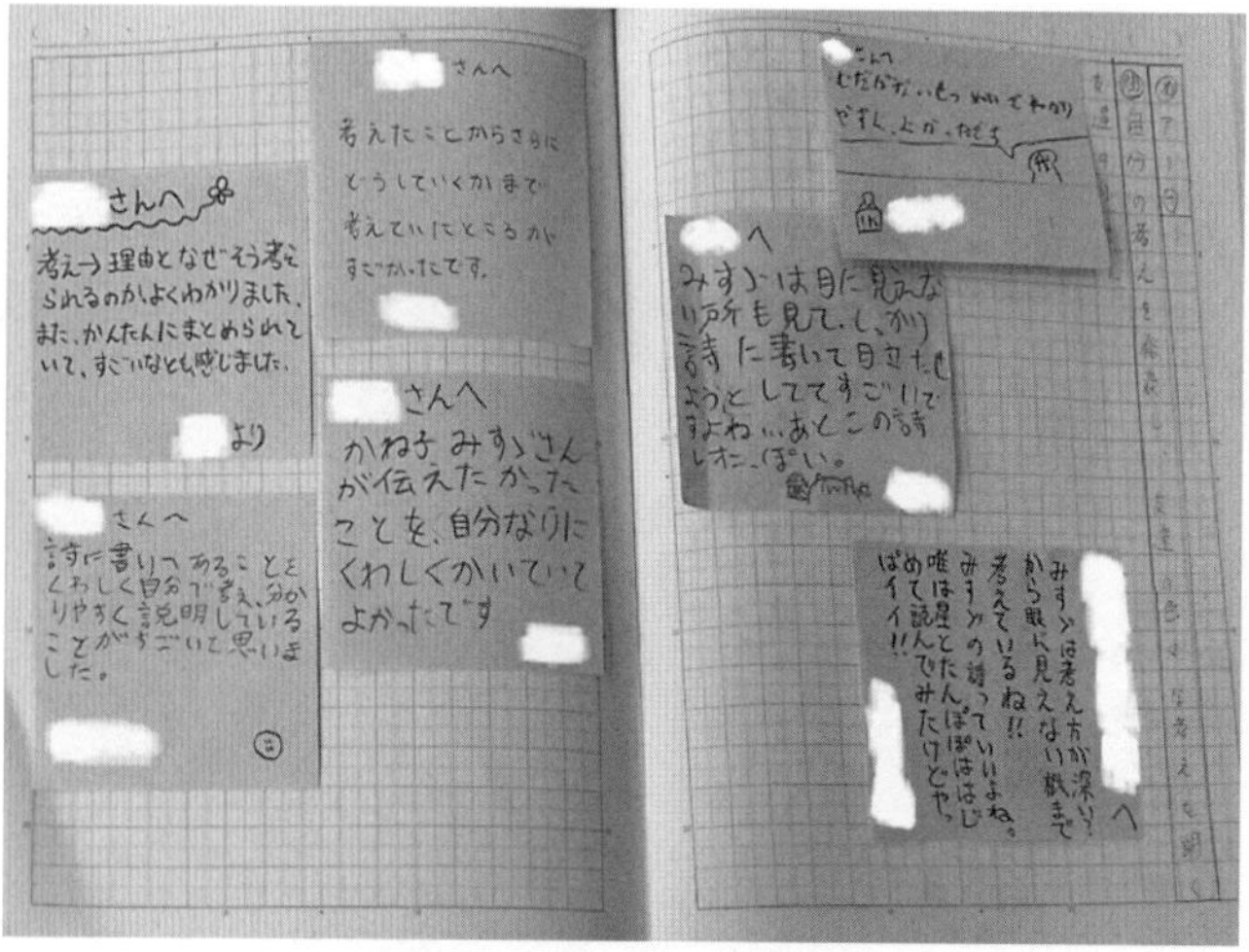

このような読み合いの活動を経て、金子みすゞの詩の魅力について改めて気づいたことを振り返りに書かせると、様々な発見があったことがわかります。

・みんなの詩の解釈が一人ひとり違い、まさに「みんなちがって、みんないい」ということがわかりました。
・みすゞさんはとにかく優しい。心がきれい。
・金子みすゞさんは思いが強いことがわかりました。
・「雪」という詩で書いている人が多いと思いました。
・金子みすゞさんは、詩の中で対比をたくさんしていることがわかりました。

第6章
「報告・提案文」の授業技術

Chapter 6

■主な関連教材

・2年「こんな　もの，見つけたよ」(光村図書)

取材にタブレット端末を活用し、短冊で構成を検討させる

「報告」と「記録」は、それらの両方とも、教科書では言語活動として取り上げています。では、それぞれはどのようなものなのでしょうか。

学習指導要領の解説には、次のような説明がなされています。

> 報告とは、見たことや聞いたことなどの事実や出来事を伝えることである。記録とは、事実や事柄、経験したことや見聞きしたことなどについて、メモを取ったり、文章として正確に書き残したりすることである。

両者の大きな違いは「伝える」ことにあります。記録の場合、そこに記したものは自分にとって意味があるものですが、報告の場合には、報告を受ける相手がいて、相手に対し

て伝えるという意味があります。

伝えるためには、「内容」に加えて、「相手」と「目的」が必要になります。

相手は、1年生にするとか、保護者にするといった、学級外の人を対象とすることもできますが、ここでは、同じクラスの友だちとします。

目的も、クラスの友だちに報告して興味をもってもらうといったレベルの簡単なものにします。

そのようにする理由は、教科書の教材（2年「こんな　もの、見つけたよ」（光村図書））が、異年齢の人に報告して、何らかの意識・態度を形成してもらうといったものではなく、どちらかと言えば、日常の1コマを報告し、読み手に関心をもってもらうものであるということに準じるためです。

「話すこと・聞くこと」や「書くこと」の題材として教科書に提示されているものは、1つの活動例と捉えられます。しかし、子どもたちの関心や伝えたいことは、教科書に示されているものとは別のことに向いていることが少なくありません。

とはいえ、モデルに示されていることを活用する力がまだ発達途上にある低学年においては、教科書の題材に準じて活動することが、子どもの取り組みやすさにつながります。

そこで、ここでの相手意識、目的意識に関する提案も、ちょっとした発見をクラスの友だちに報告して、関心をもってもらうということとします。

内容（テーマ）は、「毎日通る通学路での自分だけの発見」です。

毎日通る通学路の姿は、毎日同じではありません。季節の移り変わりによって、道端に生えている木に花が咲いたり、道路の脇の草むらにカマキリやバッタがいたりといった変化があります。

また、とても安くお菓子が買える駄菓子屋さんがあったり、境内に大きな木が茂っていてアリジゴクの巣がいっぱいある神社など、近所に住んでいる人以外ではなかなか知ることができない「名所」があったりするものです。

子どもたちにそういった場所を意識してもらうために、教科書が役に立ちます。

本教材には、鳥の親子が住む池、音の出る信号機、たこ焼き屋さんのイラストが描かれています。これらのイラストを見せながら、自分が毎日通っている通学路で、友だちに知らせたい場所を考えさせます。

その際、同じ通学路を使っている子同士で話し合い、何を題材とするかについて検討させると、題材に関する発想が広がります。

このような、「だれに（相手）」「何のために（目的）」「何を（内容）」伝えるかということは、単元のはじめにはっきりさせ、子どもに見通しと意欲をもたせる必要があります。教師が作成したモデルを使うなどの具体的な手立てを使いながら、クラスの友だちに通学路での自分だけの発見を報告し合うことへの興味をもたせます。

その後、取材活動に入りますが、取材の前に行うことがあります。

それは、「観点」を決めておくことです。

自分が報告したい内容の場所や特徴など、目のつけ所を決めておくことで、報告の内容が具体的になります。このときに、木や花などの植物、虫などの生き物といったように報告したいものに合わせてグルーピングし、どのような観点で取材するのかを検討すると、具体的な観点をお互いに複数得ることにつながります。

取材活動には、タブレット端末を活用します。第1時から数日の期間を設けて、自分が報告したい場所をいくつか選び、写真を撮らせます。

このときに注意することがあります。

それは、保護者に協力を仰ぐことです。学級通信等を通じて子どもが撮影するところにはつき添っていただくようにお願いをします。子どもが撮影したいと思っても、撮影許可が必要な場所もあるので、保護者の方に必要に応じて撮影の許可を得ていただくようにお願いします。

さて、撮影に出かけたら、写真に撮ることとともに、その場所について報告したいことのメモをさせます。

ここでも、ノートに記録するのではなく、タブレット端末にメモすることで、教師にとって指導しやすいというメリットがあります。

子どもは写真を撮り、報告したいことをメモしてきます。教師は写真とメモをあわせて見て、子どもがどんなことから何を伝えたいのかを把握することができます。そのうえで、さらに取材を詳しくした方がよいところがあれば助言することができます。

これは、子ども同士で行うことも可能です。お互いの写真とメモを見せ合い、もっと詳しく教えてほしいことを伝え合うことによって、さらに取材を進めたり、メモを書き足したりして、報告する内容を充実させます。

書きたい内容が定まったら、次ページのように、書く項目ごとに短冊に転記させます。

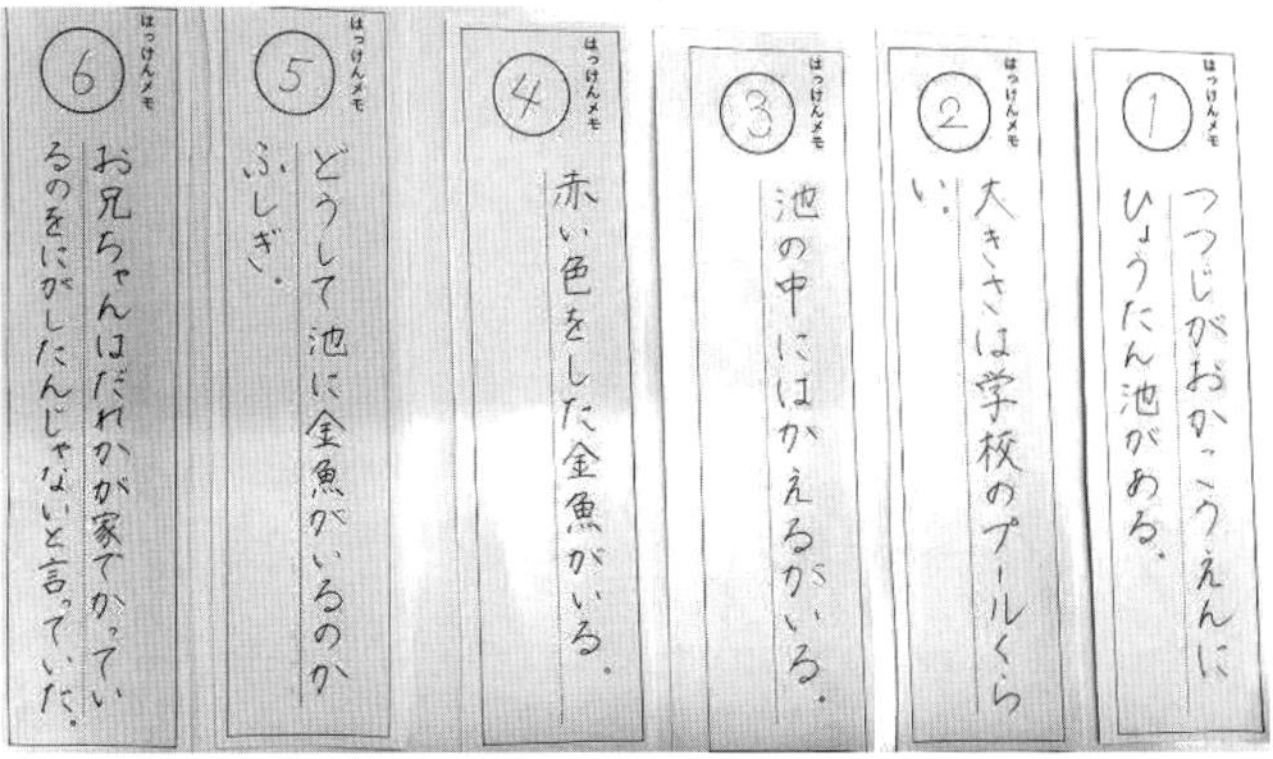

構成は、転記した短冊を使って行いますが、このときに教科書を使います。本教材の例では、メモの順序と、報告文の順序が異なっています。そこで、なぜこのようになっているのかについて子どもたちに考えさせます。このときに、「だんだんどうなっていますか？」という形で問うと、子どもは考えやすいでしょう。

その後、自分なりに順序を考えさせて、短冊の並べ替えを行います。並べ替えたものは、お互いに見合い、わかりやすい順序になっているかどうか確認します。

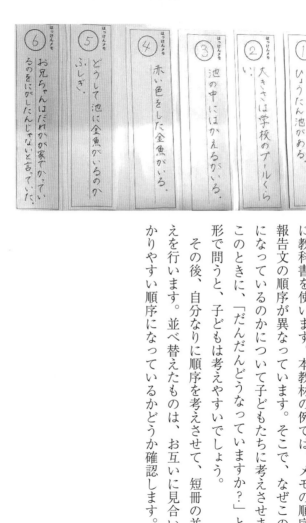

■主な関連教材
・3年「仕事のくふう，見つけたよ」（光村図書）

5ステップで、詳しく丁寧に調査させる

小学校での言語活動としての報告文で大切なことは、学習指導要領の解説にあるように、「見たことや聞いたことなどの事実や出来事を伝える」という性格に沿って、子どもが捉えた客観的な事実を正確に報告することです。

そのうち、中学年での報告文を書く言語活動で大切なことは、学習指導要領の解説によると「調査の目的や方法、調査の結果とそこから考えたことなどを明確に書くこと」とされています。

「調査の目的や方法」「調査の結果とそこから考えたこと」を明確にすることは、第3、4学年の「書くこと」領域の指導事項「イ　書く内容の中心を明確にし、内容のまとまりで段落をつくったり、段落相互の関係に注意したりして、文章の構成を考えること」で述べられていることと対応しています。

本教材「仕事のくふう見つけたよ」（光村図書）でも、単元のめあてを「組み立てを考えて、ほうこくする文章を書こう」としており、段落相互の関係に注意して文章の構成を考えることを重視していることがわかります。

従って、この単元では、学習指導要領で大切にしていることに沿って、子どもが取材した後に報告文の形式に整えていくことに力を注げばよいのだなという見通しがもてます。

しかし、大きな課題が2つあります。

1つは、調査の対象です。

本教材で取り上げている活動では、調べたい仕事について各自で調べることになっています。このような活動は、子ども一人ひとりの興味を尊重した理想的な活動に見えるのですが、2つの問題があります。1つ目の問題は、そもそも仕事を調べることに対して学級全員が興味をもつのかということです。仕事を調べることに対して興味をもつ子もいますが、興味をもてないという子がいるのも自然なことです。もう1つの問題は、学級全員が各自で仕事を調べることができる条件が整っているかということです。例えば、放課後や休日に商店の仕事内容を調べるにしても、まわりにまったく商店のない場所に住んでいる子どもには不可能です。

もう1つは、調査の内容です。

当然のことながら、報告するには内容が必要です。内容を獲得するには、かなりの下準備が必要です。しかし、教師側にその点に関する注意がないと、子どもは何を調べてよいのか見通しがもてず、活動が先に進まなくなってしまいます。

これらの課題をクリアしたところから、報告書の組み立ての学習はやっと始まります。

では、課題をクリアするためには、どうすればよいのでしょうか。

1つ目の調査の対象に関する課題については、個人単位での仕事調べではなく、基本的に全員同じ対象の仕事調べとすることでクリアします。

第3学年の社会科では、地域の生産や販売の仕事として、商店、農家あるいは工場の仕事について学びます。また、地域の安全を守る働きとして、警察や消防の働きについて学びます。実際にスーパーマーケットや消防署に行き、どのようなことをしているのか学習する機会のある学校も多いでしょう。

この機会を生かし、社会科で見学に行く場所についての報告文を書く活動とします。そうすることで、どの子にとっても調査対象が確実にあるという状況が生まれます。

次に、2つ目の調査の内容に関する課題についてです。

これは、5つのステップでクリアしていきます。

①調査の目的と報告の対象をはっきりさせる

この2つがはっきりすることで、何を調べてきたらよいのかが焦点化されます。報告の対象によって、必要とする情報は異なります。例えば、「スーパーマーケットで保護者がよりお得に買い物ができるために調べる」という目的と、「スーパーマーケットでどんなものが売られているかを1年生に教えてあげる」という目的では、調べて得るべき情報は違ってきます。

②調査の対象について下調べをする

対象に関する知識がまったくない状態では、調べることが浅くなり、せっかくの調査の意味がなくなってしまいます。ですから、できるだけしっかりと下調べをすることが必要になります。そこで大切なことが、社会科の学習との関連づけです。社会科で見学に行くまでには、対象について知りたい問いをもち、教科書等を使って調べ、解決していきます。

このように、下調べは社会科の学習でまかなうことができます。

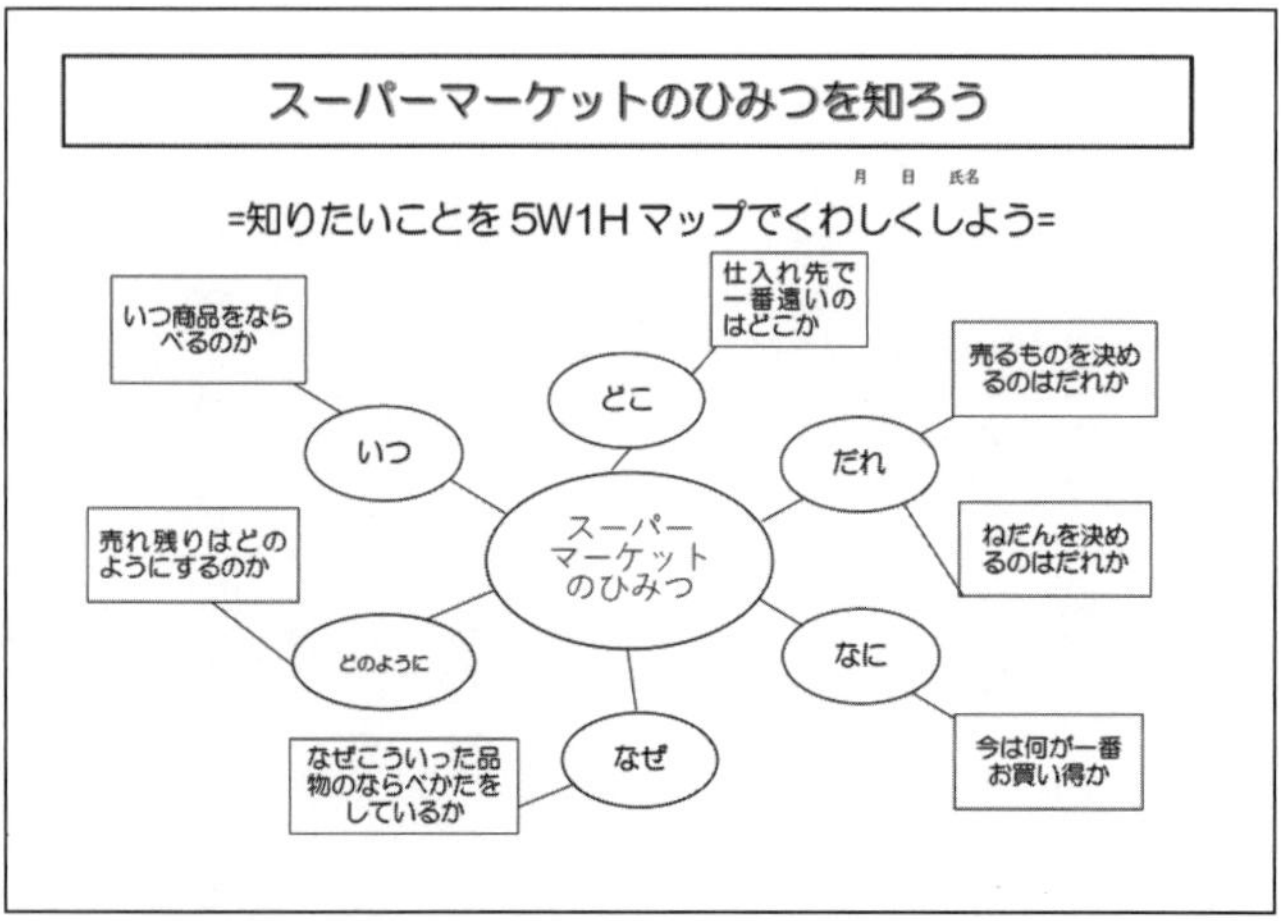
スーパーマーケットのひみつを知ろう
月 日 氏名
=知りたいことを5W1Hマップでくわしくしよう=
スーパーマーケットのひみつ
いつ
いつ商品をならべるのか
どこ
仕入れ先で一番遠いのはどこか
だれ
売るものを決めるのはだれか
ねだんを決めるのはだれか
なに
今は何が一番お買い得か
なぜ
なぜこういった品物のならべかたをしているか
どのように
売れ残りはどのようにするのか

③下調べを基に知りたいことを具体化する

ただし、いくら下調べをしてあるとしても、漠然と「知りたいことを書き出そう」という指示では、子どもは動けません。

ここでは、５Ｗ１Ｈを使った質問マップが有効です。５Ｗ１Ｈに沿って考えることで、調査対象について知りたいことを具体化することができます。まず、各自でマップをつくり、その後、グループでお互いが考えたことを持ち寄ってあわせていくことで、詳しく知りたいことがいっぱいになります。

④調べ方をはっきりさせる

調べたいことが決まっていても、調べる担当者を含め、調べ方が決まっていないと、十分な調査

スーパーマーケットのひみつを知ろう

月　日　氏名

=みんなのぶんたんとわかったこと・思ったこと=

調べること	調べ方	ぶんたん	わかったこと	思ったこと
いつ商品をならべるのか	説明を聞く インタビュー	山田 田中	朝、9時までにならべる。ならべる前にわける。	時間までにたくさんの品物をわけてならべるのは大変だ。
売るものを決めるのはだれか	説明を聞く インタビュー	山田 吉岡	担当になっている人が、いろんなじょうほうを集めて決める。	決めたものがたくさん売れたらうれしいだろう。
売れ残りはどのようにするのか	説明を聞く インタビュー	鈴木 田中	ひりょうになったり、動物のえさになったりする。	ただ捨てるだけだともったいないのでいいと思う。残さないことが大事。
品物のならべかたはどうなっているか	見学して絵をかく	佐藤 吉岡	一番おいしい時期のやさいやくだものを入り口においている。	お客さんが買いたい気持ちになるようにくふうしていた。
どのようなことが一番うれしいか	説明を聞く インタビュー	佐藤 鈴木	お客さんが えがおで買い物してくれること。	くろうがお客さんのためになるとうれしいんだと思う。

ができません。

そこで、グループごとに、だれが、何を調べるか、結果はどうだったのかを記入するシートを作成し、そこに書き込ませていきます。インタビューだけではなく、目で見て気づいたことを書くことも大切にします。1つのことに対する担当者を複数にしておくと、調査漏れが少なくなります。

⑤調べたことを整理する

グループごとに、それぞれが記入したシートを持ち寄り、内容を共有します。

ここまできたら、あとは各自での活動を展開していきます。詳しく調べてあるほど、その後の活動はスムーズです。

■主な関連教材

・4年「新聞を作ろう」（光村図書）

紙面構成、書き方を、順を追って丁寧に指導する

報告文や記録文と比べて、新聞をつくる活動では、割りつけをする、見出しやリード文を書く、記事やコラムを書く…など、やることが多い印象があります。そして、それぞれの活動を確実に行わないと、苦労したわりに見栄えのよいものができません。

従って、本教材「新聞を作ろう」（光村図書）にも、それぞれの活動を行ううえでのポイントが細かく示されています。

しかし、新聞をつくる目的は、見栄えのよいものをつくることではなく、新聞づくりを通して、学習指導要領の「書くこと」の指導事項に示されている力をつけるためです。

学習指導要領と、新聞づくりの関係は、中学年では次のようになります。

イ　書く内容の中心を明確にし、内容のまとまりで段落をつくったり、段落相互の関

係に注意したりして、文章の構成を考えること。

●学習指導要領と新聞づくりの関連

・「中心を明確にし」…「見出し」づくり。5W1Hを先に書き、詳細を後に書く。
・「段落相互の関係」…記事の割りつけ。

ウ　自分の考えとそれを支える理由や事例との関係を明確にして、書き表し方を工夫すること。

●学習指導要領と新聞づくりの関連

・「自分の考えとそれを支える理由や事例」…記事とコラム

このように、まずはどんな力をつけたいのかをはっきりさせてから指導していくことで、新聞を完成させることが目的とならず、子どもに国語の力をつけるものとなります。

新聞をつくっていく際には、第1時に3つのことを具体化することが必要になります。それは、新聞をつくる「目的」、読む「相手」、記事に書く「内容」です。

例えば、「クラスの仲間（相手）に、自分が住んでいる地区のよいところを知ってもらうために（目的）、自分の地区のよさ（内容）を記事にまとめる」といったものです。

「目的」「相手」「内容」の三要素が整わないと、子どもにとっては「やらされる」活動になるので、第1時で丁寧に子どものやる気スイッチを入れる必要があります。

単元のはじめに、もう1つやるべきことがあります。それは、新聞づくりへの興味づけです。基本的に、多くの子どもは、実際の社会で行われていることを自分もやってみたいと思う傾向があります。

新聞づくりもその1つで、学校で取っている新聞を子どもたちに見せ、調べて伝えたいことを今回は新聞の形でまとめてみることを投げかけると、多くの子は興味を示します。

ただ、実際の新聞に近い形で新聞をつくるのは難しいことです。そこで、教科書に掲載されている新聞のモデルに準じて教師が自作した新聞をモデルとして見せ、子どもに完成イメージを描いてもらうとともに、このくらいのことができればよいというでき上がりの質の見通しももたせます。

記事の数は3つ程度にすること、そして、（教科書のモデルにはありませんが）記事の後にコラムをつけることを知らせ、どのくらいの数の取材をしてくればよいのか見通しをもたせます。

活動への動機づけの後は、取材を行います。教科書ではグループでの活動が示されていますが、個人での活動をおすすめします。理由は、自分ではじめからおわりまでやり遂げることによってこそ、力がつくからです。グループでの活動を主とすると、どうしても「フリー・ライダー（ただ乗りする人）」が出てきがちです。

今回は1人で取り組み、1人でできるようになったら、次はグループで取り組む、といったようにすると、基礎的な力がついた者同士が集まって考え合うようになるので、そのときのグループ活動の質が高まります。

ただ、まったく他者と交流せずに1人で活動を進めるというのではありません。互いの活動に対して助言し合いつつ、つくるものは個人単位で、ということです。

取材の後は、割りつけを考えます。

新聞の紙面には、記事を配置する場所の違いを基準にした「X型」「T型」「区画型」がありますが、最も簡単な区画型を使い、取材内容の量と伝えたいことに応じて割りつけを行います。

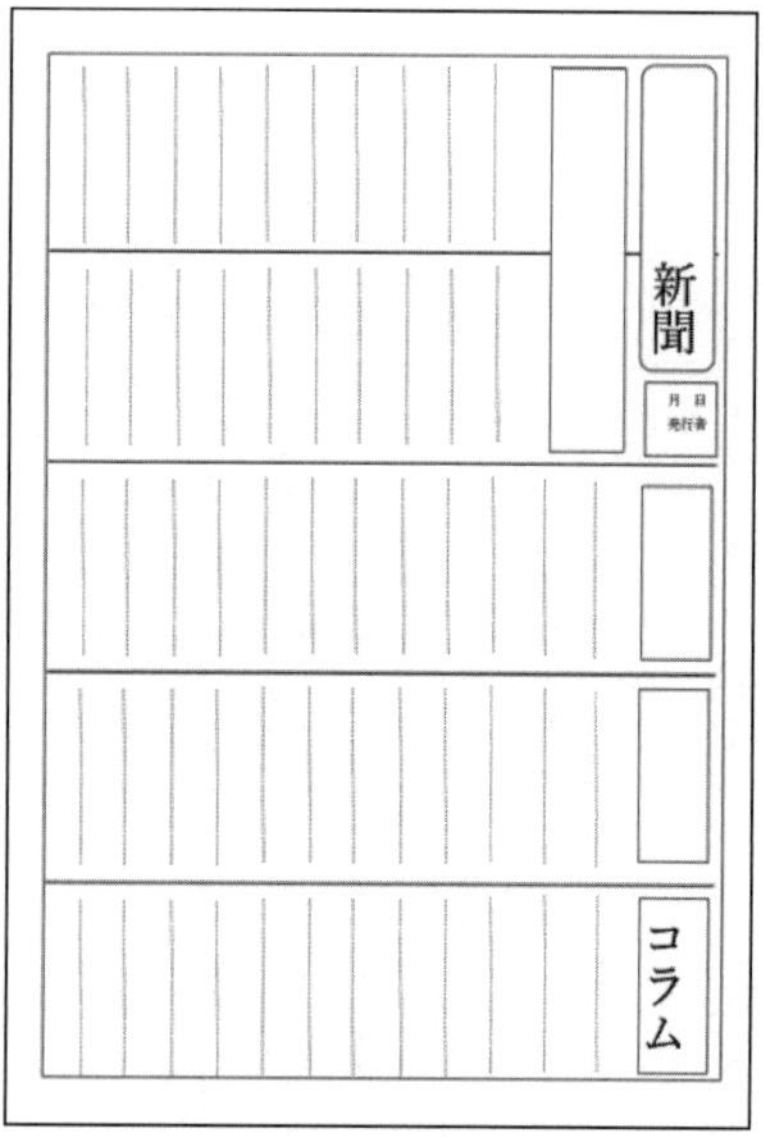

ここで必要になるのがレイアウト用紙です。教科書のモデルに準じたレイアウト用紙をつくり、割りつけをさせます。クラスの仲間に伝えたいことから順に、また取材した内容の量に応じて、用紙の上から記事の場所を決めていきます。教師の作成したモデルを見せて活動のイメージをもたせます。なお一番下の段はコラム用に空けておきます。

割りつけの後は記事の下書きをつくります。

このときに、新聞のリード文を教材にして、どのような順で書いてあるか指導します。

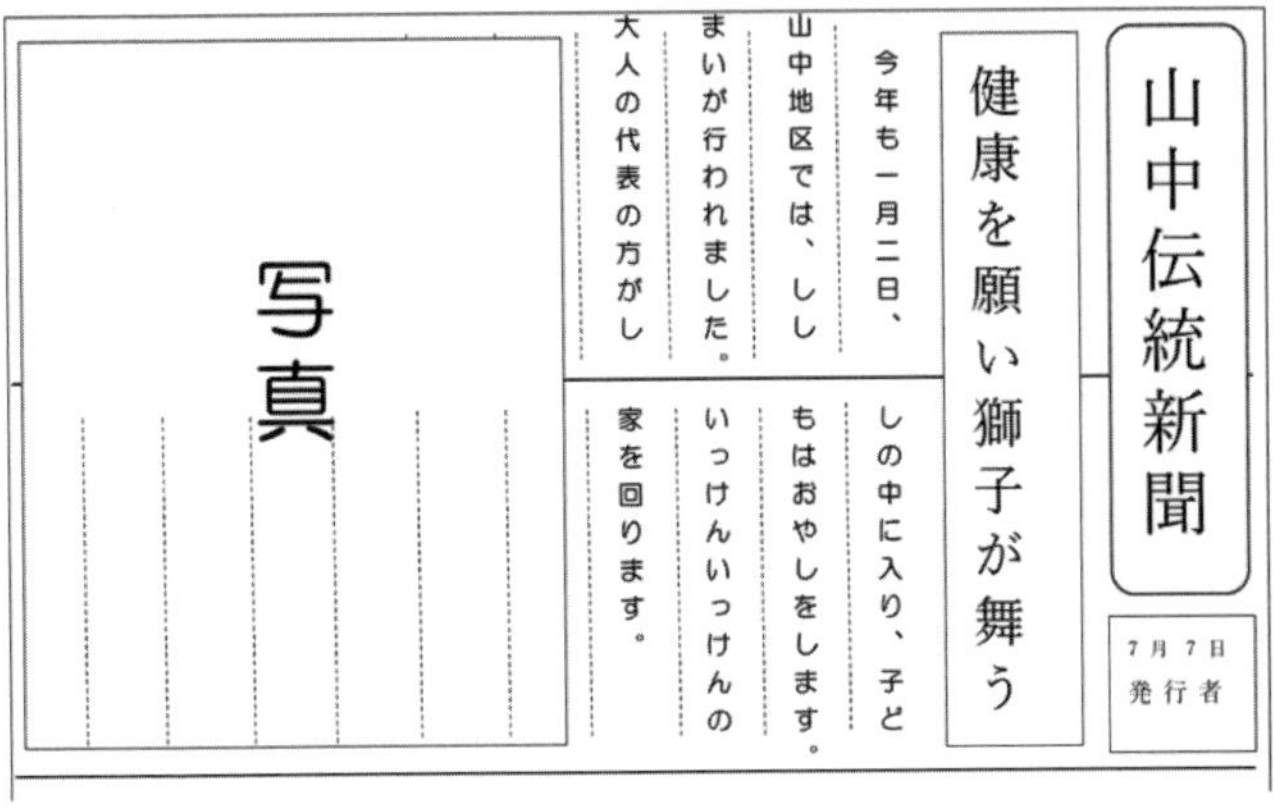
山中伝統新聞
7月7日
発行者
健康を願い獅子が舞う
今年も一月二日、山中地区では、ししまいが行われました。大人の代表の方がししの中に入り、子どもはおやしをします。いっけんいっけんの家を回ります。
写真

多くは5W1Hに沿ってあらましを伝えてから具体的な内容となっているので、それに準じた形で書かせます。実際の記事を見せながら、客観性をもたせるため、記事には自分の思ったことは書かないことにも気づかせます。その代わり、コラムには、自分が思ったことを存分に書かせるようにします。

記事の下書きができたら、見出しづくりをします。実際の記事を教材にしながら、一番言いたいことを見出しにする、見出しの文字数はできるだけ10文字以内にするなど、約束事を決めます。

その後清書をし、でき上がった新聞は互いに読み合い、感想を交流します。感想は、新聞の形式にはまっていたかの相互評価ではなく、内容に対しての感想を求めます。

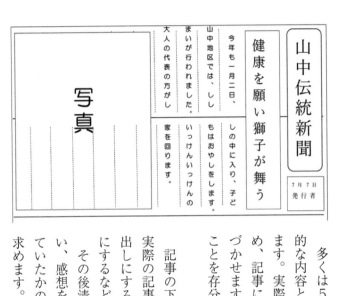

■主な関連教材
・４年「『ふるさとの食』を伝えよう」（東京書籍）

調査カードで、考え、理由、事例の関係をはっきりさせる

学習指導要領第3、4学年の「書くこと」の「考えの形成・記述」の指導事項は、次のようになっています。

ウ　自分の考えとそれを支える理由や事例との関係を明確にして、書き表し方を工夫すること。

ここで注意が必要なのは、「理由」「事例」という言葉の意味です。

学習指導要領の解説では、第3、4学年の「情報の扱い方に関する事項」の「ア　考えとそれを支える理由や事例、全体と中心など情報と情報との関係について理解すること」の項で、次のような説明がされています。

理由は、なぜそのような考えをもつのかを説明するものである。事例とは、考えをより具体的に説明するために挙げられた事柄や内容のことである。

このことから、事例とは説明のために使う具体例などのことであり、理由は事例を含めた考えの説明であることが読み取れます。

事例だけでは、考えとのつながりがわかりにくいので、事例と考えとをつなぐ説明が必要になります。つまり、理由で特に大切なことは、事例と考えとを適切につなぐことだと言えます。

本教材「『ふるさとの食』を伝えよう」（東京書籍）では、考え、理由、事例の関係がリーフレットの中で明快に書かれています。

タイトルの「ここがおすすめささかまぼこ」が「考え」にあたります。「ささかまぼこをおすすめする理由は、…」というリード文は、文字通り「理由」にあたります。また、「①魚のおいしさがいっぱい」などの小見出しも、笹かまぼこをおすすめる理由になっています。

そして、それぞれの小見出しに続く文章が事例の部分です。

本教材では、「理由や事例を挙げて書く」ということがつけたい言葉の力の中心になっているので、丁寧に、考えと事例、理由の関係を指導する必要があります。

まず、取材活動に入る前に、教科書のリーフレットを使って、何を調べてくるのかをはっきりさせます。

教科書のリーフレットの「中ページ」を使い、考えと理由、事例はどこに書かれているかを見つけさせます。理由や事例については、最初の「①魚のおいしさがいっぱい」のところを全員で考え、残りの２つの項目については、個人追究させた後、全体で確認していくと、確実に力がついていきます。

取材段階で使用する調査カードも、事例と理由が書けるようなものにします。

本を読んだり、インターネットで調べたりしていく際には、まず、事例（「調べたこと」）の部分を書き込むようにします。

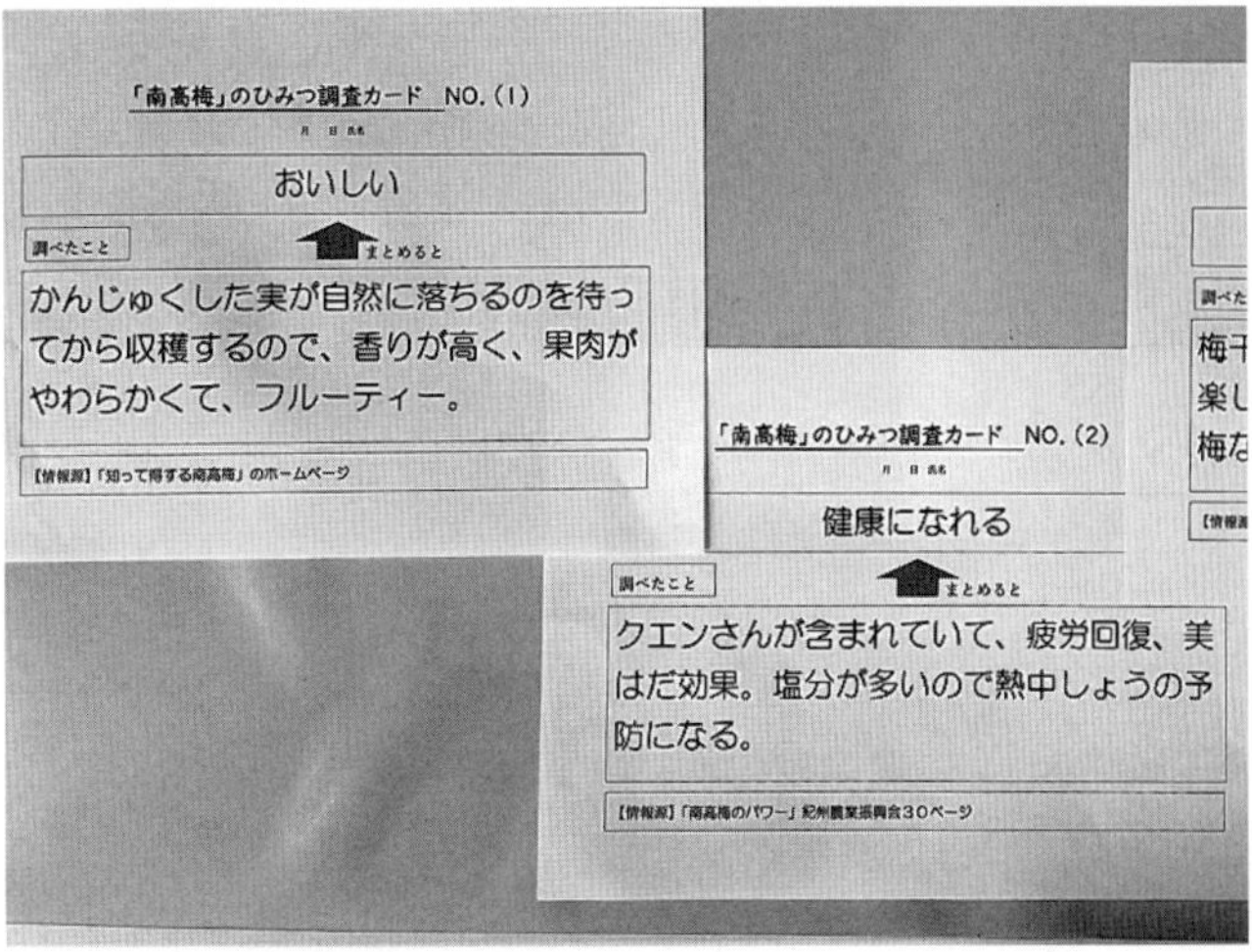

教科書のモデルのリーフレットの理由づけの考え方は、「具体」を「抽象」化するという考え方になっています。

そこで、事例が書き込めたら、その事例をまとめるとひと言でどういうことが言えるのかを考え、理由づけをさせます。

一つひとつの調べる項目について、このように、具体的な事例と、まとめた理由の関係をはっきりさせておくことにより、後にリーフレットをつくっていく際には、自然と理由と事例を確実に書くことができるようになります。

理由と事例の数は、教科書のモデルに合わせて3つ程度にすると、制作する子どもの負担が大きくなり過ぎず、また、読む際にも集中して読むことができます。

■主な関連教材
・5年「みんなが過ごしやすい町へ」（光村図書）

写真やブックリストづくりで、活動への意欲を高める

本教材「みんなが過ごしやすい町へ」（光村図書）では、福祉に関する情報収集をして、報告する活動を行うことが想定されています。

何のためにこの学習をするのかという目的を子どもたちがはっきりともつことで、追究は積極的になり、充実した学びを得ることにつながります。

一方で、子どもたちが調べる情報が少なければ、みんなが何となく知っていることをなぞるような学習になります。また、調べたことからの考察が浅いものだと、結局は薄い学びになってしまいます。

「書くこと」領域の学習は、取材し、構成を考え、記述する、という3つの活動を行うことで、ひと通りの成果物はできますが、3つの活動のうちのどこに重点を置くことで学習が充実するのかを吟味する必要があります。教科書では、報告文の完成モデルは丁寧に

示されているので、目的意識をもち、豊かな取材をし、しっかりと考えた考察をつけるまでの、単元前半の取材段階での活動が、学習の充実のカギになります。

まず、学習の目的づくりをします。

自分を含めて、町や社会にはどのような立場の人がいるのかを出し合います。子ども、高齢者、外国人、様々な障害を抱えた方といった知識が出されます。

次いで、それぞれの立場の方が過ごしやすくなるよう施された町や学校や家の工夫について知っていることを出させます。

車椅子を使う方のための学校の玄関のスロープ、青信号になるとメロディが鳴る横断歩道の歩行者用信号機、駅のホームの点字ブロックなどが出されます。

ここで、子どもにとってあまり知らないであろうことに触れさせます。

例えば、点字ブロックです。

点字ブロックというと、黄色のタイル状のものをイメージする子が多いですが、それらは全部同じ形をしているのかを尋ねます。

知識のある子がいれば、線が並んだ形になっているものと点が並んだ形になっているも

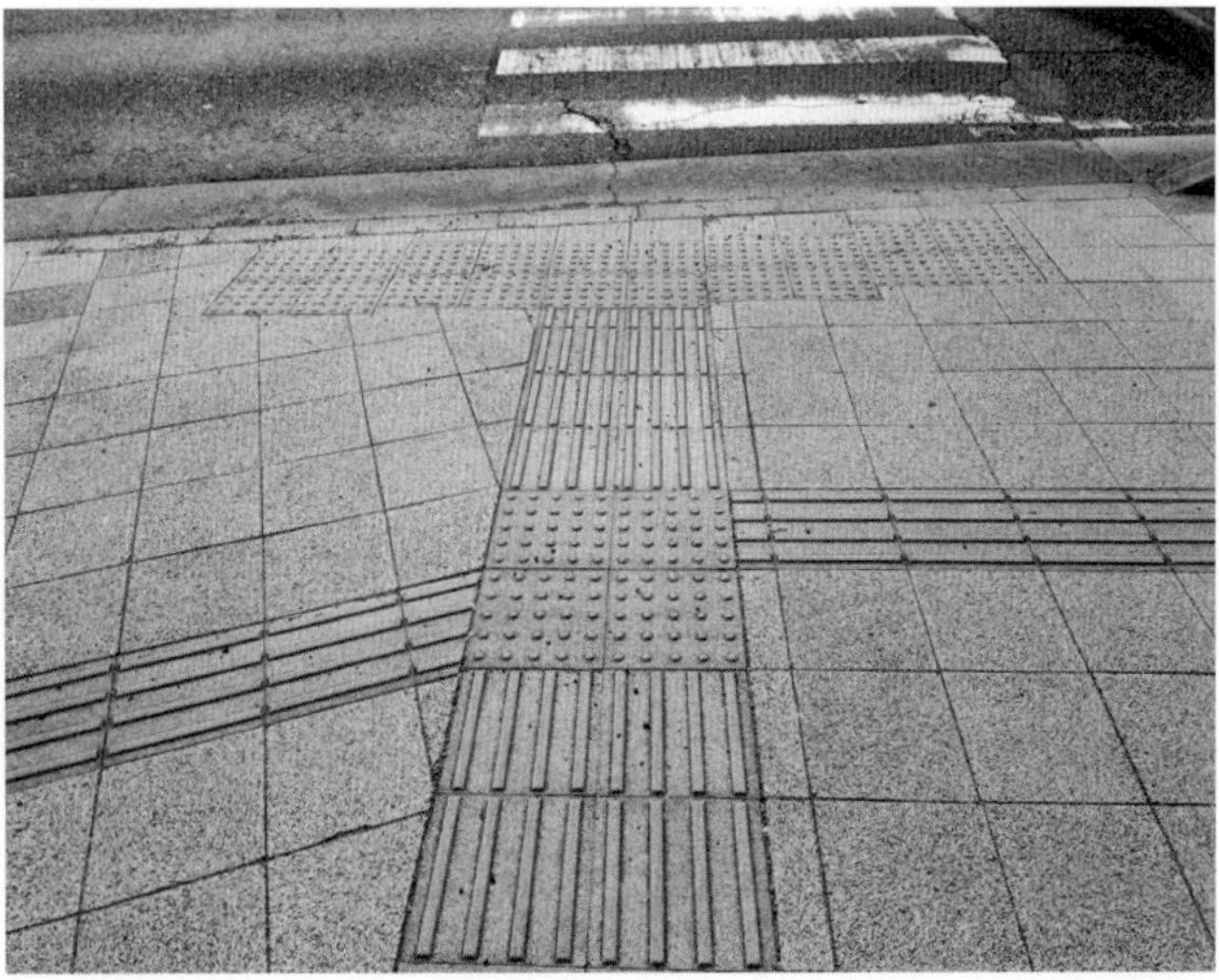

のがあるということが出されます。２つの種類が出されたら、交差点の点字ブロックの写真を見せてそれぞれの意味を尋ねます。
そして、線が並んだものは進行方向を示す誘導ブロック、点が並んだものは危険箇所を示す警告ブロックであることを押さえます。
このようにして、自分たちが知っていることの奥には、もう少し深いことがあることに気づかせ、活動に対する関心を高めていきます。
このときに、点字ブロックの色はなぜ黄色なのか、駅のホームの点字ブロックはどうなっているのかなど、さらに問いを投げかけることで、子どもたちの「調べてみたい」という意欲を高めます。

そのうえで、町や学校、社会で、様々な立場の人が過ごしやすくするための工夫を見つけるとともに、その意図を知り、そのうえで、工夫を生かすための意識を高め合うことを単元の目的として設定します。

活動の入り口は、「調べてみたい」という知的な欲求の高まりに求めますが、子どもたちは、調べていくうちに、身の回りの様々な工夫が、バリアフリーやユニバーサルデザインの考え方に基づいていることに気づいていきます。そして、多様な立場の人の抱える思いに心を寄せ、自分の在り方について考えていくようになります。

続いて、取材活動となりますが、調べる対象は大きく2通りあります。

1つは、点字ブロックのような絞り込まれた1つの対象です。教科書で例示されている音響案内も基本的にこの考え方を採っています。

もう1つは、町の中、学校の中、家の中のような「場所」です。

学習の広がりと深まりの点から言えば、両者を組み合わせたものがよいでしょう。

例えば、過ごしやすい町の工夫についていくつか調べていく中で、特に「点字ブロック」について関心を強くもったので、さらに調べてみる、というアプローチです。

みんなが過ごしやすい町へ　=ブックリスト=

月　日　氏名(　　　　　)

本の題名	請求記号	調べられそうなこと

実際に町に出て写真を撮影するといった取材をし、そこで気づいたことについて図書館で調べたり、図書館にある本で調べたことを実際に町に出て確認したりするといった、校内での学習と校外での学習を組み合わせた形にすることで実感を伴った学びになります。

なお、図書館で調べる際には、できるだけ多くの本から調べるように指示します。子どもたちの多くは、自分が調べたいことについての情報が載っている本が1冊見つかると、他の本には興味を示さず、その1冊だけから情報を得ようとしてしまいます。このような状況に陥らないようにするために、図書館で調べ始める前に、まず調べたいことが載っていそうな本を集めた「ブックリスト」をつくらせます。

タイトルや目次を見て、大まかな内容をつかみ、ブックリストにメモします。こうすることで、いろんな本を調べてみようという意欲につながります。

また、調べる際には、学習指導要領の「書くこと」の言語活動について、学習指導要領解説で「事実を説明するのみならず、その事実が生起した背景や原因、経過などを整理して書き表すこと」と記述しているように、工夫を調べるだけではなく、なぜそういった工夫がなされているのかといったことまで調べさせることが大切です。

たっぷり調べることにより、自分が何を伝えたいのかがはっきりしてきます。学習指導要領「書くこと」の「ア　目的や意図に応じて、感じたことや考えたことなどから書くことを選び、集めた材料を分類したり関係付けたりして、伝えたいことを明確にすること」に関して、解説では「集めた材料相互の関係が整理されることによって、示すべき理由や事例などの事実が絞られ、伝えたいことを明確にすることができる」と記されているように、調べたことを整理することによって対象に対する考えが深まります。

考察の視点としては、調べてみて率直に感じたことがあるでしょう。また、調べた工夫に関連して、例えば「点字ブロックの上に自転車を置かない」など、自分ができることを考えることも大切です。

■主な関連教材
・6年「私たちにできること」（光村図書）

3つの思考を働かせ、筋道の通った文章を書かせる

本教材「私たちにできること」（光村図書）では、資源や環境を大切にした学校生活を送るために心がけることを提案する文章を書く活動が提示されています。

このような実生活とつながった活動を行っていく際には、子どもたちが書いた提案が実際に実行されたり、実行のための検討がなされたりすることが、活動の意欲を高めるために大変重要です。

「教科書にあるから各グループで提案文を書きましょう。書いたものは教師に提出しておしまい」ということでは、子どもたちの活動は形だけのものとなってしまいます。

一方、提案したことが実際に行われる可能性があるという状況の場合には、子どもたちの活動は切実感をもったものとなり、質の高いものになります。

では、実行の可能性を高めるにはどのようにしたらよいでしょう。

最も実行可能性が高いのは、子どもが自分の所属する委員会の活動内容についての提案を行うことです。

委員会単位ではなく、各自が自由にテーマを決め、提案文を考えた場合、提案したことを実行するのに困難が伴います。提案したことを忠実に実行すると、例えば水道の水の使い過ぎを防止しようというポスターをつくることを提案した子が複数いた場合、水道のまわりが同じようなポスターだらけになり、かえって資源の無駄づかいを感じさせるような矛盾が生じます。これは、グループ単位で、グループごとに好きなテーマをもたせて活動させる場合も同様です。

一方、委員会単位にすることで、まず、テーマ決めをする際の手続きを省くことができます。また、この教材の指導想定時期は1学期の半ばで、6年生として委員会活動の中心になってがんばる中で、校内の状況の問題点も感じ取ることができる時期です。従って、改善していきたいことを焦点化することもできます。さらに、提案したことを実際に委員会に諮り、実現可能であり、効果がありそうであれば実際に行うようにすることで、子どもたちの活動への意欲は高まります。

校内の問題点を考えたり、提案の具体を相談したりするのは、各委員会で集まって相談させ、提案文自体は各自で書かせていきます。こうすることで活動に対する責任が生まれ、提案文の書き方も身についていきます。

提案文を筋道の通った文章にするために、3つの思考を意識して使っていき、提案の骨子をつくります。

これはまず、学習指導要領の「思考力・判断力・表現力等」の「B　書くこと」の(1)「イ　筋道の通った文章となるように、文章全体の構成や展開を考えること」を達成するためです。

「筋道の通った文章」に関して、学習指導要領の解説では、「筋道の通った文章にするためには、(中略) 例えば、『考えと理由や事例』、『原因と結果』、『疑問と解決』などのつながりや配列を意識して文章全体の筋道を整えていくことが大切である」とあります。そして、「原因と結果」のような思考ができることは、提案文を筋道の通った文章にすることとともに、その思考を使って、別の課題を解決する力をつけることにもつながります。

ここで使っていく思考は、次の3つです。

・類推
・抽象―具体
・因果

まず、「類推」思考を使う場面です。

提案のきっかけをまとめていく際に、子どもたちに、委員会活動の中で感じている問題点をあげさせます。例えば、体育委員会で、休み時間に体育館や校庭に遊びに行かない人が多いということをあげたとします。そうしたら、そのことと社会問題とを関連させていきます。体育館や校庭に遊びに行かないということは運動不足につながり、運動不足は、どのようなことにつながるかをインターネットや書籍で調べます。そうすると、仕事の効率が落ちるとか、生活習慣病にかかりやすくなるといったことが見つかります。身近に感じている問題は、実はもっと大きな問題につながっているということを見つけ、提案のきっかけに入れることで、取り上げた問題の重要性が増します。

次に「抽象―具体」思考を使う場面です。

これは、提案の大まかなアイデアとそれに対応する具体を考えるときに使います。例えば、体育委員会が、体育館や校庭で遊ぶことを提案することが抽象だとすると、それに対する具体を考えるというものです。

このとき、提案を受けた側の行動につながる2つのポイントを意識させます。

1つは、提案に基づいて行動した場合のメリットを示すことです。とかく、子どもたちの呼びかけることとは、提案に基づかない場合のデメリットを示したうえでの「注意」になりがちです。例えば、「休み時間に外で遊ばないと体調を崩すもとになるので、外で遊んでください」といったものです。このように適切な行動をしないことによるマイナス面を強調するよりも、「休み時間に外で遊ぶと体力がついて元気になるから外で遊びましょう」というようなプラス面を示された方が、提案を受けた側のやる気につながります。

もう1つは、行動への呼びかけをするだけではなく、自分の委員会も積極的な取組をすることを盛り込むことです。例えば、身体を動かすことの効果をポスターにして掲示することにも一定の効果はありますが、体育委員会で、クラス対抗のドッジボール大会などスポーツ集会を開催するといった子どもたちの楽しみにつながる取組をすることで、体育館や校庭に遊びに行く子を増やすことができます。

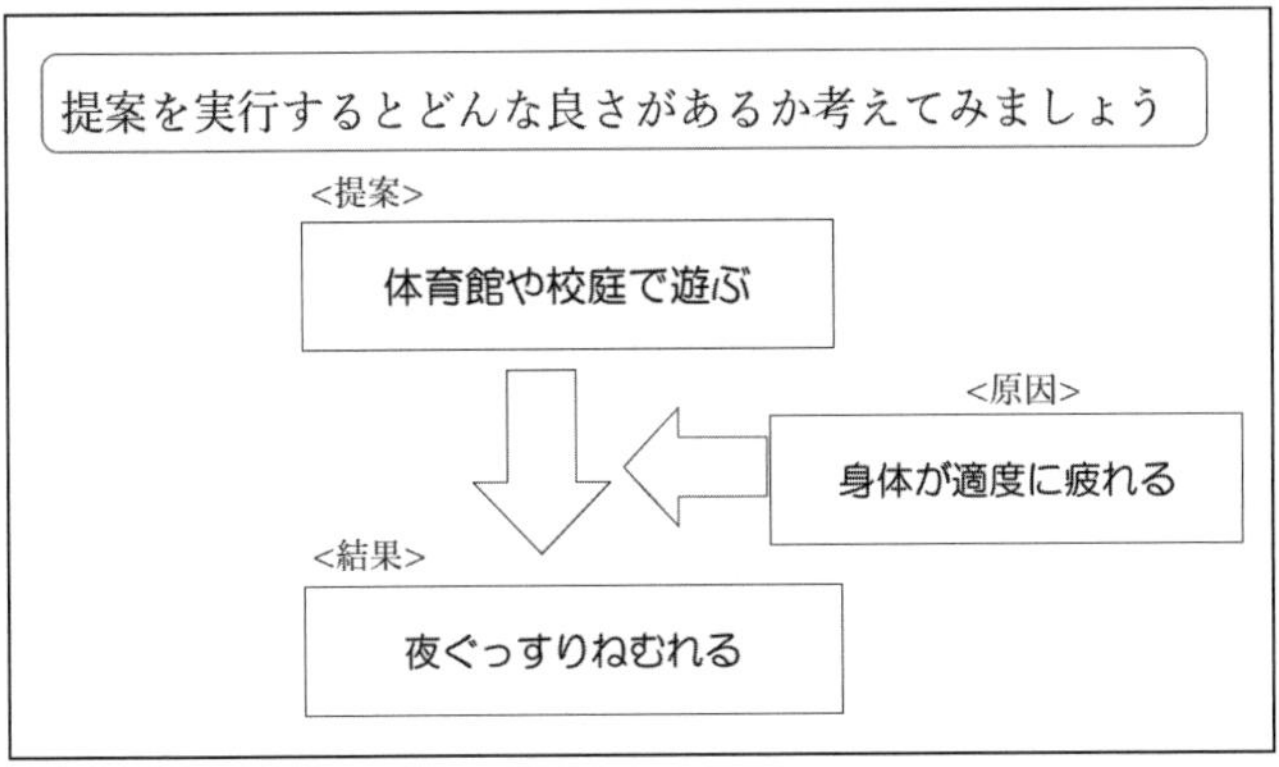
提案を実行するとどんな良さがあるか考えてみましょう
<提案>
体育館や校庭で遊ぶ
<原因>
身体が適度に疲れる
<結果>
夜ぐっすりねむれる

最後に「因果」思考を使う場面です。これには3つの場面があります。1つ目は、提案のきっかけで述べる必要のある問題が起きる原因の考察です。2つ目は、提案と提案理由です。3つ目は、提案したことが行われた場合にどのような結果になるかの予想です。これらがあることで、提案は説得力をもちます。

取材段階や、構成段階で、3つの思考を使って文章の骨組みをつくっていく際には、表をつくって考えていくのもよいのですが、上のように簡単に図式化していくことも思考の見える化ができて考えやすくなり、思考の型を身につけることにもつながります。

■主な関連教材
・6年「防災ポスターを作ろう」(東京書籍)

資料と文章の関連をつかませ、意図に合う資料を使えるようにする

学習指導要領第5、6学年の「書くこと」の「考えの形成・記述」には、次のような指導事項があります。

> エ　引用したり、図表やグラフなどを用いたりして、自分の考えが伝わるように書き表し方を工夫すること。

図表やグラフなどの資料を使って、文章を書いていくことが示されているのはここだけです。

実際には、他の学年でも図表を入れた文章を書くことはありますが、第5、6学年では、資料を用いて自分の考えを伝える力を確実につけることが求められています。

学習指導要領の解説では「図表やグラフなどを用いるのは、示すべき事実が、図解したり、表形式やグラフ形式で示したりした方が分かりやすい場合である」とあるので、図表により、文章の何をわかりやすくしたいのかをはっきりさせ、適切な資料を選択する力をつける必要があります。

そこで、調査活動に入る前に、教科書のモデルを使って、文章と図表との関係についての学習を行い、図表やグラフを適切に使う素地を養います。

次の２つのことについて学習します。

- 資料と文章との関連を知る。
- 意図に合わせた資料を知る。

まず、「資料と文章との関連を知る」活動を行います。

本教材「防災ポスターを作ろう」（東京書籍）では、１つのポスターの中に、資料を使った文章が３つ載っています。そこで、そのうちの１つの読み取りに全員で取り組んでから、残り２つに個人で取り組み、全体で確認するという流れにして、無理なく力をつけていきます。

まず、「どんな備えをしているかな」を見出しとした文章とグラフ（資料）を読ませます。そのうえで、本文中で、グラフに示されていることが書かれている箇所に下線を引かせます。このとき、「ひ難場所を決めている」のようにグラフの項目と同じ言葉が文章に書かれている場合もあれば、グラフに書かれている言葉が文章では書かれていない場合もあります。例えば、グラフの項目で「けいたいラジオ、かい中電灯、医薬品などの準備」「食料や飲料水の準備」と書かれているものについては、文章では「非常時に必要なもの」とまとめて書かれています。このことから、資料で詳しく書かれているものについては本文ではまとめて書くとよい、ということを学習することができます。

ただ、反対に「持ち出しぶくろを準備しよう」を見出しとした箇所では、本文中に書かれていることの方が、非常持ち出し品のリスト（資料）よりも詳しくなっています。そこから、しっかりと深めたいことについては、文章化するとよいということを指導したり、本文に書かれていないことを資料として加えるならどのようにするかという学習を展開したりすることができます。

資料と文章とのつながりを考えよう

月　日　氏名

どんな備えをしているのかな

資料と文章の関係

グラフでは、けいたいラジオなどくわしく書いているけれど、文章では、非常時に必要な物とまとめて書いている。

持ち出しぶくろを準備しよう

資料と文章の関係

リストには食料と書いてあるだけだけど、文章では、ビスケットなどくわしく書いている。

家の中を点検しよう

資料と文章の関係

文章では書かずに、「下の図のような」として図だけに書いているものがある。

まとめ

３つのやり方があった。資料にくわしく書いて文章でまとめる。資料ではかんたんに書いて文章でくわしく書く。文章から資料を読ませる指示をする。

資料と文章との関連を考え、資料、文章、それぞれの内容がわかったら、「意図に合わせた資料を知る」学習を行います。「提示されている資料が、もし違う形式のものだったら」ということを考えさせます。

例えば、「家の中を点検しよう」を見出しとした箇所では、室内の防災用品がイラストで描かれています。これが、イラストではなく表になっていたとすると、「転倒防止板」といった名称はわかっても、それを見たことのない人にはどのようなものであるかが理解できません。このように、イラストにすることにより、どんなものかすぐにわかるので、言葉だけ聞いてもイメージしにくいものはイラストにするとよいということがわかります。

このようにして、図表と文章の関係について理解させた後、取材に入ります。

第7章

「説明・解説文」の授業技術

「読むこと」との複合単元

Chapter 7

■主な関連教材

・2年「おもちゃの作り方をせつめいしよう」（光村図書）

「よくない説明」との対比で、ポイントに着目させる

本教材「おもちゃの作り方をせつめいしよう」（光村図書）は、「読むこと」領域の教材「馬のおもちゃの作り方」を読み、説明の工夫について学んだことを基にして、おもちゃのつくり方についてわかりやすく説明するという流れになっています。

図画工作や生活科でつくって楽しく遊んだおもちゃを他の人にもつくってもらい、楽しんでもらおうという気持ちで子どもたちの意欲的な取組が生まれます。

しかし、押さえるべき点を押さえておかないと、多くの時数を要し、教師側の手立てもとても大変になってしまいます。

押さえるべき点の1つ目は、実際につくってもらう対象の設定です。同じクラスの子だと、相手の子が図画工作や生活科で一度つくったものをもう一度つくってもらうことがあ

り、活動のおもしろ味に欠けてしまう場合があります。従って、自分が紹介したいおもちゃをまだつくったことがないであろう1年生を対象として設定するのがよいでしょう。1つ下の子に教えてあげるという設定をすると、わかりやすく教えてあげたいという意識も高まります。

押さえるべき点の2つ目は、製作物の設定です。子どもたちがそれぞれ好きなものをつくるということにした場合、大きな問題が2つ生じます。

1つは、材料の確保です。各自が違うものをつくることにすると、それぞれに応じた材料が必要になるので、それを用意する教師の手間はとても大きくなります。

もう1つは、指導の徹底です。国語の授業ですから、おもちゃのつくり方の説明を書くことで、身につけるべき力があります。バラバラの課題である場合、子どもに相互評価をさせることは難しく、教師が目を通して指導するのに多くの時間を要します。

これらの課題を解決するためには、単元のはじめの段階で、どんなおもちゃのつくり方を紹介したいかが子どもたちから出された段階で、つくってみたいと思うおもちゃごとにグループをつくることをおすすめします。こうすることで、材料を準備する手間が大幅に減ります。また、同じおもちゃについて追究している子が複数いるので、相互評価を効果的に進めていくことが可能になります。

押さえるべき点の3つ目は、文章の書き方です。

学習指導要領の指導事項で言えば「B　書くこと」の(1)「ウ　語と語や文と文との続き方に注意しながら、内容のまとまりが分かるように書き表し方を工夫すること」です。

中でも「内容のまとまりが分かるように書き表し方を工夫する」にあたって、「順序に沿って考えた構成を基に、内容が混在しないようにまとまりを明確にした記述の仕方を工夫すること」（学習指導要領の解説）を大切にします。

「内容のまとまりが分かるように」書くことは、本教材の学習の肝となる部分です。内容のまとまりがわかるように書くことで、相手にしっかりとつくり方が伝わり、楽しく遊んでくれる姿に接することができ、目標を達成することができるでしょう。一方、わかりにくく書いてしまうと、伝えたいことがうまく相手に伝わらないため、おもちゃを正しくつくることができず、楽しんでもらえないという結果になってしまいます。

そこでまず参考にするのが「馬のおもちゃの　作り方」の書き方です。教科書の手引に

馬のおもちゃの作り方

○二つの文をくらべて、②の文のなおすところを見つけましょう。　月　日　氏名（　）

①

いとでんわの作り方

まず、紙コップのそこのまん中につまようじであなをあけます。つぎに、あなからコップの中に糸を三センチメートルくらいいれます。それからその糸をテープでしっかりとそこにはりつけます。

②

いとでんわの作り方

まず、紙コップにつまようじであなをあけたら、つぎに、あなからコップの中に糸をいれて、それからその糸をテープではりつけます。

なおすところ

ひとつの文でやることをいっぱい書いているのでよみにくい。
↓一つの文でやることは一つにする。
どこにあなをあけるかわからない↓ばしょを書く
テープのつよさがわからない↓どれくらいかを書く

もありますが、特に「まず」「次に」等の順序を表す言葉についての理解が大切にされています。しかし、接続語がわかっているだけでは、わかりやすい説明はできません。そこで、本教材で取り上げられている「けん玉の作り方」をリライトして「よくない説明」をつくり、元の説明と比較させます。

着目させたいポイントは、「文の長さ（1文で1つの指示）」「どこに（場所）」「どれくらい（程度）」の3点です。教師が作成した「よくない説明」からこれらの問題点を見つけることで、子どもたちは自分の文章をわかりやすくするための見通しをもつことができます。

■主な関連教材

・2年「どうぶつの　ひみつを　さぐろう」（東京書籍）

「読むこと」教材で、情報を正確に取り出す力をつける

本教材「どうぶつの　ひみつを　さぐろう」（東京書籍）は、動物の秘密を探るという目的をもって学習する中で、知りたいことを本で調べるときにはどのようなことに気をつければよいかを学ぶという大きな仕組みになっています。

まず、「ビーバーの大工事」でビーバーがダムづくりをどのようにするのかを読み取る中で、動物の体のつくりや行動のおもしろさに興味をもたせます。この興味を基にして、各自で選択した動物の体のつくりや行動について、友だちに紹介したくなるような秘密を見つけてまとめ、紹介し合うという展開になります。

動物の秘密を見つけるためには、調べ学習が必要になります。調べたことが充実することで伝え合う内容は豊かになり、楽しい学習となって、調べる力もついていきます。

子どもたちが動物についておもしろいなと感じるところは様々なので、学習を満足感の

あるものにするためには、各自が興味をもったことを調べる活動にする必要があります。

「各自が興味をもったこと」に関連して、学習指導要領の「C　読むこと」の(1)には「ウ　文章の中の重要な語や文を考えて選び出すこと」と書かれています。

このうち「文章の中の重要な語や文」については、学習指導要領の解説で「文章の中の重要な語や文とは、書き手が述べている事柄を正確に捉えるために、時間や事柄の順序に関わって文章の中で重要になる語や文、読み手として必要な情報を適切に見付ける上で重要になる語や文などのことである」と説明されています。

「重要な語や文」には、書き手が述べていることを正確に捉えるために重要な語や文と、読み手が知りたいことを知るために重要な語や文の2つの側面があります。

この学習では、各自が興味をもった動物について調べ、各自の関心に応じた秘密を見つけてまとめていくのですが、「書くこと」領域に入る前の、「読むこと」領域の学習の段階で、読み手が知りたいことを知るための重要な語や文を考えて選び出す力をつけておけば、調べ学習をしていく際にその力を発揮し、書くために必要な事柄を図鑑等から見つけることができるという見通しが立ちます。

従って、「ビーバーの大工事」では、ビーバーのダムづくりの手順を理解させていくことは、書き手が述べていることを正確に捉えるために重要ですが、同時に、ビーバーの体のつくりやダムのつくり方について子どもが興味をもったことを取り出し、まとめる活動を行うことも、「書くこと」領域で行う調べ学習を成立させるために重要なことです。

なお、読み手が知りたいことを取り出すというと、読み手が知りたいことを知れればよいのだから読みの正確性は重要ではないという印象をもちますが、それは違います。

自分が知りたいことを調べる中で、対象となる書籍に書かれている内容を正確に把握し、取り出すことは、まず書き手を大切にすることになりますし、得た情報から正しく判断する力をつけていくためにも必要です。さらに、自分が調べたことをまとめ、発信する際にも、相手に確かな情報を伝えるという意味で大切なことです。

では「ビーバーの大工事」で、読み手が知りたいことを、書かれている内容に沿って正確に知る力をつけるためには、どのような学習をしていけばよいのでしょうか。

まず、ビーバーの体のつくりやダムづくりの進め方について教材文に書かれていることを、一斉指導の形でまとめていく方法があります。例えば「ビーバーの歯の秘密をまとめよう」という課題を出し、わかったことをまとめていきます。

この方法だと、クラス全員が同じ課題について調べていくので、わかったことを全体で伝え合う際には、お互いの述べている内容をよく理解し合うことができます。また、どのようにしたら目的の情報を得ることができるかについての指導もしやすいです。ですから、子どもたちに、調べ方の基礎を指導するのには適しています。

ただ、今回の学習では「読み手」が知りたいことを取り出すことが大切なポイントです。「ビーバーの大工事」を読み取る学習をした後は、各自が秘密を調べたい動物を選択し、選んだ動物について秘密を探っていくことになります。

この活動を進めるためには、自分で動物を選べる、どんなことを知りたいか、自分なりの問題意識をもてる力をつけておくことが必要です。さらに、対象に対して、解決するための「問い」をもつ姿勢を育てていくことは、広い意味で主体的に生きていく力をつけるためにも必要なことです。

ただ、各自が知りたいことをもち、調べ、まとめていく活動を行ったとき、懸念されることがあります。それは、調べたことの正確性です。

クラスで共通した課題を設け、全員が同じことを調べれば、各自が調べた内容の正確性を吟味するのは難しくはありません。一方、各自がバラバラの課題を調べると、見いだした答えが文章の内容に照らして正確かどうかを客観的に判断することは難しくなります。

行います。

そこで、各自の課題に沿って調べたことに正確性をもたせるために、次のような学習を後の授業です。

「ビーバーの大工事」を読み、ビーバーのダムづくりの手順をまとめる段階も終わった後の授業です。

まず、各自に「ビーバーの○○のひみつ」といったテーマを決めさせます。

このときに、テーマがなかなか思い浮かばない子がいます。そこで、教師のモデルを見せる、早く考えられた子に言わせる、ビーバーの体のつくりなど秘密をもつ視点を示す、ペアやグループ活動を入れて各自のテーマを参考にし合う、といった支援を行います。

テーマが決まったら、テーマに関することが書かれている段落を選択します。段落は1つの場合もあるでしょうし、複数になる場合もあります。

次に、目をつけた段落からテーマに関することを取り出し、まとめます。このとき大切なことは、どのような見方を働かせてテーマに関することを取り出すのかを子どもが認識することです。わかりやすいのは「テーマにある言葉と同じ言葉を使う」ことです。例えば、「ビーバーの歯の秘密」について調べるのであれば、「ビーバーの歯は」を入れてまとめるようにします。そうすることで、テーマと調べる内容が合致し、テーマと同じ言葉を

ビーバーの大工事　ひみつとりだしカード

月　日　氏名（　）

ビーバーの【家族】のひみつ

しらべた　だんらく　⑪　⑬

わかったこと

ビーバーの家族は、はこんできた木をならべて、石とどろでしっかりかためます。夕方から夜中まで、家族そう出でしごとをつづけます。

主語にすることで、調べた内容がテーマを具体化することにつながります。

そして、まとめたことが正しいか相互評価させます。まず、同じ段落を対象に調べている子ども同士でグループをつくります。そうしたら、お互いのテーマと調べた内容を述べ合い、正確かを評価し合います。ただ、これでは、まだ正確性は担保しきれません。そこで、一斉指導の時間を入れます。前の方の段落を選んだ子から順にテーマ、調べたことを発表させます。その内容に対し、他の子どもたちから正確性に関する意見を述べさせます。

このように、「読むこと」の活動の段階で、調べたいことを決め、正確に調べる力をつけてから、「書くこと」へと展開します。

■主な関連教材

・3年「食べ物のひみつを教えます」(光村図書)

教材文と調査対象の書き方の違いを、丁寧に指導する

本教材「食べ物のひみつを教えます」(光村図書)では、直前の「読むこと」領域の教材「すがたを変える大豆」を受けて、各自で自分が興味をもった材料がどんな工夫をすることによって、どんな食品になるのかを調べ、報告文にまとめて発表し合う活動を行っていきます。

このような読み書き複合単元では、「読むこと」領域の教材と、「書くこと」領域の教材との間にギャップがあります。その主なものは次の2つです。

- ・内容の違い
- ・書き方の違い

本教材の場合、内容の違いは、「すがたを変える大豆」では「大豆」について学習しましたが、「書くこと」では、それぞれの子が興味をもった材料について学習するということです。このことは、自分が調べた食品のおもしろさを友だちに教えたいという意欲につながります。

書き方の違いは、さらに2つに分けられます。

1つは、教材文と子どもたちが調査する対象との書き方の違いです。

もう1つは、教材文と子どもたちが書く文章との書き方の違いです。

ただ、「すがたを変える大豆」と「食べ物のひみつを教えます」では、「読むこと」領域で学習する文章と、「書くこと」領域で求められている文章の書き方は同じですから、2つ目の「教材文と子どもたちが書く文章との書き方の違い」のギャップはありません。

一方、1つ目の「教材文と子どもたちが調査する対象との書き方の違い」は大きいです。この点について気をつけて指導しないと、子どもたちの多くは、せっかく自分が調べたい食品の秘密を友だちに教えようと意気込んで調べ学習に入っても、調査がうまくいかず、学習の停滞を招くことにつながります。

子ども一人ひとりの「どこに載っているかわからない」「どうやってまとめたらいいか

わからない」といった声に対応する、手取り足取りの指導になります。一方で、自分で進められる子もいるので、学習の進度の差は単元が進むにつれどんどん広がり、意欲の差もどんどん広がってしまいます。

そこで、書き方の違いに対する指導を丁寧にしておくと、子どもたちが足並みをそろえ、自力で学習を進めていくことができます。

以下は、図書館の本を活用することを前提にした取組について述べます。

はじめにやるべきことは、教師が図書館に行き、食べ物の秘密が書かれている本を探すことです。他の校務等で忙しかったりして、図書館に子どもを連れて行けば何とかなるだろうと思い、事前の蔵書の洗い出しをしないと、子どもたちの活動に混乱が生じ、後で大きな労力を要することになるので、ここでひと仕事しておくことは大変重要です。

食べ物の秘密が書かれている本を見つけたら、子どもが調べやすそうな本を選びます。

このときの観点は3つです。

1つ目は、シリーズになっていることです。これには2つの意味があります。1つは、各自が調べたいことの保証ができることです。子ども一人ひとりが調べたい食品は様々です。シリーズになっていることで、子どもが調べたい食品を調べることができます。もう1つは、各自が同じ調べ方をすることができる点です。授業で調べ方を指導する際、様々な書き方をしたそれぞれの本に対応することは難しいものです。その点、シリーズ本は内容は異なっても書き方は共通性が高いので、一斉授業で指導した調べ方を使い、各自が調べ学習を円滑に進めることができます。また、うまく調べられない子がいた場合、教師からの指導ではなく、子ども同士で教え合いをすることができます。

2つ目は、内容が平易であることです。小学3年生が読めない漢字が頻出するようなものではなく、易しい言葉で書いてあり、難しい漢字にはふりがながしっかりと振ってあるものが適切です。

3つ目は、それぞれの材料について書かれている事柄が、「すがたを変える大豆」に準じていることです。「すがたを変える大豆」では、1つの材料について、「工夫」「詳しい工夫」「工夫の結果できた食品」の3つの要素が書かれています。ですから、3つの要素が「すがたを変える大豆」と同じ順で書かれている本が最も調べやすいでしょう。「すがたを変える大豆」と同じ順でなくても、3つの要素があれば、多くの子どもは読み取ることができます。「すがたを変える大豆」でそれらの要素に沿った具体はどのようなものかをイメージすることが出来ているからです。

以上、３つの観点に沿って図書館の蔵書の下調べをし、調べ学習に使う本を選びます。

子どもたちが調べ学習に使う本が決まったら、調べ方を学ぶ授業を1時間行います。

やり方は次の通りです。

まず、1つの材料からの工夫について書かれているページをコピーし、子どもたちに配付します。

次に、その材料からつくられる食品を1つ選び、一斉授業で「すがたを変える大豆」と同様に、「工夫」「詳しい工夫」「食品名」について書き出す活動を行います。そのときに、本のどこを見れば調べたいことを発見できるかを子どもたちに気づかせていきます。

本時で子どもたちに配付するものと同じページをパソコンに取り込んでおき、電子黒板等で子どもたちに見せます。子どもたちの気づきに合わせて、本のどこに注目すれば必要な情報が見つかるのかを、クラス全体で確認します。

「どこを見れば、何が発見できるのか」というのは、調べ学習を円滑に進めていくうえで最も大切なことなので、子どもたちに調べ方に気づかせ、それを全体で確かめる活動は、

食べ物のひみつを教えます

【　たまご　】から何ができるのかな

月　日 氏名

ざいりょうの名前	たまご		
くふう	ゆでる	まぜる	あわだてる
くわしいくふう	なべに水を入れたらたまごを入れてゆでる。	たまごのほかにすと塩とサラダ油を入れてよくまぜる	たまごのほかにさとうを入れてあわだてて、オーブンでやく
できるもの	ゆでたまご	マヨネーズ	メレンゲ

丁寧に行う必要があります。

一斉授業で、調べ方をおおむね理解させたら、同じページの中で別の食品になる工夫を各自で見つけさせていきます。モデル学習をして調べ方は学んでいますが、実際に個人追究で調べてみると、要領をつかむことが難しいと感じる子も多くいます。

子どもにとっては初見の文章ですから、まず理解するところから時間がかかる子も多くいます。しっかりと時間をとって調べ方のコツを学習させる必要があります。

なお、「すがたを変える大豆」の読み取りで使った形式と同様の形でまとめさせていくと、子どもにとって、どんなことをどこにまとめていくのかがイメージしやすくなります。

■主な関連教材

・4年「伝統工芸のよさを伝えよう」（光村図書）

活動への動機づけと整理の仕方の指導を、丁寧に行う

本教材「伝統工芸のよさを伝えよう」（光村図書）は、「読むこと」領域の説明文「世界にほこる和紙」との複合単元です。

本教材の学習を充実させるポイントが2つあります。

1つ目は、活動への動機づけを丁寧に行うことです。

子どもたちが、自分の課題について一生懸命調べていくための原動力として最も大きいものは、学習対象に対する関心です。

従って、読み書き複合単元では、「この題材について読んでみたい」という読み取りへの欲求や、「読み取ったことに関連したことを調べてみんなに伝えたい」という書くことへの欲求を高めることが必要です。

同じく光村図書の読み書き複合単元の「すがたを変える大豆」（3年）は、子どもたちにとって身近な「ダイズ」が、様々な食品に変化することのおもしろさを子どもたちに十分に伝える力をもっています。そのため、「すがたを変える大豆」の読み取りをした後、「自分でも材料を決めて、それがどんな食品に変化するのかを調べていきたい」という意欲が生まれます。

一方、「世界にほこる和紙」は「伝統工芸」に関する説明文です。

和紙が丈夫であったり、ぬくもりを感じられたりするということは確かにすばらしいことですが、子どもにとってなじみが薄く、説明文の内容のみから「自分でも調べてみよう」という意欲を起こさせるのはなかなか難しいことです。

そこで、「世界にほこる和紙」の学習の第1時間目に、追究への意欲づけを図ります。まず、障子紙のような、よく見かける和紙を見せ、よく見かける和紙のもつすばらしさを知っているか尋ねます。そのうえで、例えば、和紙を折り紙のように折ってキーホルダーにしたものなど、和紙が素敵に加工されたものを見せたり、映像を見せたりします。教科書に掲載されていないものを示す方が、単元に入る前に教科書を読んでいる子にとっても新鮮です。この段階で子どもたちは和紙のすばらしさを感じつつあります。そこでさらに、バチカンの世界遺産システィーナ礼拝堂にある壁画「最後の審判」の画像の修復前と修復後の様子を見せ、修復に和紙が使われていたことを伝えます。「世界にほこる和紙」の冒頭には、和紙をつくる技術がユネスコの無形文化遺産に登録されたことが端的に書いてありますが、和紙が世界的に活躍している実例で、そのすばらしさを理解させます。

このような段階を経て、子どもたちに和紙のすばらしさを少し感じさせたら、もっと詳しく和紙のよさが書いてある教材文「世界にほこる和紙」を読み取っていくことを投げかけます。また、和紙をつくることのように長年に渡って受け継がれている技術や技が用いられた「伝統工芸」は、自分たちの身近にもあることを示し、「世界にほこる和紙」の読み取りで、和紙のすばらしさや、説明の仕方を学習した後、自分たちも身近な伝統工芸を調べて発表し合うことを知らせます。

このとき、教師には2つの準備が必要になります。

1つは、身近な伝統工芸について下調べをし、実物を見せたり、画像を見せたりして、子どもたちに知らせることです。

もう1つは、「書くこと」領域の「伝統工芸のよさを伝えよう」でつくるリーフレットのモデルを子どもたちに見せることです。完成品を見ることで、子どもたちはどんなものができればよいのか見通しをもつことができます。

教師のつくるモデルは、子どもにとって「少しがんばればできそう」と思えるものであると、「自分もつくってみたい」という欲求を高めることにつながります。


本教材の学習を充実させるための2つ目のポイントは、リーフレットへの整理の仕方の指導です。

「世界にほこる和紙」と同様の形式で書くのであれば、学習はとても楽にできます。しかし、本単元の場合、教科書では説明文の形で文章が載っており、「書くこと」での活動は、説明文とは随分違うリーフレットの形式での表現を求められます。

そのため、「伝統工芸のよさを伝えよう」の学習でリーフレットづくりをするときには、「リーフレットとは何か」「どのように書くのか」「何について書くのか」の3点を押さえる必要があります。


まず、「リーフレットとは何か」です。

教科書の冒頭ページにリーフレットの全体像を示すモデルが載っています。これを見ると、リーフレットのおおよそのイメージをもつことができます。

次に「どのように書くのか」です。

教科書には、リーフレットの2、3ページ目（内側）の具体的なモデルが載っています。これを見ると、調べたことをこのように写真と見出しと文章で書けばよいことがわかります。その際、敬体で書くということも、このモデルを使って押さえます。

最後に、「何について書くのか」です。

これは、「裏表紙」「2、3ページ目（内側）」に分けて考えます。

まず、「裏表紙」です。

教科書で具体例が示されているのは2、3ページ目だけです。裏表紙についての具体例は示されていません。「伝統工芸をしょうかいするしせつのじょうほうなど、他に知らせたいこと」と説明されているだけです。

そこで、裏表紙に書くことを具体的に決めていきます。

まず、調べ学習に入る前に、「他に知らせたいこと」としてどんなことがあるのかを考

伝統工芸のよさを伝えよう

リーフレットに書くことを決めよう

月　　日 氏名

	はじめの考え	調べた後の考え
表紙	きしゅうしっきの写真、タイトル	絵がかいてあるきしゅうしっきのしゃしん、タイトル
うら表紙	きしゅうしっきがかざってあるところ	きしゅうしっきのほかんのしかた 調べて思ったこと

えさせます。子どもからは「調べて思ったこと」や、「2、3ページ目で書けなかったおまけの情報」といった意見が出ます。裏表紙に書きたいことは、調べ学習の内容によって異なることが多いので、各自で何について書くか考えさせるとよいでしょう。

ただし、実際に調べ学習をすると、裏表紙に載せたいことが変わってくることがよくあります。そこで、調べ学習が終わった後、裏表紙に載せたいことをもう一度考えさせることがポイントです。

続いて、「2、3ページ目（内側）」です。調べたことが、学習指導要領の「B　書くこと」の(1)ウの通り「自分の考えとそれを支える理由や事例との関係を明確に」している必要があります。「大まかにまとめたこと」とその「詳しい説明」となるように、書かせるとよいでしょう。

■主な関連教材

・5年「グラフや表を用いて書こう」（光村図書）

思考の型を意識して、資料を読み取らせる

読み書き複合単元の位置づけで、本教材「グラフや表を用いて書こう」（光村図書）とセットになっている「読むこと」領域の教材は「固有種が教えてくれること」です。

子どもたちは、3年生で「すがたを変える大豆」を読み取った後、材料と食品との関係について報告文を書き、4年生では「世界にほこる和紙」を読み取った後、日本の伝統工芸についてリーフレットを書く、といったように、「読むこと」領域で学習した教材の内容に関連したことについて書くことを経験してきています。

それに対して、「固有種が教えてくれること」では、日本に固有種が多いことの理由や、固有種の現状と課題について述べられていますが、本教材で子どもたちに書かせる文章のテーマは「社会は、くらしやすい方向に向かっているか」です。大きく捉えれば、固有種保護に関する課題が解決できるようになれば、日本は環境が豊かになり、暮らしやすいと

言えるかもしれませんが、「読むこと」領域で読み取る内容と、「書くこと」領域で求められる内容は大きく異なっています。

では、この複合単元で「読むこと」領域と「書くこと」領域で共通することは何かといえば、それは図表やグラフを用いて書くということです。

従って、「固有種が教えてくれること」では、文章の内容を読み取るとともに、図表や写真、グラフと文章が関係している箇所を見つけ、筆者が図表や写真、グラフをどのように解釈しているかを読み取り、自分が資料を使って書く際の参考にする必要があります。そのうえで、本教材の学習に入ります。

教科書では、まず、わたしたちの社会はくらしやすい方向へ向かっていると思うかという問いが投げかけられています。

その問いに対して自分の考えをもった後に、自分の考えに合ったグラフや表を選ぶという流れになっています。

教科書では書籍やインターネットから資料を集めることになっていますが、教科書の年間指導計画例では、本教材の指導時数はおよそ5時間程度です。資料を集め、分析し、構成を考えて文章を記述し、読み合う活動までを考えると、資料集めの段階であまり時間をかけたくはありません。一方、教科書には、表やグラフなどそのまま使える資料が４つ載っています。

そこで、ここでは、教科書に掲載されている資料を使って「１つの資料でも見方がいろいろできる」ことについての学習を提案します。

学習指導要領の「Ｂ　書くこと」の(1)には「ア　目的や意図に応じて、感じたことや考えたことなどから書くことを選び、集めた材料を分類したり関係付けたりして、伝えたいことを明確にすること」とあります。

また、学習指導要領の解説では、このうち「感じたことや考えたことなどから書くことを選び」に関して「目的や意図が明確になっていて、それに基づいて題材を考えることもあれば、以前から疑問や問題意識をもっており、そこから題材を選んだ上で、目的や意図を設定していくことも考えられる」とあります。

もとより、５年生の子どもにとって「わたしたちの社会はくらしやすい方向へ向かっていると思うか」という問いを投げかけられた際に、「くらしやすくなっている」あるいは「くらしにくくなっている」といったことを判断するのは、なかなか難度の高いことです。

従って、まずは資料を読み取り、そのうえで社会がどうなっていっているのかを判断させる方が、子どもがより確かな考えをもつことにつながります。

さて、資料を読み取るためには、読み取るための思考が必要になります。

それは、次の３つです。

・因果
・具体化
・比較

この３つの思考を使い、「わたしたちの社会はくらしやすくなっている」「くらしにくくなっている」の両方の立場で資料を読み取っていきます。

まず、「ごみの排出量の推移」のグラフを使い、一斉学習の中でやり方をつかませていきます。ここでは、「因果」思考を使います。具体的には「このままいくとどうなるか」「この状況になった原因は何か」の思考を使って、「くらしやすくなる」「くらしにくくなる」それぞれの立場から考えさせていきます。

例えば、「くらしやすくなる」の立場から「このままいくとどうなるか」を考えさせると、「一人1日当たり排出量は減っていく。そうなるとごみの総排出量も少なくなる。ごみが少ないとごみを処理するエネルギーも減る。だから、環境を汚さず空気がきれいな社会になるのでくらしやすくなる」ということが言えます。

反対に「くらしにくくなる」の立場から「この状況になった原因は何か」を考えさせると「一人1日当たり排出量が減った原因は、ごみが出るようなものをできるだけ買わなくなったからだ。ものを買わなくなると、商品を販売しても売れなくなる。だから、商品をつくったり売ったりしている会社や店の営業は苦しくなり、くらしにくくなる」ということが言えます。

以上のような考えが子どもから出てくれば、それをモデルとしてそれぞれで考えさせていくことができますし、子どもから出てこなかったら、教師の方から考えを示すと、子どもたちの考え方は広がっていきます。

「具体化」は「詳しくみるとどのような様子になっているか」という考え方です。例えば、「電話の加入数の推移」のグラフでこの考え方を使うと、「移動電話がこれだけ増えて家族それぞれで1台ずつ持つようになると、食事のときもそれぞれが移動電話を見ながら

社会はくらしやすくなっていくか　資料ぶんせきカード

月　日 氏名

ぶんせきする資料　**平日の生活時間**

考え方　比べてみると

くらしやすくなっていく	くらしにくくなっていく
「学業」の観点で、平成13年と平成23年の小学5年生を比べると、平成23年の方が1時間以上多く勉強している。勉強するほどかしこくなり、大人になってから色々な困ったことも解決できるようになるから、くらしやすくなっていく。	「テレビ・新聞」の観点で、平成13年と平成23年の小学5年生を比べると、平成23年の方が40分近く少なくなっている。テレビを見る時間が減った分、勉強時間が増えていて、楽しみが少なく、面倒なことが多くなりストレスがたまり、くらしにくくなっていく。

会話せずに食べるようになる。家族の仲が悪くなるのでくらしにくくなる」といった考えをつくることができます。

「比較」は「観点を決めて比べる」ことです。「平日の生活時間」の表で「学業」について平成13年と28年を比較するといった活動です。

それぞれの資料に対する読み取りを行ったら、グループや学級全体でその結果を交流し、様々な見方を共有します。そのうえで、自分の立場を決めていきます。

■主な関連教材

・５年「和の文化について調べよう」（東京書籍）

「時系列」「具体―抽象」を、思考ツールに整理させる

本教材「和の文化について調べよう」（東京書籍）では、「和の文化」について調べてパンフレットにまとめる活動の中で、まず、「読むこと」領域の教材「和の文化を受けつぐ」を読み取ります。

教材文の末尾には、和の文化として「筆やろうそく、焼き物やしっ器、和紙、織物」といった例が示されています。そして、それらの歴史や他文化とのかかわり、支えている人について考えることが投げかけられ、「書くこと」領域への接続が図られています。

内容的なつながりももちろんですが、読み書き複合単元では、「読むこと」領域で学ぶ教材の「表現の仕方」を、「書くこと」領域で生かすことも、学習の質を上げるためには大切なことです。

学習指導要領の指導事項で言えば、「和の文化を受けつぐ」で「C　読むこと」の（1）

「ウ　目的に応じて、文章と図表などを結び付けるなどして必要な情報を見付けたり、論の進め方について考えたりすること」に書かれている「論の進め方」を指導します。

そこで学んだ「書き手は自分の考えをより適切に伝えるために、どのように論を進めているのか、どのような理由や事例を用いることで説得力を高めようとしているのか」（学習指導要領の解説）についての理解を基にして、「B　書くこと」領域の学習を進めます。具体的には（1）「イ　筋道の通った文章となるように、文章全体の構成や展開を考えること」について、「『考えと理由や事例』、『原因と結果』、『疑問と解決』などのつながりや配列」（学習指導要領の解説）に気をつけて、「筋道の通った文章」を組み立てていきます。


「和の文化を受けつぐ」の論の進め方として特徴的なものは2つあります。

1つは「和菓子の歴史」で使われている「時系列」を使った説明の仕方です。

もう1つは、「和菓子と他の文化との関わり」「和菓子はどのような人に支えられてきたか」で使われている「具体―抽象」を使った説明の仕方です。

この2つの説明の仕方を「和の文化を受けつぐ」を読み取る際にしっかりと意識づけることが、和の文化について調べ、構成を考える際にも役立てていくことができます。

では、どのようにすれば、読み取りで使う思考を書くときにも働かせることができるでしょうか。

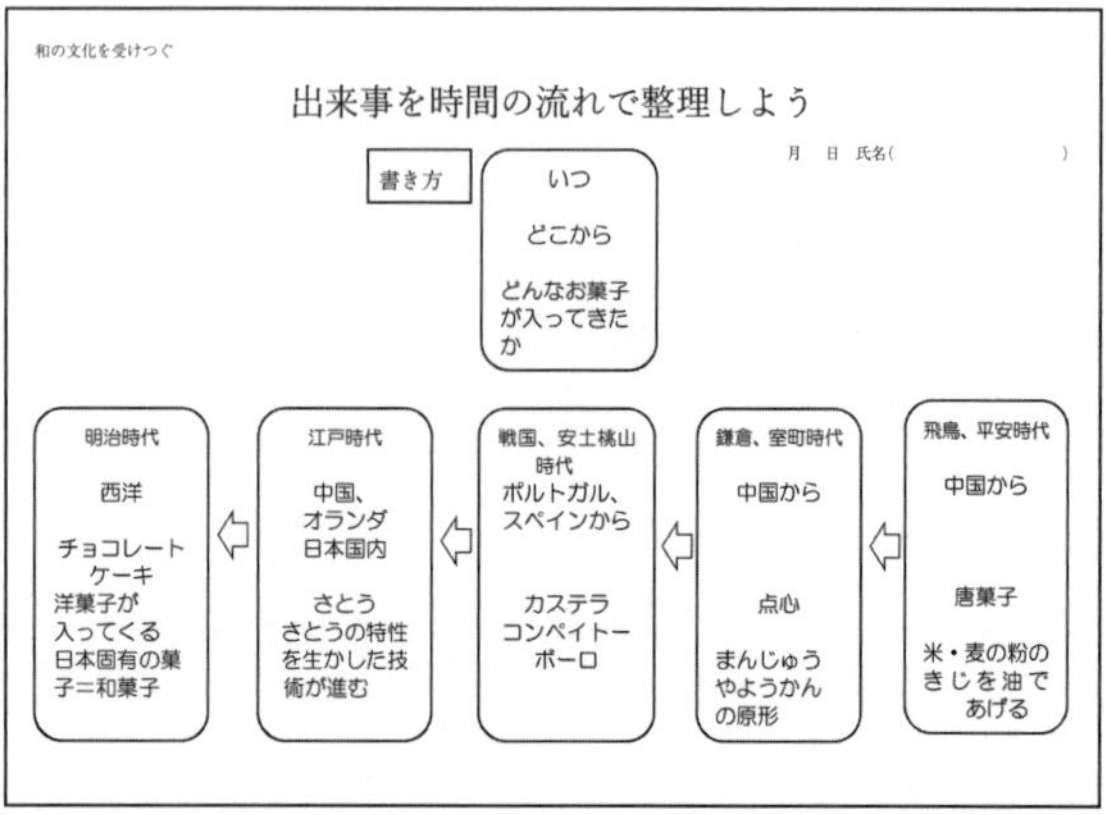

ここでは、「時系列」「具体―抽象」の関係を視覚化したツールを使い、読み取りで使った思考を書くときにも働かせるようにします。

まず、「時系列」についてです。

教科書には年表が載っていますが、時系列が整理できるフレームを示し、子どもたちには、そこに時代、出来事を書かせていきます。

続いて、「具体―抽象」についてです。

教材文では、抽象から具体という形で説明がなされています。例えば、抽象として「年中行事」を取り上げ、「ももの節句」「ひしもち」というように具体化が進められています。これらの関係を、「ピラミッドチャート」を応用して視覚化します。ピラミッドを三層

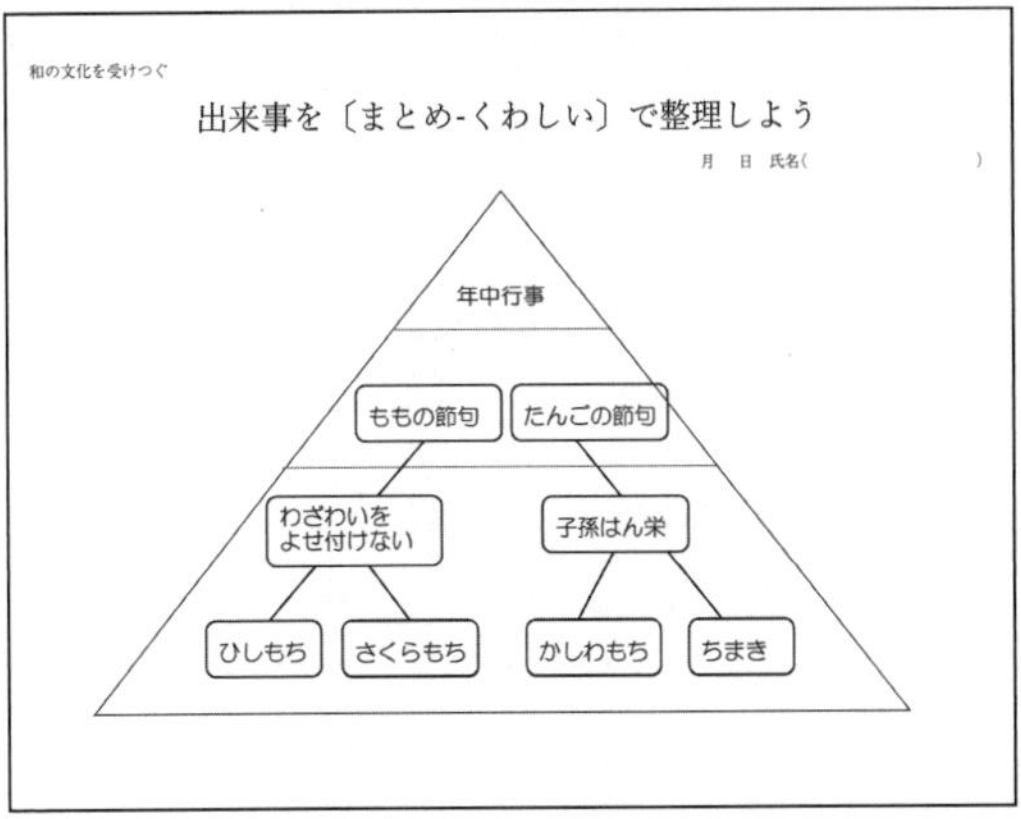
和の文化を受けつぐ
出来事を〔まとめ-くわしい〕で整理しよう
月　日　氏名（　　　　　）
年中行事
ももの節句
たんごの節句
わざわいを
よせ付けない
子孫はん栄
ひしもち
さくらもち
かしわもち
ちまき

に分け、上から下に行くにつれて内容が具体化されていくようにします。

　このようなまとめ方を「和の文化をうけつぐ」で行うことによって、子どもたちに、「時系列」や「具体―抽象」によるまとめ方を理解させます。そのうえで、各自のテーマに基づいた調べ学習の際にも、調べたことを同様の方法でまとめさせていきます。そうすることで、自然に、「時系列」や「具体―抽象」の関係で取材内容がまとまるので、文章を構成する際にも、教科書の組み立て方に準じて行うことが負担なくできます。

■主な関連教材
6年「日本文化を発信しよう」(光村図書)

PowerPointを活用して、効率的に質を高める

読み書き複合単元では、「読むこと」領域の学習において、子どもたちは教材文の内容から題材への興味・関心を得て、教材文の書き振りからわかりやすい書き方を得ます。このように、「読むこと」領域で学習したことを基にして「書くこと」領域の学習を行うと、内容的、方法的にモデルとなるものがあるので、単独で「書くこと」領域の学習をしていくよりも、質の高い学習を展開することができます。

さて、本教材「日本文化を発信しよう」(光村図書)とセットになっている「読むこと」領域の教材は「『鳥獣戯画』を読む」です。「『鳥獣戯画』を読む」は、これまでも「書くこと」領域の教材とセットになっていました。平成27年度版、また、その前の平成23年度版では「この絵、わたしはこう見る」という教材名で、絵を見てその絵から読み取ったことを文章化するという言語活動が示されていました。「『鳥獣戯画』を読む」も、基本的に

は絵から読み取ったことが文章化されているので、「読むこと」領域と「書くこと」領域の活動の関連性が非常に高く、子どもにとって取り組みやすく、質の高い学習を行いやすいものでした。

一方、「『鳥獣戯画』を読む」に続く「書くこと」領域の新しい教材は、「日本文化を発信しよう」です。扱う題材は「『鳥獣戯画』を読む」が絵巻物中心だったのに対して、一気に幅広く「日本文化」となっています。また、書き方についても、「『鳥獣戯画』を読む」が、一般的な文章で書かれていたのに対して、パンフレット形式になっています。内容、表現の仕方、それぞれが「読むこと」領域と「書くこと」領域で大きくかけ離れている印象を受けます。

このような場合の単元づくりに必要なことは次の2つです。

1つは、教科書から「読むこと」領域の学習と「書くこと」領域の学習で共通することを見つけて、「読むこと」領域の授業で子どもたちに意識づけ、「書くこと」領域の学習でそれを生かすことです。

もう1つは、「読むこと」領域と「書くこと」領域で共通していないことを見つけて、計画的に指導することです。読み書き複合単元の場合には、「読むこと」領域で学習した内容をモデルとして活用することを前提として単元を展開していきます。子どもたちは「書くこと」領域の活動でつまずいたときには「読むこと」の教材ではどのような書き方をしていたかを振り返ることで活動への具体的なイメージがもてます。しかし、「読むこと」領域の学習の際に子どもたちが得る情報が限られていたり、指導されていたりしないものは「書くこと」領域の学習の際にいっそう丁寧に指導する必要があります。

まず「『鳥獣戯画』を読む」と「日本文化を発信しよう」の共通点について述べます。それは表現の工夫です。「日本文化を発信しよう」は、読み手に日本文化について興味をもってもらうことを目的とした場合、易しい文章表現で、読みたくなるようなものにする必要があります。教科書の手引には文章にテンポを生み出す「体言止め」が例示されています。その他にも「ぱっとページをめくってごらん」のように、読み手に呼びかけている文もあります。これらの表現の工夫を「読むこと」の学習で見つけさせ、「書くこと」の学習で生かすように意識づけます。

次に相違点についてですが、大きく２つの相違点があります。

１つ目は題材です。

「『鳥獣戯画』を読む」では、「日本文化」という言葉は登場しますが、日本文化とはどのようなものかという説明はありません。また、辞書で調べても「文化」の意味は載っていても「日本文化」という語の意味が説明されているものはなかなか見当たりません。従って、「文化」の意味を参考にして、日本文化とは「日本の民族や社会の風習・伝統・考え方・価値観などを合わせたもの」（参考：デジタル大辞泉）という意味を子どもに示す必要があります。

そのうえで、「日本文化」の具体を理解させることが必要になります。また、本教材はグループでパンフレットを作成する流れになっているので、１つのテーマをさらに具体的に調べていけるような内容を示すことが必要になります。例えば、「武道」をテーマとすると、「剣道」「柔道」「相撲」等に枝分かれさせることができます。この他に、「歌舞伎」や「落語」等の「芸能」、「下駄」や「浴衣」等の「衣服」を含め、たくさんの文化を見つけることができます。

なお、テーマに沿って内容を決めていく際には、教科書のモデルのように、対象に対して様々な観点で分けることもできますが、そうすると、記述する内容に重なりが出て、グループ内で書く内容について調整する必要が生じる場合があります。「武道」のようにテーマを決めたら、「剣道」「柔道」のように担当する種類を決めて調べ、記述していく方が効率的です。

相違点の2つ目は、まとめ方です。

文章で書かれているものは、パンフレットのまとめ方のモデルとしてはほぼ役に立ちません。モデルとして使えるのは、本教材中に示されているパンフレットの「紙面の例」です。

まず、見出しがあり、下にリード文があります。見出しは九文字で、対象（和食）のよさが端的に示されています。リード文では、「『鳥獣戯画』を読む」でも見られた、読み手への問いかけが使われています。

それぞれの事例は、短い小見出しと、写真、簡単な文章で書かれています。事例の欄の文章には「『鳥獣戯画』を読む」と同様に、体言止めが使われています。子どもたちには、「『鳥獣戯画』を読む」の単元のはじめに、また、本教材への取組のはじめに、「日本文化」

についてのパンフレットをつくり、クラス内で日本文化を知り合うという目的を示しますが、その都度パンフレットの「紙面の例」を見せ、活動イメージをもたせます。その際、パンフレットのまとめ方の特徴について、前述のようなことを子どもたちに気づかせていきます。

また、教科書では、推敲する学習場面（下書き）が取り上げられています。さらに、パンフレットの「紙面の例」ではカラー写真が使われ、色づかいの工夫もなされています。そこで、ビジュアルの工夫をしながらパンフレットづくりができるようにMicrosoft PowerPointを使っていきます。

PowerPointの利点は、Word等の文章作成ソフトよりも色のついたテキストボックスが簡単に作成できたり、文字の大きさが変えやすかったり、写真を貼りつけやすかったりするところにあります。

子どもたちに調べたことをパワーポイントのスライドに文章化させていきます。子どもたちのこれまでの習熟度に応じて、次ページのような雛型をつくっておきますが、操作がさほど難しいわけではないので、事例の数は４つ以内、写真は３枚以内などと約束を決めたら、子どもに割りつけをさせると個性的で楽しいものができます。

推敲した後に清書する際は、入力してあった文字を変えるだけですから、短時間で済ませることができます。

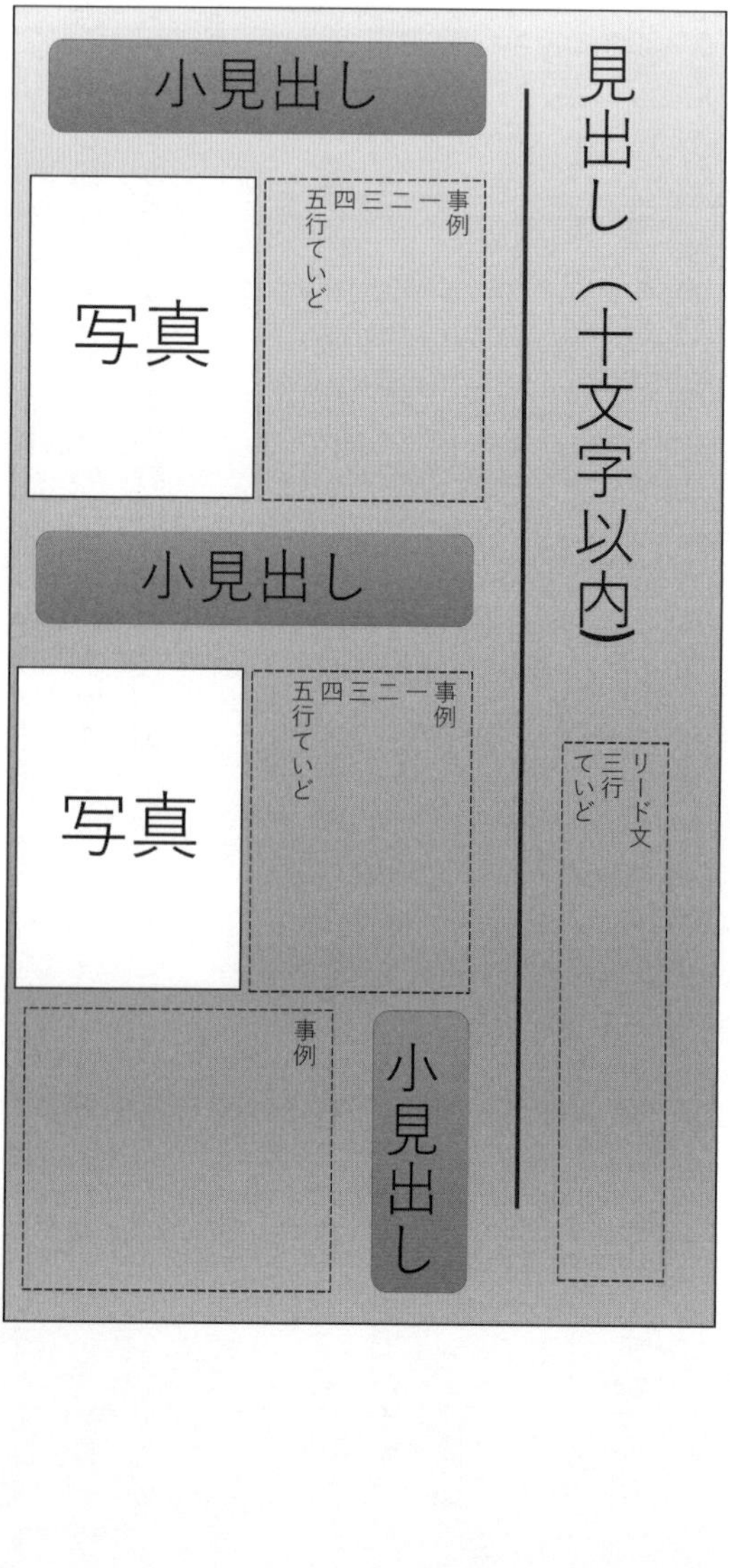

見出し（十文字以内）
リード文 三行ていど
小見出し
事例 一 二 三 四 五行ていど
写真
小見出し
事例 一 二 三 四 五行ていど
写真
小見出し
事例

第8章
「物語の創作」の授業技術

Chapter 8

■主な関連教材

・２年「お話のさくしゃになろう」（光村図書）

登場人物を生かして書かせる

子どもたちは、小学校に入学する前から様々な本に触れてきています。小学校に入った後は、「おおきなかぶ」をはじめ、いろいろな物語を読む学習を積み重ねていきます。こうした「読むこと」の学習で身につけた力を、「書くこと」で生かすと、物語の創作はそう難しいことではありません。

物語の創作には、ステップがあります。そのステップを踏んでいくと、物語の創作がだれにでも可能になります。そして、子ども一人ひとりに「書くことができた」という喜びと自信をもたせることができます。

書くことには、大きなエネルギーが必要です。日頃から様々な文章の書き写しをしていくなど、「国語の時間には書く活動が入るのは当たり前」という感覚を子どもにもたせておければ理想的です。

物語の基本構造を知る

これは、「読むこと」の授業の中で行っていくことが必要です。物語の一番の骨組みは、「何かが変わる」ということです。今までに子どもたちと一緒に学んできた物語を思い出してみてください。物語のはじめとおわりでは、何かが変わっているはずです。「おおきなかぶ」では、抜けなかったかぶが最後に抜けました。「お手紙」では、はじめはお手紙がもらえなくて悲しい気分だったがまくんでしたが、最後にはかえるくんからお手紙をもらえることがわかって、幸せな気持ちに変わりました。教科書に掲載されている学習材ではありませんが、「はらぺこあおむし」という有名な絵本では、はらぺこの青虫が、最後はとてもきれいなちょうに変わりました。このように、物語は「はじめとおわりで何かが変わる」という、基本的な骨組みをもっているのです。ですから、この骨組みを使って文章を書けば、必ず素敵な物語になります。変わるものは何でもよいのです。悲しかったのがうれしくなる、けんかしていた二人が仲直りする、できなかったことができるようになる、行けなかったところに行けた、などなど。変わるものは気持ちだけとは限りません。「モチモチの木」の豆太は、夜中にトイレに行けなかったのが、じさまをなんとかしようと、山のふもとまで医者様を呼びに行くことができるようになりました。気持ちの変容ももちろんありますが、この物語では、豆太の行動が変わったと捉えることもできるわけです。「読むこと」の学習を通して、「何かが変わる」という基本構造を学んでいるわけですから、これを物語の創作に生かさない手はありません。

中心人物を決める

物語の骨組みで、「何かが変わる」ということを学びました。変わるのは、基本的にその物語に出てくる「だれか」です。ですから、物語を読む学習では必ず、「だれが出てきたか」という「登場人物」を確かめるのです。この学習は1年生から6年生までずっと続きます。そして、登場人物の中で一番大きく変わる人物を「中心人物」ということがあります。いわゆる「主人公」です。この中心人物の何かが変わるように書けばよいのです。

前述のように、変わるものは、気持ちだけとは限りません。物語のはじめと終わりで、何かが変われば、それで物語は成立します。

子どもたちが、はじめて物語を創作するときには、中心人物が決まっていると書きやすくなります。つまり、「読むこと」で学んだ物語の登場人物で、物語を書けばよいのです。

ここでは、「お手紙」のがまくんとかえるくんを登場人物にした、物語の創作について紹介します。「お手紙」は、登場人物の数もシンプルで変容もわかりやすいので、とても読みやすい物語の1つです。がまくんとかえるくんという、性格の比較的はっきりした人物が登場するので、子どもたちにとって、物語の構想が立てやすいものになります。

さらに、がまくんとかえるくんの登場する話は、「ふたりはいっしょ」「ふたりはともだち」など、シリーズものになっていて、複数の作品を並行読書や発展読書の活動で読むことが可能です。多様な展開の物語に触れたうえで、自分の物語を考えることができるわけです。何よりも、登場する人物がすでに決まっていることが、子どものサポートになります。子どもは、がまくんとかえるくんの二人に関する「出来事」だけを考えればよいからです。しかも、その出来事の中で、はじめとおわりで何かが変われればよいわけです。これなら書くことが苦手な子どもでも、何とか考えることができます。

登場人物であるがまくんとかえるくんの性格はそのままにします。がまくんは、自分の気持ちに素直で、感情を表に出しやすい人物です。飽きっぽいところや、すぐにくじけてしまうところがあります。一方のかえるくんは、優しくてしっかり者という印象の人物です。シリーズの物語の中には、かえるくんががまくんにいたずらするものもありますが、

がまくんとかえるくんの物語を書こう

名前（　　　　　　　）

はじめとおわりでなにがかわる?

はじめ

どうしてかわったのか、
できごとを書く

おわり

基本的には「いい人」というのが子どもたちのかえるくんに対する人物評価でしょう。

登場人物が決まっていると、ここまでお膳立てができるので、この後は、上の構想メモのようなワークシートも使いながら、自分なりの物語の展開を考えていきます。

物語の一番基本的な骨組みである、「はじめとおわりで何が変わるのか」を考えさせます。そのうえで、どうして変わったのか、そのきっかけとなる出来事を考えさせればよいのです。

子どもの実態に応じてアレンジする

記述及び評価のポイントは、大きく2つあります。1つめは、はじめとおわりで「何が、どのように変わったか」がわかるように書けていることです。これは物語の一番の骨組みですから、構想メモの段階からこだわって考えさせるようにします。2つめは、がまくん、かえるくんのそれぞれの人柄・人物像が書けていることです。がまくんとかえるくんの性格を表現するには、「それぞれの人物がどのような行動を取るか」と、「会話文でどのようなセリフを言うか」を考えて書くことが大切です。この大きな2つのポイントがクリアできれば、この単元での学習は十分に達成できたといえます。

中には、はじめとおわりで変わったことをあらすじのように大まかに書くことで精一杯の子どももいます。一方で、もっと細かな描写にこだわりながら書き込むことができる子どももいるでしょう。そういった子どもの実態に応じた教師の手立てが必要です。

あらすじのような、出来事を記述することで精一杯の子どもは、それでよいと思います。物語の創作に限らず、文章の記述は子どもにとっては大仕事です。書き上げた文章に対してあれこれ言われると、次への意欲をなくします。書くことの学習は、場数を踏むことが大切です。短い文量でも、数をこなすことで記述力は高まります。「次はもっとこうしてみたい」「今度はこのように書いてみたい」という意欲をもたせつつ、「今回はこれだけがんばったからいいでしょう」という折り合いをつけることも大切です。

詳しく書ける子どもには、行動描写の書き方、セリフの言い回しを考えさせるとよいでしょう。例えば、「がまくんはかなしい気持ちになりました」と書くのと、「がまくんは、だまって下を向いてしまいました」と書くのは、どちらがよいかを子どもに選ばせたりします。そして、どうしてそちらを選んだのか、理由を言わせます。よりきめ細かな記述を求めている子どもが相手ですから、それ相応のこだわりがあるはずです。そうした子どもの要求にも対応できるように、教師の方で準備が必要です。しかし、子どもが求めていないのに教師から押しつけるのはよくありません。あくまでも、子どもの相談に応じる姿勢で、しかも、最終的には子ども自身が選択するというかたちで書かせていくことが大切です。

書き上がった作品には、色画用紙などで表紙をつけて、そこに物語の題名と、作者である子どもの名前を書くようにします。これで立派なお話絵本の完成です。

がまくんは、げんかんのまえにすわっていました。

かえるくんががまくんのいえにきました。

「きみかなしそうだね。」

「うん、そうなんだ。」

がまくんがいいました。

「だってぼく、すいぞくかんにいったことないんだもん。」

がまくんがいいました。

「一どもかい。」

かえるくんがたずねました。

「ああ、一ども。」

がまくんがいいました。

二人はながいことげんかんのまえにすわっていました。

「ねえがまくん、ぼくしなくちゃいけないことがあるの。」

かえるくんは、かけてじぶんのいえにいって、えんぴつとかみをだしてなにかかきました。ふうとうにこうかきました。

「がまくんへ。」

いえをでました。

がまくんのゆうびんうけにそうっといれました。

がまくんがゆうびんうけをみました。

手がみにこうかいてありました。

「がまくん、あしたいっしょにすいぞくかんへいこう。」

「やった。」

がまくんがいいました。

「かえるくん、あしたいっしょにいこう。ありがとう。」

つぎのあさ…（以下略）

子どもの作品

ある子は、上のような物語を書きました。題名は「すいぞくかん」です。そしてこのように言いました。

「これなら、いくつでも物語が書けるよ」

元の文章の型をまねて書くと、いくらでもアレンジして物語を生み出せることに気づいたのです。この子は、同じような書き出しで、他にも物語を創作しています。初期の物語創作は、これで十分です。

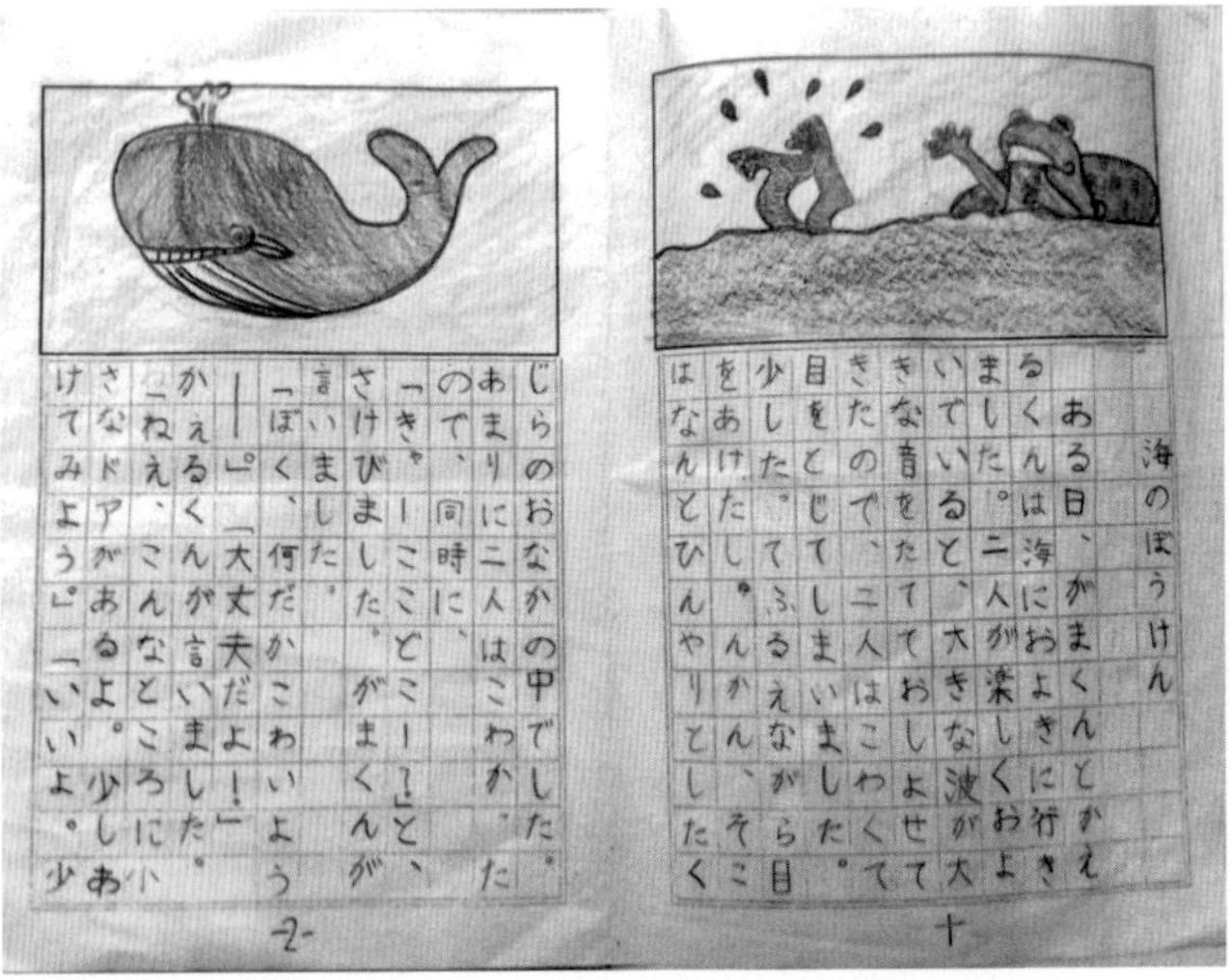

海のぼうけん

ある日、がまくんとかえるくんは海におよぎに行きました。二人が楽しくおよいでいると、大きな波が大きな音をたてておしよせてきたので、二人はこわくて目をとじてしまいました。少したってふるえながら目をあけたしゅんかん、そこはなんとひんやりとしたく

十

じらのおなかの中でした。あまりに二人はこわかったので、同時に、「きゃーここどこー？」と、さけびました。がまくんが言いました。「ぼく、何だかこわいようーー」「大丈夫だよ！」かえるくんが言いました。「ねえ、こんなところに小さなドアがあるよ。少しあけてみよう」「いいよ。少

-2-

いっきり走ってぼくの後をついてきて！」とかえるくんが言いました。そして二人はてっぽうにうたれないように、くねくねまがりながら、走りはじめました。走っていると、上から光がさしこんでくる小さなあなを、やっとみつけることかできました。二人は一生けんめい上をめがけて思いっきりー・2のゲロでとびま

-5-

した。もう少しというところでてっぽうにうたれそうになったので、「ああ、ぼくたちもてっぽうにうたれてとけちゃうよー」と二人はさけびました。けれどもそのしゅんかんすごい風が、くじらのせなかの小さなあなから出てきて、二人は水しぶきといっしょにぶじくじらの体の中からだっしゅつすることができました。

-6-

■主な関連教材
・3年「組み立てにそって，物語を書こう」（光村図書）

物語の構造を生かして書かせる

物語創作の第一弾は、登場人物を生かして書くことでした。自分の物語に登場する人物が決まっていると、どの子も物語を書くことができます。

次の段階は、物語の構造を生かして書くことです。物語の構造は、大きく「①繰り返し型」「②事件型」の2つに整理できます。

①は、「おおきなかぶ」に代表される、まさに繰り返し構造をもった作品です。子どもたちは、繰り返しの物語をたくさん読んできているはずです。「はらぺこあおむし」をはじめ、「三びきのこぶた」「三びきのやぎのがらがらどん」などです。

②は、いわゆる「起承転結」のスタイルで、物語の展開の中で、何か事件が起きて、その事件が解決されることで、中心人物が変容するという構造になっています。

また、子どもたちは、①と②が組み合わされている「ダブル型」という構造があることも発見しました。「きつねのおきゃくさま」は、はらぺこきつねが、ひよこ、あひる、うさぎに出会ってお世話をするという繰り返し構造の中で次第に心を変えていきます。そして最後におおかみと闘うという、事件が起きる展開です。繰り返しと事件という2つの構造をあわせもっていることがよくわかります。5年生の「大造じいさんとガン」も同じ構造です。低学年で学んだ物語構造は、高学年の教科書教材にも出てくるのです。そして、この物語構造を知っていると、自分でも物語を書くことができます。

繰り返しの物語を書く

本単元では、繰り返し型の物語を書く学習を設定しました。中心学習材は、前述の「きつねのおきゃくさま」です。この作品が実はダブル型になっているというのは紹介した通りです。繰り返しの中で、何かが変わる物語を創作します。ここでも、物語の基本的な骨組みは同じです。「何かが変わる」というのが物語の創作でも一番大切です。また、今回は、繰り返しという構造が一番のポイントなので、登場人物は一人ひとりの子どもに設定させました。その中で、一番大きく変わる人物が「中心人物」です。子どもは、繰り返し構造の中で中心人物が変容する、という物語を創作しました。

「たたかう　レオくん」

　ひろいジャングルにレオくんというライオンがいました。レオくんは長い間ずっと一人ぼっちでした。

　なぜかというと、レオくんはとなりのジャングルにいた時、自分が強いことをじまんして動物たちをいじめてばかりいたので、ジャングルからおいだされてしまったからです。

　レオくんは一人ぼっちでも平気でした。お友だちと仲よくあそぶことをわすれてしまっていました。

　ある日、うさぎがやってきて、

「いっしょになわとびをしようよ。」

とレオくんに言いました。

レオくんは（めんどうだな）と思いましたがいっしょにやることにしました。

　ジャンプがとくいなうさぎはなわとびが上手でした。うまくとべないレオくんはすぐにいやになりやめてしまいました。レオくんはまた一人ぼっちになりました。

　それから何日かして、さるがやってきて
「いっしょに木のぼりをしようよ。」

とレオくんに言いました。

　木のぼりがとくいなさるにかてなくて、レオくんは（何回もれんしゅうしてみよう）と思いましたが、やっぱりできませんでした。

くりかえしの物語を書こう
　　名前（　　　　）
登場人物は？　中心人物は？

何がくりかえされる？

レオくんはまた一人ぼっちになりました。

また何日かして、チーターがやってきて、

「いっしょにおにごっこをしようよ。」

とレオくんに言いました。

レオくんは、さそってもらえることが少しうれしくなってきました。

足の速いチーターにはかてず、レオくんはずっとおにでしたが、レオくんはとても楽しくなりました。


そんなある日、となりのジャングルからオスのライオンがレオくんのいるジャングルの動物たちをおそってきました。レオくんは声をかけてくれたみんなのやさしい気持ちを思い出して、動物たちをたすけるためにひっしでたたかいました。そしてかちました。その時レオくんは気づきました。

「つよい力はいじめるためのものではなく、みんなをまもるためにあるんだ。」

レオくんはジャングルの人気ものになって楽しくくらしました。

もう一人ぼっちになることはありませんでした。


（おわり）


子どもたちは、今までにいろいろな繰り返しの物語を読んできました。物語の創作のために、改めて繰り返しの物語を読む活動も設定できます。

繰り返しにはいくつかのパターンがあります。

①人物の登場が繰り返される

「おおきなかぶ」のように、次々新しい人物が登場するパターンです。上の子どもの文章でも、うさぎ、さる、チーターが登場することで、繰り返しの構造になっています。「きつねのおきゃくさま」で、ひよこ、あひる、うさぎがきつねの前に登場するという繰り返し構造を生かしているのです。

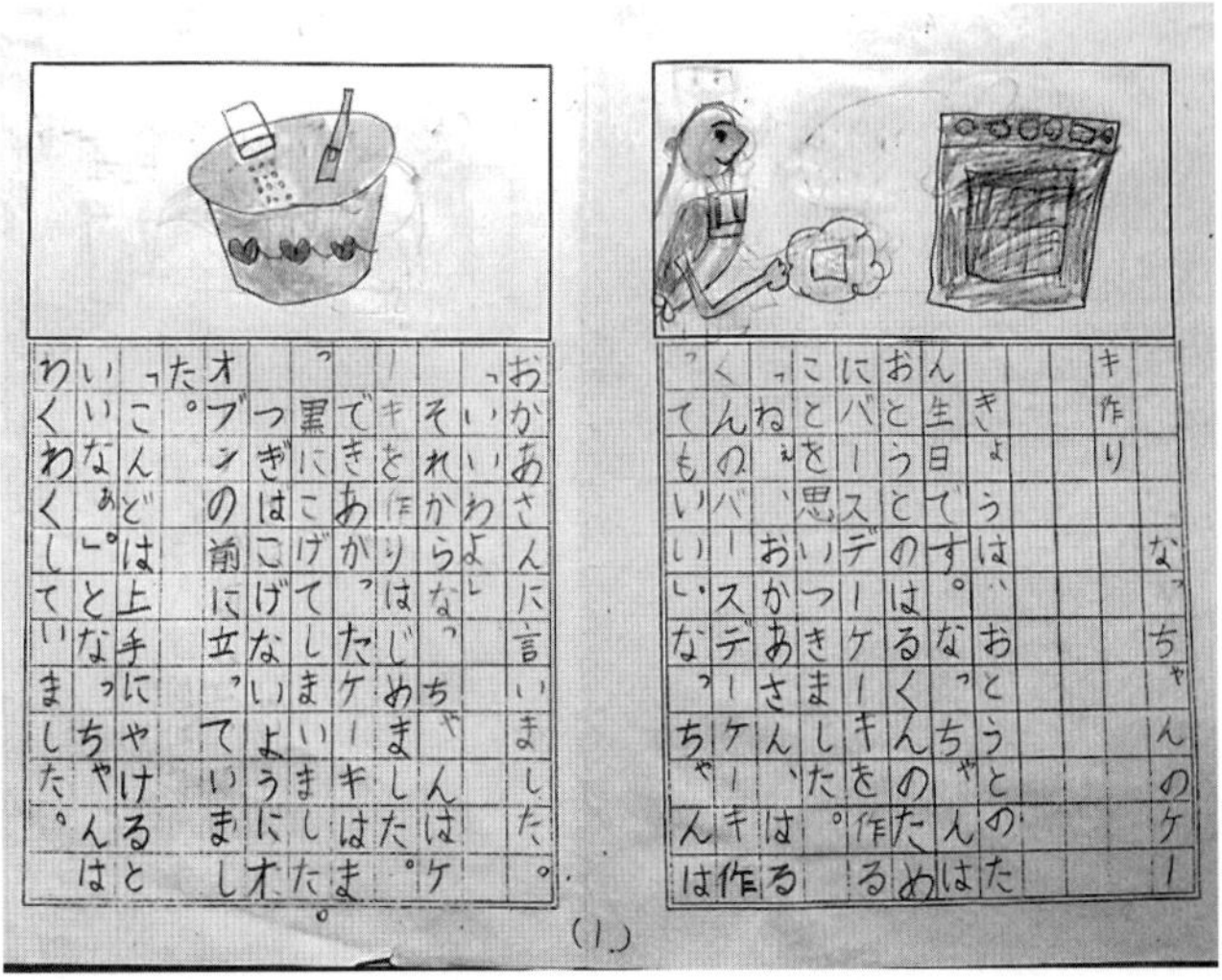

②人物は同じで、出来事が繰り返される

「はらぺこあおむし」や五年生で学習する「大造じいさんとガン」のように、登場人物は変わらずに、その人物の行動や、人物を取り巻く出来事が繰り返されるパターンがあります。

上の子どもの作品は、同じ人物が、繰り返しケーキづくりに挑戦するという繰り返し構造の物語です。

③セリフなどが繰り返される

「モチモチの木」では、豆太がじさまを呼ぶときの会話文が繰り返されます。しかしその繰り返しにも、呼び方に変化があることがわかります。「じさまあ」と「じさまっ」では、呼んでいる豆太の気持ちが違います。

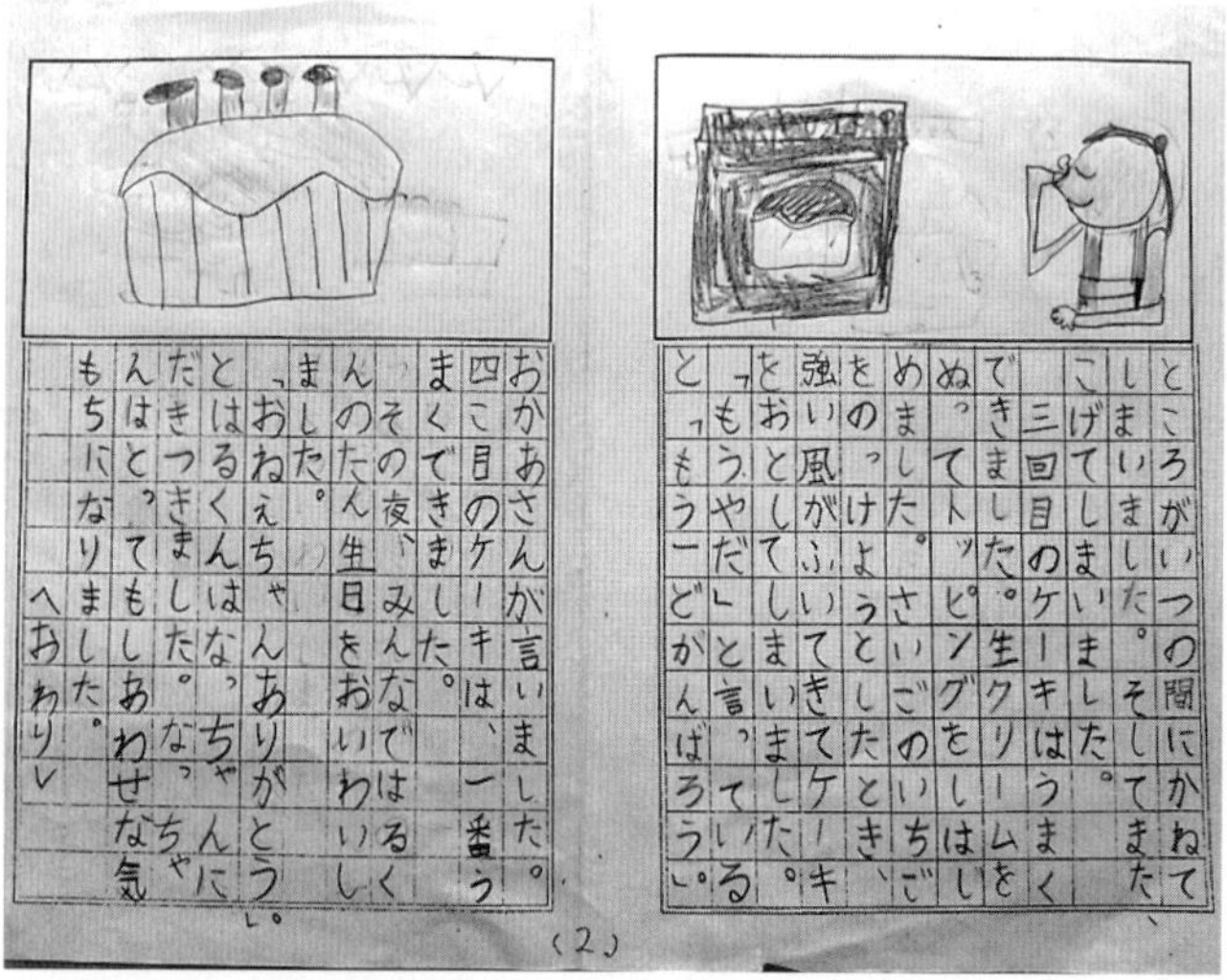
ところがいつの間にかねて
しまいました。そしてまた、
こげてしまいました。
三回目のケーキはうまく
できました。生クリームを
ぬってトッピングをしはじ
めました。さいごのいちご
をのっけようとしたとき、
強い風がふいてきてケーキ
をおとしてしまいました。
「もうやだ」と言っている
と「もう一どがんばろう」。
おかあさんが言いました。
四こ目のケーキは、一番う
まくできました。
その夜、みんなではるく
んのたん生日をおいわいし
ました。
「おねえちゃんありがとう」。
とはるくんはなっちゃんに
だきつきました。なっちゃ
んはとってもしあわせな気
もちになりました。
〈おわり〉
(2)

このように、同じ「繰り返しの物語を書く」ことでも、何が、どのように繰り返されるかを、子どもが考えて選ぶことが可能です。「自分の物語は、ここが繰り返されるものにしよう」などと考えながら創作できたら、子ども自身が楽しくなってくるはずです。

そして、繰り返しと言っても、まったく同じ展開が繰り返されるものではないということも学べるでしょう。繰り返しの中でも何かが少しずつ変化します。物語構造の基本である「何かが変わる」というのは、繰り返しの物語の中でも変わりません。

■主な関連教材
・3年「組み立てにそって，物語を書こう」（光村図書）

ファンタジーの構造を生かして書かせる

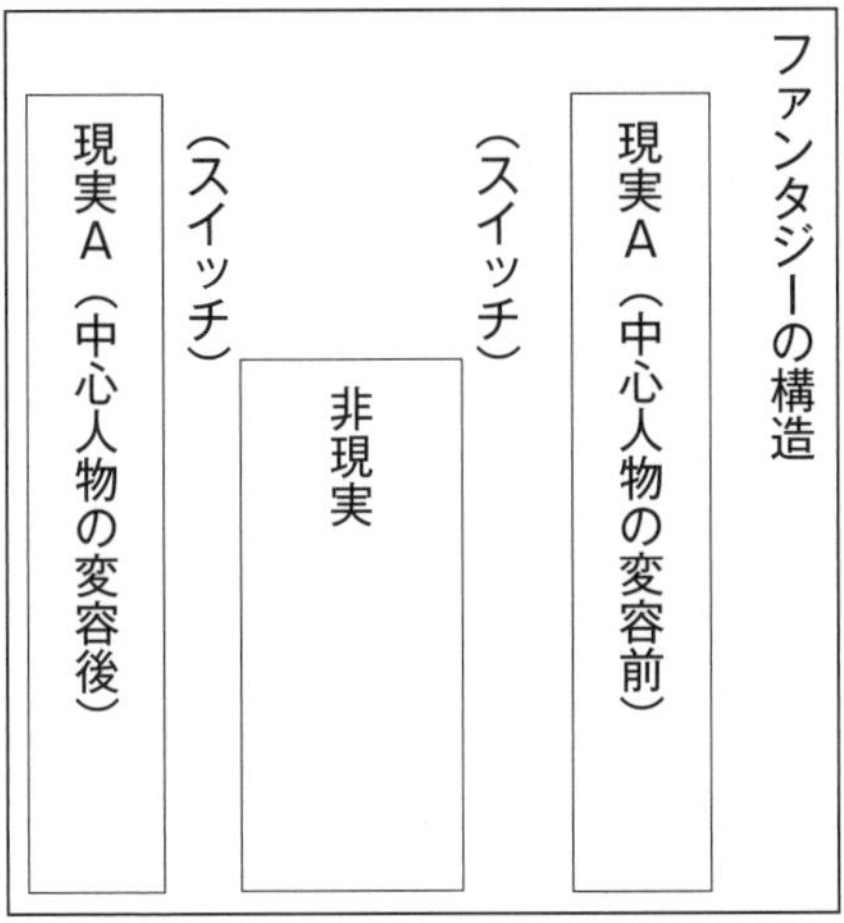
ファンタジーの構造
現実A（中心人物の変容前）
（スイッチ）
非現実
（スイッチ）
現実A（中心人物の変容後）

小学校で学ぶ物語は、生活童話、メルヘン、ファンタジー、昔話の4種類に大きく分類できます。

生活童話は、家庭や学校など、現実世界を舞台にして展開する物語です。「ちいちゃんのかげおくり」や「一つの花」などの平和教材もこの中に含めます。代表的な作品としては「海の命」があげられます。

メルヘンは、設定自体が非現実の物語です。「スイミー」「お手紙」のように、人間以外の人物が擬人化されて描かれている作品は基本的にメルヘンに入ります。「やまなし」もそうです。

昔話や民話、神話などはそれらとはまた別にしておきます。「かさこじぞう」などがこの仲間に入ります。

それらの物語に対して、現実世界と非現実世界の両方が描かれている物語をファンタジーといいます。「まいごのかぎ」「白いぼうし」「注文の多い料理店」「きつねの窓」などはすべてファンタジーです。

ファンタジーは、基本的には「現実→非現実→現実」の順に描かれます。冒頭の現実場面で、中心人物の「変容前」が描かれます。「まいごのかぎ」では、なんでもよけいなことをしてしまうと、自分に自信のもてない中心人物「りいこ」が紹介されます。その「りいこ」が、非現実の世界を通して「自分はこれでいいのだ、ありのままでいいのだ」と自信をもつように変わっていきます。ファンタジーの非現実場面は、中心人物を変容させるために描かれるのです。そして、変容後の中心人物が、終わりの場面の現実世界で描かれます。物語の一番の骨組みである「何かが変わる」という基本構造はファンタジーであっても今までに学んできた物語作品と同じです。

また、ファンタジー作品は、大きく2つに分類できます。1つは、中心人物が現実世界から非現実世界に出かけていき、また現実世界に戻ってくるパターンです。このような作品の展開パターンを、私のクラスでは「浦島太郎型ファンタジー」と呼んでいます。「初雪のふる日」「雪わたり」や「きつねの窓」などは「浦島太郎型ファンタジー」です。

それに対して、中心人物を変容させるために、非現実世界から何かがやってくるというパターンがあります。「まいごのかぎ」「注文の多い料理店」などが、そのパターンで、これを私のクラスでは「ドラえもん型ファンタジー」と呼んでいます。

さらに、教科書教材ではありませんが、「セロ弾きのゴーシュ」では、夜な夜なゴーシュのもとに動物たちがやってきて、明け方になると慌てて帰っていきます。ゴーシュのセロの腕前を上げるために毎晩だれかがやってくるという「ドラえもん型ファンタジー」ですが、そこには時間制限があるので、これを「シンデレラバージョン」と名づけました。

また、以前教科書に掲載されていた「野の馬」という作品は、中心人物の太郎が、非現実世界である屏風の中の世界から、現実世界に帰ってこないという展開でした。

このように、同じファンタジー作品でも、その展開に応じて様々に分類整理することができることがわかります。

ファンタジーは、現実世界と非現実世界が描かれると述べましたが、その中には、現実から非現実に場面が変わるとき、反対に非現実から現実に場面が変わるときに、ある合図が描かれることがあります。これを「スイッチ」と呼んだりします。

「つり橋わたれ」では、スイッチは風です。東京の自慢ばかりしていたトッコのもとに、かすりの着物を着た不思議な男の子が現れるのですが、その子が現れるときに、どっと風が吹きます。そして、いなくなるときにまたどっと風が吹きます。非現実場面への入口、非現実から現実場面への出口のスイッチは、基本的に同じ合図になります。「注文の多い料理店」のスイッチも、風であることがわかります。スイッチは、風や雷、大雨のような自然現象の場合もありますが、「きつねの窓」のように、いつもの道を曲がったとたんに不思議な世界に迷い込むという、空間移動による場合もあります。教科書教材ではありませんが、ジブリの映画「千と千尋の神隠し」では、トンネルをくぐると、人間世界から神の世界に入り込みます。「ハリーポッター」では、9と3／4番線のホームから列車に乗ると、ホグワーツ魔法学校に行くことができる、といった具合です。

このように考えると、ファンタジーの基本構造を学び、様々な選択をすることで、子どもたちが楽しみながら自分のファンタジーを書くことができることがわかります。

子どもが自分でトッピングする

ファンタジーを書く学習を具体的に進めましょう。それまでに「読むこと」の学習で学んできたファンタジー作品は、今までに述べてきたように整理することができます。これを生かすことで、だれでも、楽しくファンタジーを書くことができるのです。

以下、その手順を紹介します。

⓪自分の書く作品のテーマを決める

ここまで触れてきませんでしたが、実はこれはとても重要です。自分の描こうとする作品の「主題」といってもよいでしょう。これがはっきり決まっていないと、この後の中心人物の変容がぼやけます。テーマについては、今までに読んできた物語を振り返ってみるとよいでしょう。「お手紙」ならば友だちを思う心、「おおきなかぶ」や「スイミー」ならばみんなで力を合わせることの大切さ、「まいごのかぎ」ならば本当の自分らしさ、など、今までに学んできた物語には、大きなテーマがあることがわかります。テーマの候補としては、友情、家族の大切さ、自分の成長、などがあげられると思います。このテーマを意識しながら、物語の構想を立てていくのです。

①中心人物の変容を考える

物語の一番の骨組みを基に、中心人物が、はじめとおわりでどのように変わる物語にするのかを考えます。これが、⓪で示した「作品のテーマ」と深く結びつきます。

テーマが「友だち」ならば、はじめの現実場面では、友だちとうまく過ごせない中心人物が描かれればよいわけです。それが、結末では仲よくなれた姿に変わる、ということになるでしょう。作品のテーマと中心人物の変容は、深くつながっています。

ここから先は、子どものアイデアに任せて、様々にトッピングしていくようにします。

②自分のファンタジーを「何型」にするか考える

基本的には、「浦島太郎型」か「ドラえもん型」ということになります。自分のアイデアで、さらに別の型を生み出してももちろんかまいません。

③スイッチを決める

現実から非現実に移り変わるとき、また非現実から現実場面に戻ってくるときの合図を決めます。様々な候補を、一覧にして子どもに配るとか、教室に大きく掲示するなどの工夫もできるでしょう。「白いぼうし」のように、はっきりした合図は描かず、気がついたら不思議な世界に入り込んでいた、という展開でもかまいません。

④中心人物以外の登場人物を決める

⓪から③までを考えていく中で、子どもの頭の中にはすでに、様々な登場人物の姿が思い描かれていることでしょう。ここではそれを整理して、登場させるべき人物と、登場しなくてもよい人物とを振り分けていきます。登場人物の数が多過ぎると、物語が複雑になりすぎて、わかりにくくなります。中心人物をだれにするか、中心人物を変容させる人物をだれにするか、などと考えて、絞り込んでいくようにします。

⑤出来事の流れを考える

ここまできたら、現実と非現実の流れや、出来事の流れを組み立てていきます。子どもは、テーマや中心人物を考えつつ、自分の頭の中ではすでにストーリーの展開が進められているはずです。ここで構想表などにメモしなおして、改めて自分が書こうとしている物語のあらすじを確かめていきます。同時に、どこが現実で、どこが非現実世界なのか、スイッチをどこでどのように入れるのかも構想を立てていきます。ここまでくれば、もういつでも書き始められることでしょう。

⑥語り手の視点を決める

これは、子どもの実態に応じたオプションです。視点とは、語り手がどこにいて何を見て語っているかということです。語り手が中心人物の中にだけ入れることにするのか、だれの中にも入れるのか、だれの中にも入れないのか。あるいは、中心人物自身が語り手になるのか。なるとすると、語り口は「ぼくは、わたしは」という一人称になります。

このように、⓪から⑥までを整理しながら準備を進めると、素敵なファンタジーを書くことができるはずです。

作品を読み合う

最後に、でき上がった作品を読み合う活動を紹介します。教室の机の上に自分の作品を置いて、自由に友だちの作品を読みに行く時間を取ります。各自に付箋を持たせて、読み終えたら付箋に感想を書き、自分の名前を明記して、作品に貼ってから次の作品に移動するようにします。クラスの中でいろいろな作品に出合えるように投げかけ、貼られる付箋の数に極端な差が出ないように配慮することも必要でしょう。こうして、書いた作品が多くの仲間に読まれることによって、書いた甲斐のある活動になります。最後は友だちの書いてくれた付箋を基に、自分の活動を振り返るようにします。

第9章 「詩の創作」の授業技術

Chapter 9

■主な関連教材

・6年「詩を朗読してしょうかいしよう」（光村図書）

助走
ねらいを絞った指導計画をつくる

物語を書く、レポートを書くなど、子どもの「書く」言語活動は数あれど、詩の創作ほどどう指導すればよいかわからない領域はありません。感情や思いを直接的に表現し、前後の文脈を断ち切った剥き身の言葉を用いる詩は、まさに自由そのもの。子どもの思いのままに書かせて、ああおもしろかったと終われたらそれでよいとさえ思えます。しかし、詩の創作でしかはぐくめない言葉の力があるのも事実です。詩の創作をただの活動で終わらせないために、授業をつくるときに忘れてはいけない目的が2つあると考えます。

目的1　自身の創作体験により、詩人の創る詩がいかに言葉を選び、対象を的確に表現しているかを理解させる。

「詩を創るなんて簡単だよ」と書き始めた子どもの手がはたと止まり、どんな言葉を入れればよいのかわからなくなる。一度書いた言葉の陳腐さに気づき、ため息をつく。ぜひそのような経験をさせたいものです。自分で詩を創る経験をしたうえで、もう一度詩人の作品を見てみると、その綺羅星のような言葉の使い方に目を見張ることになるはずです。創作は、作品理解や鑑賞に、創る側からの視点をもたらしてくれるのです。

目的2　詩を創る喜びとともに、作品を人が読み、批評してくれる楽しみがあることに気づかせる。

前述の通り、詩は自分の感情や思いを直接的に表現するものです。小手先のテクニックを用いてそれらしく書いた作品よりも、荒々しくともその子らしい発想や言葉づかいで書かれた作品の方が心をつかむこともあります。とはいえ、正解のない、自分の心をさらけ出すような作品を見せることは、だれにとっても気はずかしさを伴います。だからこそ、友だちからもらう「いいね」「おもしろいよ」という言葉は安心を、「ここ、おかしいかな」「もっといい言葉があるかも」という言葉はやる気を、子どもにもたらすのです。

以上2つの目的から、詩を書く活動では、創作と鑑賞を表裏一体にした単元計画を組むことが大切だとわかります。詩人の作品との対比で自作を見直し、友だちとの相互鑑賞でよりよい作品に仕上げる。そんな活動が中心になるでしょう。この留意点を基に単元計画を考えるとき、主とするはぐくみたい力を何にするかによって、次の2つの進め方が考えられます。

①「鑑賞→創作」（詩を書く力を中心に）

詩の創作を主とした単元では、子どもが詩を書く力をはぐくむために、詩人の詩を読むことになります。例えば、主教材を「のはらうた」（工藤直子）とすると、次のような単元構成になるでしょう。

（鑑賞）数篇の「のはらうた」を読み、作者とモチーフのおもしろさを知る
↓
（創作）学んだおもしろさを生かしながら、オリジナル「のはらうた」を創る

②「創作→鑑賞」（詩を読む力を中心に）

反対に、詩の鑑賞を主とした単元では、子どもがより深く詩を読み込む力をはぐくむために創作を行うことになります。同じく「のはらうた」を主教材とすると、次のような単元構成になります。

（創作）人間以外のもの、ことを視点人物とした詩を書く
↓
（鑑賞）創作した詩と「のはらうた」の詩を比べ、何が違うのかを交流する

右のような進め方をした場合、「詩人の詩はどこが優れているのか」という視点で迫りがちですが、子どもの作品を劣っているものとして扱うのは配慮に欠けます。子どもの作品の中に1つ、工藤直子さんの詩を入れておいて、どれがよいと思うか自由に意見を言わせてみましょう。言葉への感覚が鋭敏な子どもは、必ず詩人の作品のよさに気づくはずです。再度述べますが、創作した詩を開示するのは、心のひだの奥まで見せるのと同じです。見せてよかったと思えるよう、作品への評価は慎重に行いましょう。

詩を創作するうえで留意すべき点を押さえ、単元計画の方向性が定まったら、いよいよ指導計画を作成します。残念ながら、教科書会社から例示されている指導計画では、詩の単元にそれほど多くの時数が割かれていません。代表的な2社の教科書を見てみると、表

	光村図書	東京書籍
1年	5月① 9月② 1月②	5月④ 9月③ [⑥] 1月②
2年	9月② 1月②	9月③
3年	4月① [1月④]	9月② [1月③]
4年	4月① 9月② [1月④]	9月②
5年	4月① 9月①	9月②
6年	4月① 9月① 1月②	4月② 9月① 3月①

のように1~2時間しかない単元がほとんどです。ましてや、詩の創作を主たる言語活動とする単元（表中の□）は6年間で2回ほどしかありません。このままでは、創作と鑑賞を関連させた詩の単元づくりは難しそうです。

だからこそ、詩の単元では、言語活動のねらいを絞って計画を立てる必要があります。1時間に1つの詩を楽しく読むという計画を立てるのは簡単です。いろいろな方法を取り入れ、繰り返し音読することができます。感想を交流し、なんとなく楽しかったという印象をもって終えることができるでしょう。しかし、子どもに詩を読む、書く確かな力をつけようとするならば、漫然と進めることは許されません。

・教材とする詩の視点・テーマ・表現技法について、どこまで読み取れたらよいのか。
・単元末に完成するであろう創作詩に、どの表現技法が使われることを求めるのか。
・単元を通して、子どもが感じている「よい詩」のラインをどこまで引き上げるのか。
・どの補助教材を用いれば、同一作者、同一テーマ、同一技法のよさを伝えられるか。

このような明確なねらいを立てたうえで指導計画を具体化しなければならないのです。

■主な関連教材

・「ふくらはぎ」（谷川俊太郎）
・「春の歌」（草野心平）
・「犬」（金子みすゞ）

ホップ
穴あき詩の鑑賞で、1文目のインパクトを意識させる

子どもがそれぞれ何となく詩を創り、掲示して終わるような、活動自体を目的とする場合を除くと、言葉の力を獲得させるためには明確なねらいが必要だと前項で述べました。これは、具体的には「ある特定の表現技法を必ず用いる」「視点人物やテーマ、舞台を絞る」「一連に続く形で二、三連を書く」といった制限を設け、子どもが工夫して創作せざるを得ない状況をつくることで達成させていきます。

ここでは、高学年の子どもを対象に、読み手の心を揺り動かす詩を創ることをねらいとします。「心を揺り動かす」という言葉は魅力的であっても、具体的ではありません。そこで、導入・展開・終末の3つを「ホップ」「ステップ」「ジャンプ」と称し、扱う局面を限定することで、読み手の心を動かすコツを学んでいくこととします。

「ホップ」では、まず冒頭の一部を隠した以下の3つの詩の全文を提示します。

①「ふくらはぎ」　谷川俊太郎
②「春の歌」　草野心平
③「犬」　金子みすゞ

詩の鑑賞と創作を表裏一体とするために、そして複数の教材から書き方の工夫を一般化するために、取り上げる詩は3～5つが目安となります。

指導したい部分に注力できるよう、低・中学年で扱った詩を取り上げるのが1つ目のコツ、学級のだれも知らないマイナーな詩を1つ取り上げるのが2つ目のコツです。これらを組み合わせることで活動に適度な緊張と緩和が生まれます。

隠した部分を除いて音読し、どんな言葉が入るかを出し合い、最後に答えを当てはめて全文を読む。ここまでを1教材3分程度でテンポよく進めます。3つの詩が並んだときにはじめて見えてくることにねらいを絞るためです。

① 俺がおととい死んだので　おどろきの視点設定
② ほっ　まぶしいな。ほっ　うれしいな。　うれしさが伝わる言葉
③ うちのダリアの咲いた日に　酒屋のクロは死にました。　どきりとする対比

死んで霊となった（?）視点人物が、自分の葬式を客観的に見ているという設定の①。冬眠から目覚めた喜びをカエルになりきって語っている②。美しいダリアの咲く喜ばしい日に、酒屋のクロが死んだという対比が衝撃を与える③。いずれも子どもの心を直接揺り動かす言葉ばかりです。この1文目で驚きを与える意味を、次のように説明します。

「気をつけの姿勢から、片足だけ前に出して歩こうとしても身体は前に進みません。上半身のバランスを崩して、倒れるようにすることで前に進むのです。

おもしろい詩も同じことで、1歩目から読み手のバランスを崩してくることがあります。そこで生まれた『あれっ?』『えっ!』という感情が、次の文を読みたいという原動力になるのです」

ホップ
わざとバランスをくずすと前に進める
うぅん
えっ！
「詩」の書き出しは、読み手のバランスをくずす書き方をしてみよう。
おっ！
あれ？
んっ？

このコツを知ることで、子どもは自ら問いを見いだし始めます。

「他の詩はどうなっているのかな？　『星とたんぽぽ』も1文目がすごくおもしろいよね」

「『のはらうた』でも『おう　なつだぜ』で始まる詩があったよ」

「作文の書き出しを会話文で始めるのも同じことかな」

「これなら私にもおもしろい詩が書けそう」

読み手のバランスを崩すという1文目の意味を理解したからと、すぐに詩を書き始めても、戸惑う子どもが多いでしょう。短時間の言語活動で、書き方を試す機会をつくるのが効果的です。

1つ目の言語活動は、書き出しにオノマトペを使わせるものです。次ページの例文は「地球がつぶれた」

ホップ

練習① 次の□に「オノマトペ」を入れて、詩の書き出しを作りましょう。

□

地球がつぶれた

□

火星がつぶれた
金星も　木星も　太陽も
今までずっと
同じ方向に落ちていたのだ

チャットに打ち込もう

「火星がつぶれた」という想像もつかない内容が書かれています。ここにオノマトペを当てはめさせても、最初は「ドカーン」や「バーン」といった耳に馴染んだ音しか出てこないでしょう。そこで先ほどの「読み手のバランスを崩す」というコツを再確認し、「どんな言葉なら『うわぁ』『あれ?』『うそ!』が出るだろうか?」と問いかけるのです。すると「プチ」「プシュー」といった脱力系、「パパラパー」「ドンデンドンデンドンデン」といったファンファーレ系、「ドガスカバリグシャドガシュン」のような過剰系…と、様々な工夫が生まれてきて、「なるほど確かにおもしろい」という実感へとつながります。

2つ目の言語活動は、書き出しに「あれ?」「ああ!」「おや?」といった「感動詞」を使うものです。まずは「おや?」で始まるAとBの例文から、おもし

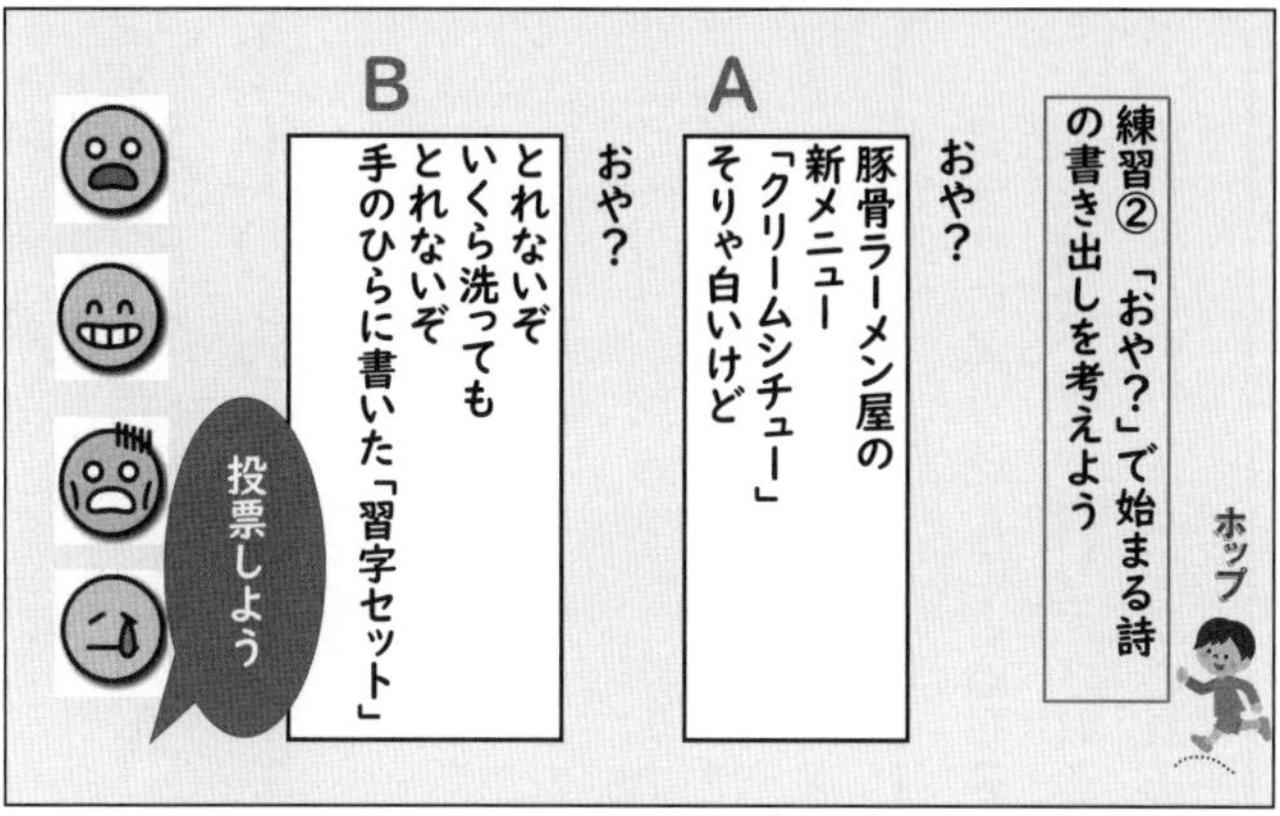
練習②「おや?」で始まる詩の書き出しを考えよう
ホップ
A
おや?
豚骨ラーメン屋の
新メニュー
「クリームシチュー」
そりゃ白いけど
B
おや?
とれないぞ
いくら洗っても
とれないぞ
手のひらに書いた「習字セット」
投票しよう

ろいと感じるのはどちらかを選ばせます。Aは「何だそりゃ」という理不尽さを、Bは「あるある」という共感を呼ぶ文例です。AとBそれぞれどう感じたか感想を交流した後、子どもに文例を考えさせます。

・「おや？　鉛筆がこんなに大きい」
・「おや？　誰だったっけ　名前を聞きづらい」
・「おや？　コップの水が揺れている」

このように、読み手のバランスを崩してその後の展開に期待をもたせる1文目を書くことができました。この2つの言語活動で創作のハードルがぐんと下がります。

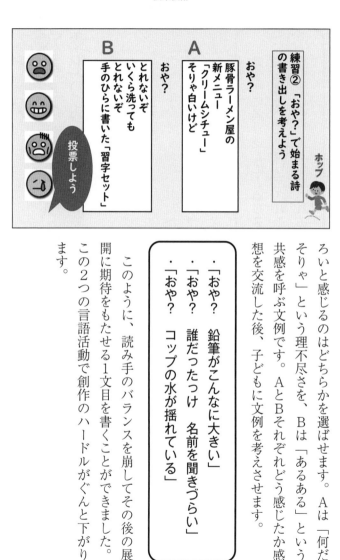

■主な関連教材
・「積もった雪」（金子みすゞ）
・「窓」（新美南吉）

ステップ 穴あきの詩や人気曲の歌詞で、変化のある対句を意識させる

繰り返しになりますが、詩の創作は鑑賞と表裏一体です。自分が読み手の受け取り方を考えながら詩を創ることで、おのずから詩や言葉を受け止める感性を高めることをねらいとしています。ですから、表現技法の理解や活用に焦点を絞った指導計画はしていないのですが、対句法だけは別です。使うだけで作品の質が一段階上がるので、使わない手はありません。詩に対句法を使う効果は大きく次の3点です。

- 詩全体に繰り返しによるリズムを与え、読みやすくわかりやすくする。
- 似た構造の文が繰り返されることで、テーマやモチーフの印象を強化させる。
- 繰り返しのリズムが崩されることで、最後の連が対照化される。

この対句法の使い方やよさを子どもに感じさせるため、「ジャンプ」の段階では連の変化に視点を絞って詩を提示します。

①積もった雪　　金子みすゞ

上の雪　さむかろな。つめたい月がさしていて。
下の雪　重かろな。何百人ものせていて。
中の雪　□。空も地面もみえないで。

②窓　　新美南吉

窓をあければ
風がくる、風がくる。
光つた風がふいてくる。

①の「積もった雪」では、三連目の□を考えさせます。上の雪は確かに寒く、下の雪は確かに重い。それなら中の雪は？おそらくつらい、大変だといったネガティブな意味の言葉が入るだろうと予想はできるでしょうが、「さみしい」という言葉は出てこないでしょう。この予想ができること、予想を裏切られることが、連の対句のおもしろさだと説明します。

窓をあければ
□がくる、□がくる。
遠い子どもの□がくる。

窓をあければ
空□、空□る。
□空□。

②の「窓」では、二連目と三連目に入る言葉を考えさせます。二連目は窓を開けて入ってくる「もの」です。子どもが発する何かを想像させましょう。三連目は反対に「もの」は明らかで「空がくる」はわかるでしょうが、「どのような」空なのか想像がふくらみます。

連による対句の関係に気づいた子どもには、次に好きな曲の歌詞から対句の関係を見つけさせるとよいでしょう。例えば、大ヒットした、Official髭男dismの「Pretender」の歌詞の中にも対句の関係が見つかります。

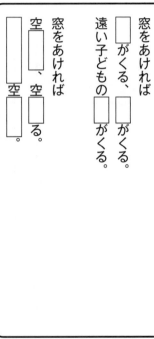

これらの鑑賞を通して、対句には似た形の連が続くことによる「次もこの形だろう」という安心感と、予想が裏切られる驚きがあることに子どもは気づいていくのです。

対句のおもしろさと読み手への効果が理解できたところで、ステップのミニ言語活動で

基本のフレーズ×3

やりたかったよ
運動会
勝っても負けても
みんなでさ

やりたかったよ
運動会
勝っても負けても
みんなでさ

やりたかったよ
運動会
勝っても負けても
みんなでさ

行きたかったよ
宿泊学習
海にも山にも
みんなとさ

やりたかったよ
運動会
勝っても負けても
みんなでさ

やり直したいよ
高学年
やり直したいけど…
みんながいたから
こんぐらいにしといたる

す。タブレットがあればぜひ使わせてください。まずは体言止めや音数のリズムに気をつけながら基本のフレーズを創らせます。そのフレーズをコピーして、3つにした後、少しずつ変えて対句の効果を与えていくのです。上記の例では「運動会」を基本のフレーズとし、「宿泊学習」「高学年」と変化をつけています。元の形式を残しながら、少しずつ変化を加えていく活動は、とても知的で夢中になれるだけでなく、詩の完成度がぐんと上がっていく様を実感できるものです。

■主な関連教材
・「女の子」（金子みすゞ）
・「チューリップなんて」（星野富弘）

ジャンプ
三角理論で、飛躍のある終わり方を意識させる

「ホップ」で驚きのある始まり方を、「ステップ」で変化のある繰り返しを学んだ子どもには、詩の終わり方にも気を配らせたいものです。まずは末文を隠した詩を鑑賞します。

①女の子　　金子　みすゞ

女の子って　ものは、
木のぼりしない　ものなのよ。
竹馬乗つたら　おてんばで、

②チューリップなんて　　星野富弘

チューリップなんて
いっぱいあるから
（中略）

打ち独楽するのは　お馬鹿なの。
□
□。

（中略）
チューリップなんて
□

①の詩は、木登り、竹馬、打ち独楽と、女の子がしないものが並びます。このまま続くのかと思いきや「私はこいだけ知ってるの、だって一ぺんづつ叱られたから」と終わります。「自分はやってたんかい！」と思わずツッコミたくなる、おもしろい終わり方です。

②の詩は、チューリップ「なんて」と、ネガティブな形容が続きます。さすがにこのまま悪口で終わることはないだろうと子どもは予想しますが、「大好きです」で終わるのは予想外過ぎて、思わずにんまりすること間違いなしです。星野富弘さんの詩は末文の飛躍が秀逸なものが多いので、ぜひ他の作品も読ませてみてください。このような鑑賞の活動で、子どもは最後の一文はよく考えてから書かないといけないことに気づくでしょう。

では、自分が実際に書くときに、具体的にどのように気をつければよいのか、子どもには俳句の考え方を取り入れた「三角理論」で説明します。左上図のように「アイス」「暑い」「おいしい」では言葉が近すぎて想像の余地がなく、中図の「暑い」「銀河鉄道」「金メダル」では遠過ぎて意味をつなげにくいことがわかります。そこで、下図の「暑い」「アイス」「母の顔」のように、1つだけ遠い言葉を加えてみると、「昔お母さんにアイス

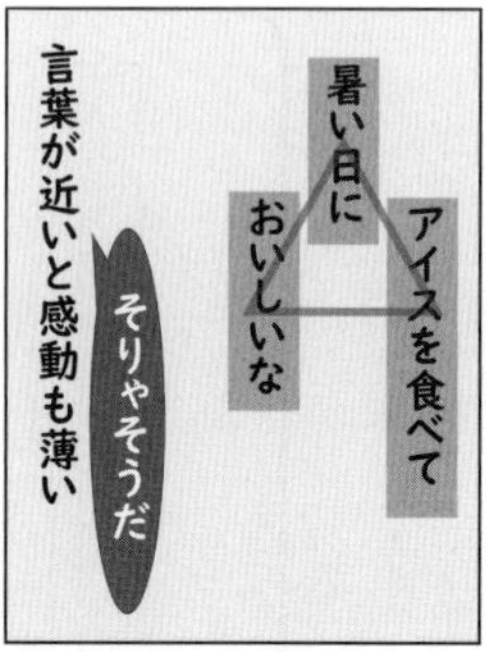
暑い日に
アイスを食べて
おいしいな
そりゃそうだ
言葉が近いと感動も薄い

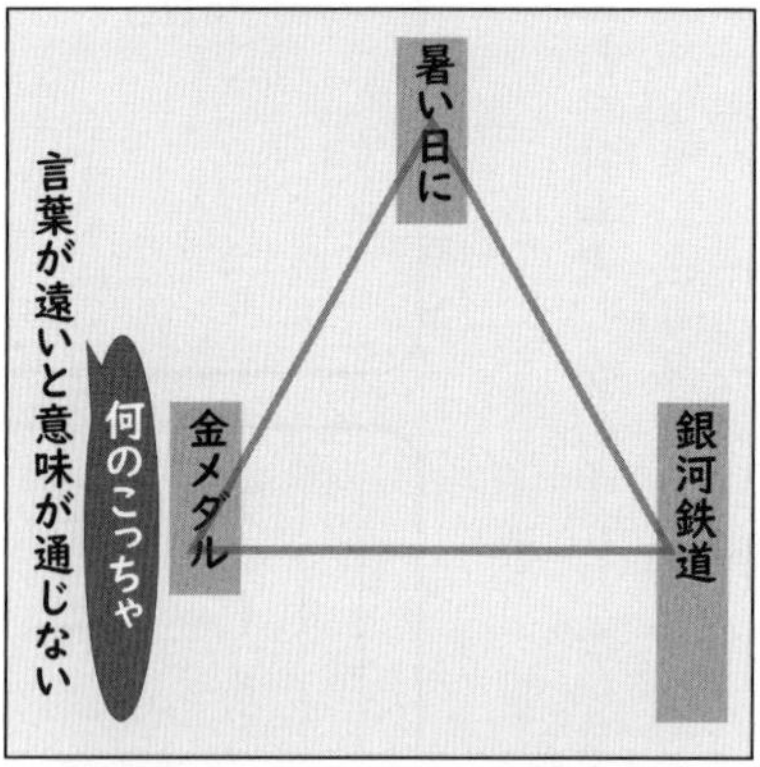
暑い日に
銀河鉄道
金メダル
何のこっちゃ
言葉が遠いと意味が通じない

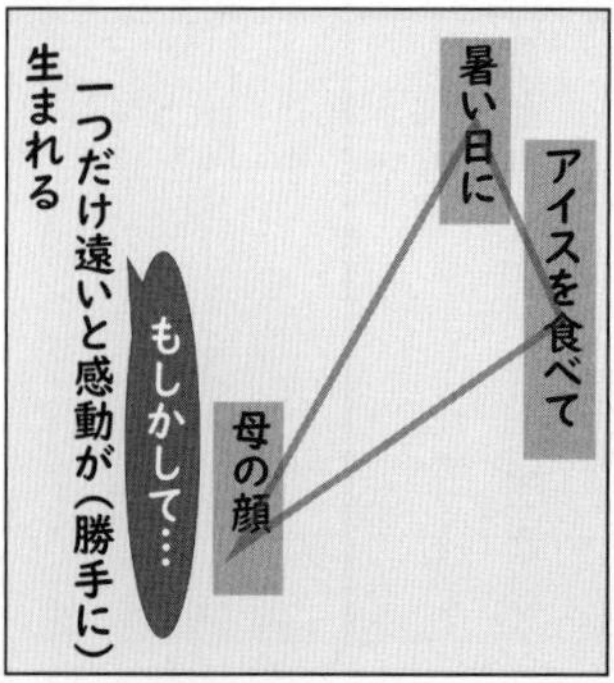
暑い日に
アイスを食べて
母の顔
もしかして…
一つだけ遠いと感動が（勝手に）生まれる

練習① どの詩の終わり方がいいですか？

おや？
いつものラーメン屋に
「冷やし中華はじめまして」
と書いてある。
はじめましてと言われたけれど
食べたらいつもと同じ味。

A
ただの
字の間違いだったと
後から知った。

B
これじゃあ
「まいどおなじみ」
冷やし中華じゃないか。

C
明日、新しい麦わら帽子
買いに行こう。

を買ってもらったのかな」「亡くなったお母さんがアイス好きだったのかな」と読み手がエモーショナルな想像をしてくれます。この体験をした後に、上のようなミニ言語活動を行います。Aは「字の間違い」という近い答え、Bは言葉の言い換えがある分おもしろ味は増しますが、想像する余地はありません。Cは「麦わら帽子」という飛躍が生まれるため、その間を埋めようと読み手が想像をふくらませてくれます。このコツを生かして子どもにも考えさせてみると、「線対称を思い出す」「もうすぐ、あいつの命日かあ」「そういえば家の鍵しめたっけ」などの飛躍のある答えが生まれます。

以上で「ホップ」「ステップ」「ジャンプ」の3段階の指導が終わり、詩の創作を進める準備が整いました。あとは楽しみながら創るだけです。

■主な関連教材

・6年「詩を朗読してしょうかいしよう」(光村図書)

着地
2種類の鑑賞法で、言葉選びのよさに気づかせる

たくさんの詩の鑑賞と、ミニ言語活動を経てでき上がった詩は、どれも読み応えのあるものになるでしょう。子ども自身も自らの創作物に自信をもつことができるはずです。だからこそ、互いに読み合うだけ、感想を言い合うだけの交流で終わるのはもったいないですし、互いの作品を批判し合うだけでは寂しすぎます。次のように、目的に応じた2種類の鑑賞を使い、互いに高め合い、認め合う場にしていきましょう。

①「よい詩」の方向性を探る交流

「自由に創ってよい」「思っていることを素直に書けばよい」と言われると、逆にどうすればよいのかわからなくなるのが詩の難しさです。かといって「これがよい詩だから真似しなさい」と教師側で1つの価値に絞ると、子どものよさが発揮されにくくなります。

背伸び

子龍と小鬼

ちょっといつもより背伸びして
苦いブラックコーヒーを飲んでみた
とってもとっても苦かった

ちょっといつもより背伸びして
いつもはつけないワサビをつけてみた
とってもとってもツンとした

ちょっといつもより背伸びしたら
バランス崩してしりもちついた

あ～いてて
まだ大人には程遠いなぁ

よしマンガ買いに行こう
自転車で

そこで、多くの子どもが「いいな」と感じる詩を選ぶ、「互選句会」の形式で交流してみましょう。

まずは、創作した詩をお互いが見られる形式にまとめます。壁面に掲示したり、データを配付したりと、じっくりと見られる方法を選びましょう。また、作者名を隠したり、ペンネームにしたりすることで、作品外の評価材料を減らすことができます。その後、自分が推薦したい作品に投票します。タブレットがあればフォーム系のアプリで、なければ付箋で意見を集約しましょう。多くの票が入った作品を紹介し、どこがよいと感じたのかを交流することで、おもしろい詩の書き方が共有できるはずです。

留意点として、この方法は単元の最後に行わない方がよいということがあります。せっかくモデルとなる詩が共有できたのですから、よりよい詩を創作する機会を与えてあげたいからです。

②すべての創作者が評価される交流

反対に、単元の最後に行う交流は、どの子どもの詩にもよさを見つける形式にしたいものです。詩の書かれた用紙を交換しながら、よかったところを付箋に書いてまわりに貼りつけていきます。ヒマワリのようにたくさんの付箋が貼られた作品は、詩を創った子どもにはきっと輝いて見えるでしょう。また、タブレットがあれば、様々な形で感想を送り合うことができます。たったひと言の「おもしろかったよ」という言葉でも、ＩＣＴを通して届いたものは違ったうれしさを与えるものです。ぜひ「つくってよかった」と思える交流で単元を終わらせましょう。

始まり

抹茶コーヒー

へ？
私ってなんだろう
なんでだろう
言葉はどうやって
うまれたの
会話ってなんだろう

なんでだろう
地球はどうやって
うまれたの
何もないってなんだろう

なんだろう
人間ってなんだろう

はーい
誰かが私を読んでいる
考えるのは
もうやめよう

第10章 「短歌・俳句の創作」の授業技術

Chapter 10

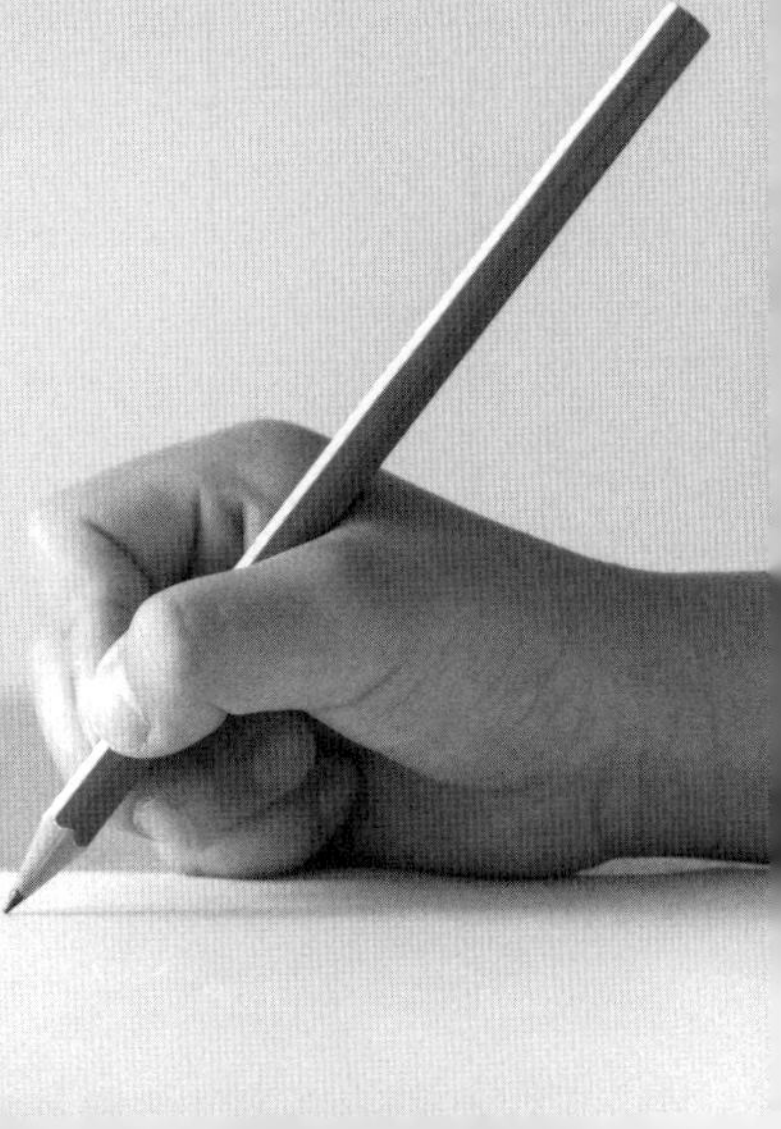

■主な関連教材
・５年「心が動いたことを三十一音で表そう」（東京書籍）
・６年「心が動いたことを十七音で表そう」（東京書籍）

作文や日記を書いてから、短歌・俳句を書かせる

短歌や俳句を書いたことのない子どもにとっては、教科書で習ったからすぐに書けるというものではありません。短歌や俳句は、心の中に何かしらの動き（感動）があってはじめて書けるもので、何もない状態から書くのは難しいものです。

そこで、短歌や俳句を書くための題材となるものをいったん文章で書き出します。

具体的には次の手順で行います。

①作文や日記を書く。
②書いた内容を短歌や俳句に書き換える。

「①作文や日記を書く」というのは、短歌や俳句を書くための準備段階です。子どもの

思っていること、考えていることを文章化する作業です。ここで、お題を通して自分と向き合い、語句・語彙をたくさん文章に表しておくことで、短歌・俳句を書くことが楽になります。学校行事などの作文や日記は、それだけで十分評価に値するものですから、作文の指導であればここで終わっても十分です。文法や作文の表現技法について教えていきます。

事前に宿題として日記や作文を書かせておくと、それを使って、短歌・俳句創りに進めます。

授業中に作文を書くのであれば、お題を示し、原稿用紙を配付して、次のような約束で書かせます。

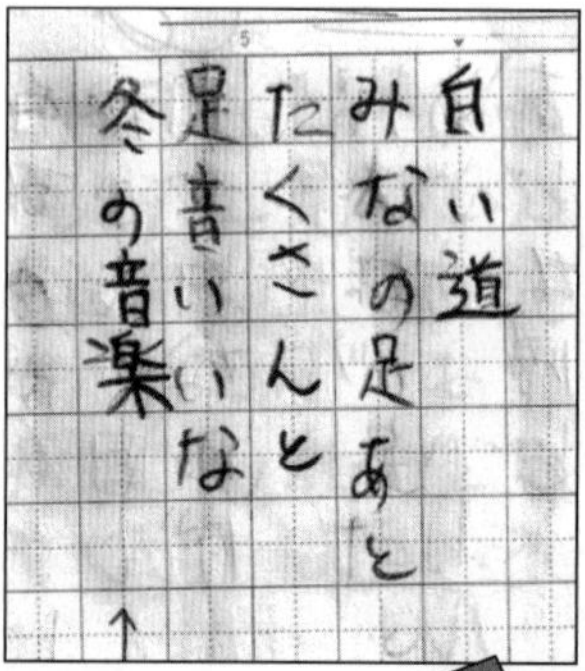

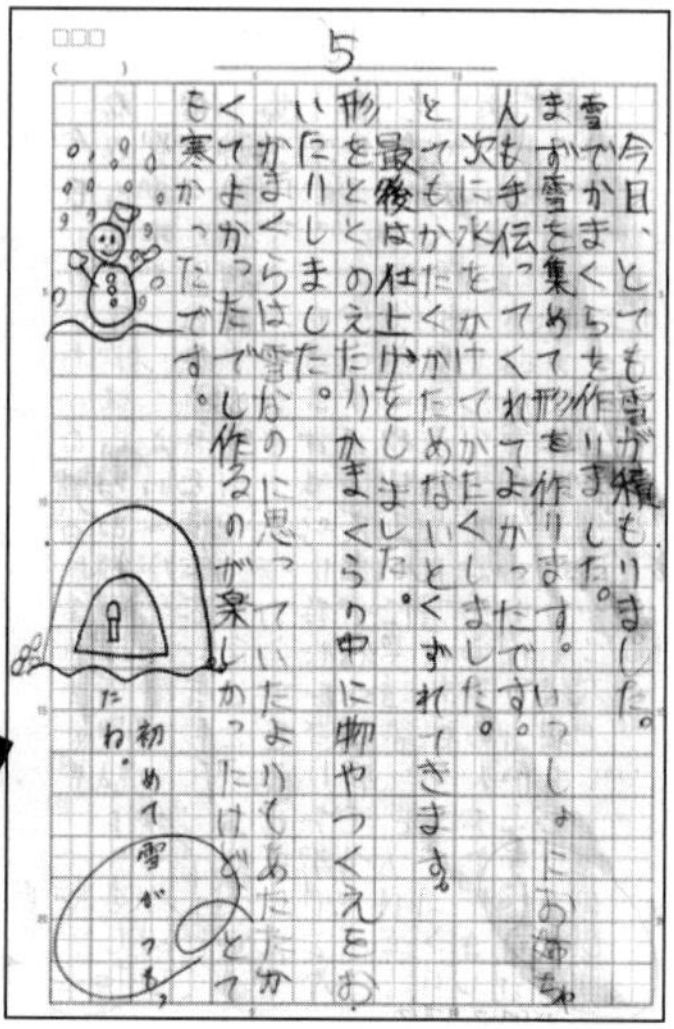

作文から短歌に書き換え

・作文を書く時間は10分程度
・100～200字程度。
・字は汚くてもよい。
・途中で終わってもよい。

「②書いた内容を短歌や俳句に置き換える」というのは、①で書いた作文を短歌のリズム（五七五七七）や俳句のリズム（五七五）という型枠に落とし込む作業です。

作文に書いた言葉を指折り数えながら創っていく子どもの姿が見られます。

また、作文に書いていない言葉をここで使っても構いません。大事なのは、きちんと短歌や俳句の形ができ上がることです。

授業では、次のように話します。

「作文を五七五七七の短歌にまとめてもらいます。制限時間は3分です。できたら持って来てください」

原稿用紙を使って作文を書いていれば、短歌や俳句は原稿用紙の空いた行や欄外に書かせます。日記であれば、そのノートに書かせます。

制限時間は3分程度でよいでしょう。作文の時間を含めても15分以内で収まります。短歌・俳句は、長い時間考えたらよいものができるというわけではありません。繰り返し行い、数をこなしていくことで書きやすくなっていきます。

夏休みや冬休みの宿題に日記を課していれば、その中から1つ日記を選び、短歌や俳句に書き換えるとすぐに完成します。

前ページの例は、雪が積もった日に「雪」という題で日記を書いた後、授業中、短歌に書き換えた例です。


【参考文献】

・三谷祐児『書く力を高める小学校「一〇〇マス作文」入門』（明治図書、２００７）

■主な関連教材
・５年「心が動いたことを三十一音で表そう」（東京書籍）

学校行事を題材に、短歌を創らせる

学校行事では、必ず子どもたちの心が動きます。例えば、運動会、音楽会、学習発表会、入学式、卒業式、遠足修学旅行などです。こうした学校行事の後に作文を書かせることが多いのではないでしょうか。この作文の代わりとして短歌創りを行います。作文だと「たくさん書くのが面倒くさいなぁ」と思っている子どもも「五七五七七の31文字なら大丈夫！」と文字数の少なさから抵抗感が和らぎます。

作家の俵万智さんは、「最後の七七にその人の感情が表れる」と話しておられました。俳句に比べ、心の動きを言葉にしやすいのが短歌です。

学校行事を題材に短歌を創らせる場合は、

「今年は、運動会の後に作文は書きません。そのかわり、短歌を書いてもらいます」と事前に話しておきましょう。たったこれだけですが、子どもは自分の気持ちがこもった短

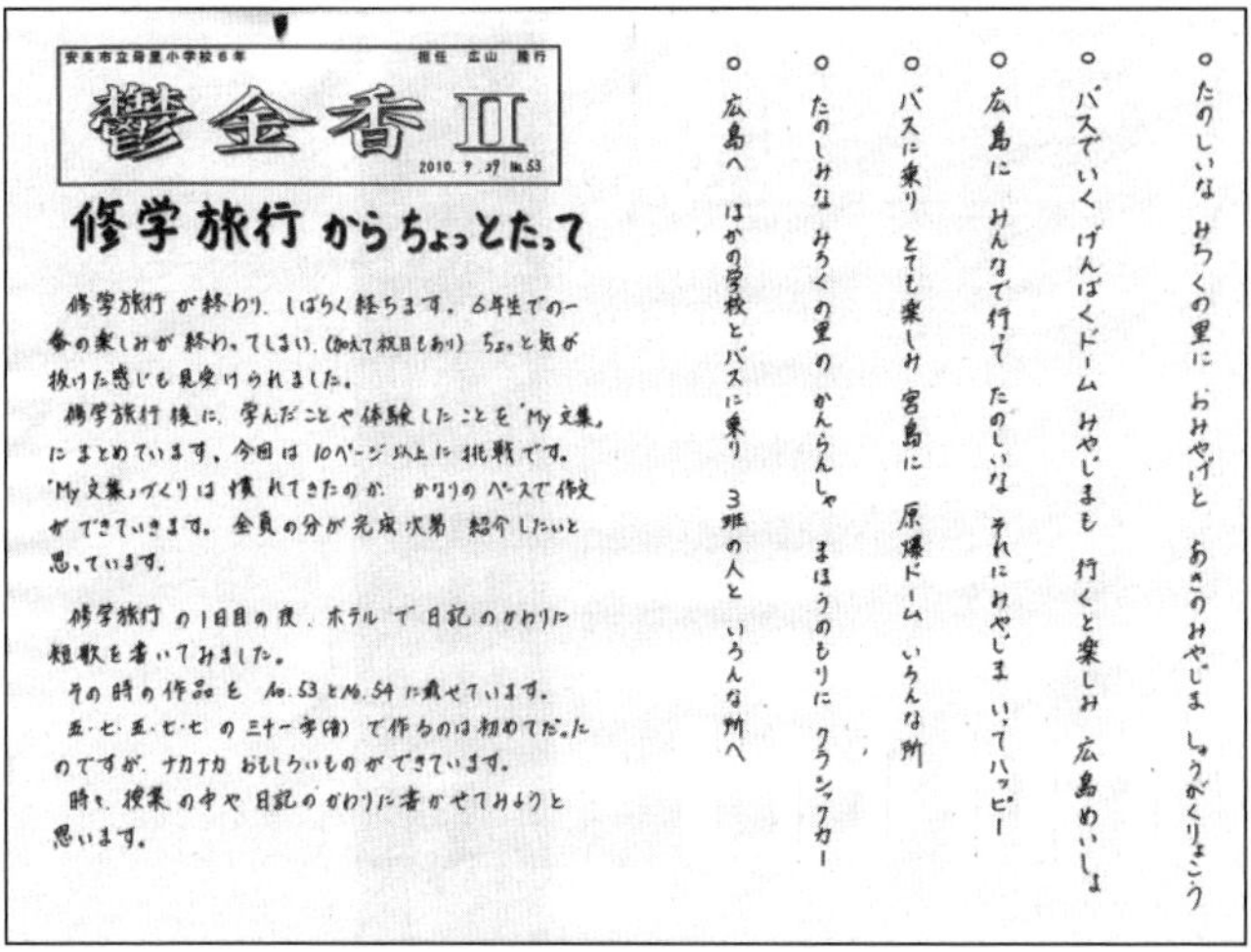
安来市立母里小学校6年　担任　広山　隆行

鬱金香Ⅱ

2010. 9. 27 No.53

修学旅行からちょっとたって

修学旅行が終わり、しばらく経ちます。6年生での一番の楽しみが終わってしまい、（加えて祝日もあり）ちょっと気が抜けた感じも見受けられました。

修学旅行後に、学んだことや体験したことを「My文集」にまとめています。今回は10ページ以上に挑戦です。「My文集」づくりは慣れてきたのか、かなりのペースで作文ができていきます。全員の分が完成次第　紹介したいと思っています。

修学旅行の1日目の夜、ホテルで日記のかわりに短歌を書いてみました。

その時の作品をNo.53とNo.54に載せています。

五・七・五・七・七の三十一字（音）で作るのは初めてだったのですが、ナカナカおもしろいものができています。

時々、授業の中や日記のかわりに書かせてみようと思います。

○たのしいな　みろくの里に　おみやげと　あきのみやじま　しゅうがくりょこう

○バスでいく　げんばくドーム　みやじまも　行くと楽しみ　広島めいしょ

○広島に　みんなで行って　たのしいな　それにみやじま　いってハッピー

○バスに乗り　とても楽しみ　宮島に　原爆ドーム　いろんな所

○たのしみな　みろくの里の　かんらんしゃ　まほうのもりに　クラシックカー

○広島へ　ほかの学校と　バスに乗り　3班の人と　いろんな所へ

歌を創ろうとします。

以下は修学旅行での実践です。修学旅行では、「修学旅行のしおり」を一人ひとりに持たせ、後ろのページに「今日の日記」や「思い出に残ったこと」などをホテルの部屋で振り返らせることがあります。この振り返りとして短歌を書かせます。修学旅行に行く前に、次のことを話しておきます。

①修学旅行の夜は短歌を1つ書く。
②短歌を書いたら先生に見せる。

修学旅行ですから、書くべき題材はいっぱいあります。子どもたちは部屋で今日一日を思い

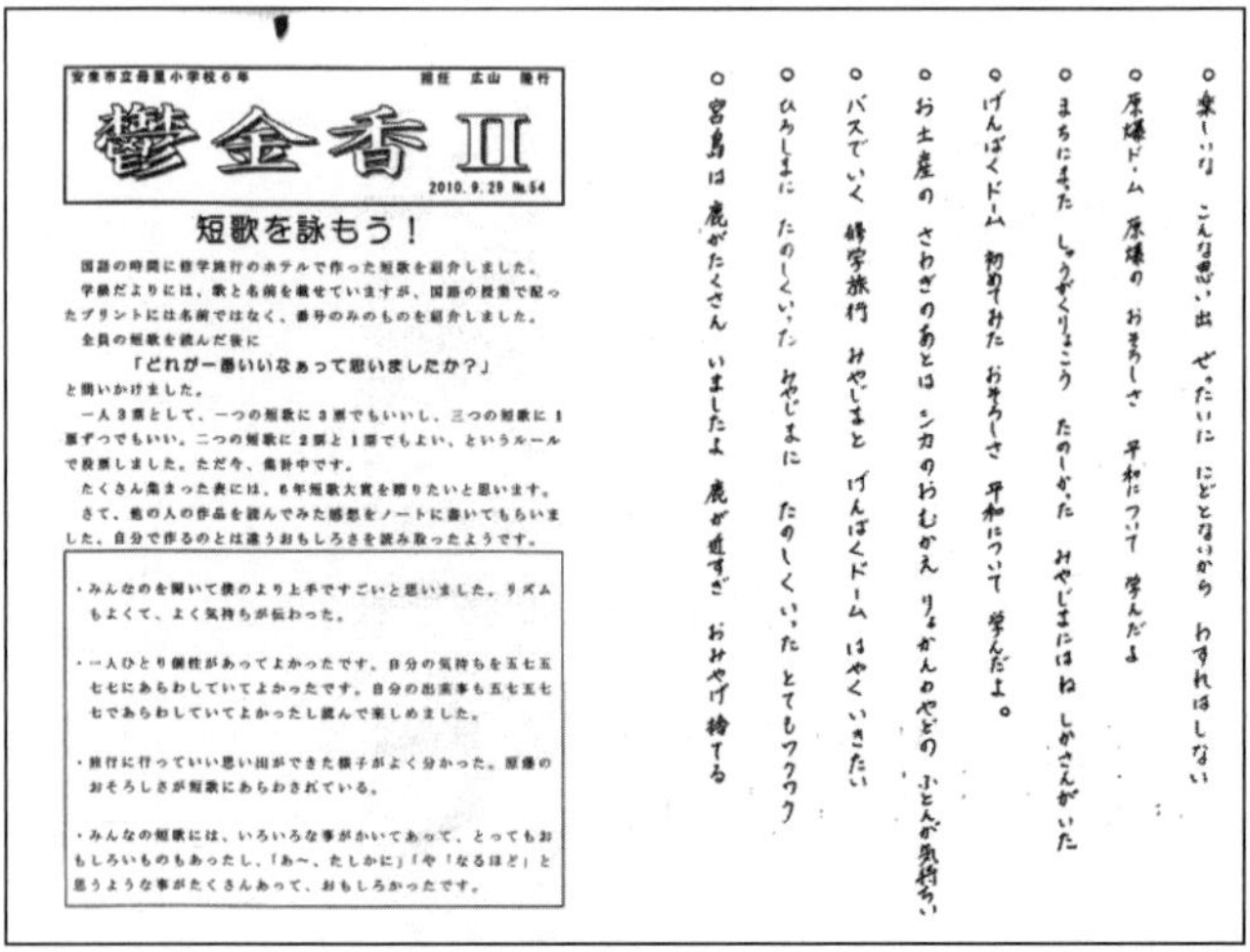
安来市立母里小学校６年　担任　広山　隆行

鬱金香Ⅱ

2010．9．29 №54

短歌を詠もう！

国語の時間に修学旅行のホテルで作った短歌を紹介しました。

学級だよりには、歌と名前を載せていますが、国語の授業で配ったプリントには名前ではなく、番号のみのものを紹介しました。

全員の短歌を読んだ後に

「どれが一番いいなぁって思いましたか？」

と問いかけました。

一人３票として、一つの短歌に３票でもいいし、三つの短歌に１票ずつでもいい。二つの短歌に２票と１票でもよい、というルールで投票しました。ただ今、集計中です。

たくさん集まった歌には、６年短歌大賞を贈りたいと思います。

さて、他の人の作品を読んでみた感想をノートに書いてもらいました。自分で作るのとは違うおもしろさを読み取ったようです。

・みんなのを聞いて僕のより上手ですごいと思いました。リズムもよくて、よく気持ちが伝わった。

・一人ひとり個性があってよかったです。自分の気持ちを五七五七七にあらわしていてよかったです。自分の出来事も五七五七七であらわしていてよかったし読んで楽しめました。

・旅行に行っていい思い出ができた様子がよく分かった。原爆のおそろしさが短歌にあらわされている。

・みんなの短歌には、いろいろな事がかいてあって、とってもおもしろいものもあったし、「あ～、たしかに」「や「なるほど」と思うような事がたくさんあって、おもしろかったです。

○楽しいな　こんな思い出　ぜったいに　にどとないから　わすれはしない

○原爆ドーム　原爆の　おそろしさ　平和について　学んだよ

○まちにまった　しゅうがくりょこう　たのしかった　みやじまにはね　しかさんがいた

○げんばくドーム　初めてみた　おそろしさ　平和について　学んだよ。

○お土産の　さわぎのあとは　シカのおむかえ　りょかんのやどの　ふとんが気持ちい

○バスでいく　修学旅行　みやじまと　げんばくドーム　はやくいきたい

○ひろしまに　たのしくいった　みやじまに　たのしくいった　とてもワクワク

○宮島は　鹿がたくさん　いましたよ　鹿が近すぎ　おみやげ捨てる

出しながら言葉を吟味し、試行錯誤します。思い出となることがいっぱいあるので、楽しみながら書けます。

子どもたちに後から聞くと、修学旅行の最中に「これ、題材になるかな」などと考えながら行動していたとのことでした。

1泊2日の修学旅行から帰ってきた2日目についても、

「今日の宿題は、思い出をお家の人に話すことと、短歌を創ることだよ」

と話しておきます。

上の学級だよりは、いずれも修学旅行1日目に子どもたちが書いた短歌です。

この短歌を、修学旅行明けにみんなで紹介し合いながら思い出を振り返ります。

安来市立島田小学校５年　担任　広山隆行

道標

2015.　.　№

「6年生を送る会」が終わりました

その気持ちを短歌で表しました！

あいさつで
あんまり大きい声でない
次はぜったい
やってみせるさ

くす玉を四角にしよう
くす玉を
かんたんにでき
すぐにできるよ

リハーサル
しっぱいになった
くす玉が
今日は成功してよかったな

ありがとう
つたえるためにダンスした
練習たいへん
本番せいこう

出し物を
しっかりできてよかったな
六年生に
感謝しよう

ありがとう
伝えるためにがんばった
伝えられたよ
六年生に

ハプニング
パソコンこわれた
失敗だ
わたしはすごく
残念だった

ありがとう
伝わればいい
その気持ち
春の風吹く
いつもがんばる

司会とね
出し物がんばる
がんばった
六年生には
絶対負けぬ

いろいろと
トラブル多発したけれど
自分なりにはうまくできたな

ありがとう
精いっぱいね
伝えたよ
みんながんばり
成功させた

出し物や
アルバムなので
失敗だ
でも六年生
楽しんでいた

パソコンが
大事な時に使えない
なぜ使えない
不思議なことだ

今ぼくは
ステージに立って
みなさんと楽しいゲーム
やっているんだ

本番で声が小さい
残念だ
みんなで団結
4月どうなる

ありがとう
六年生はさむくても
楽しいよっと
言ってましたよ

わたしはね
六年生によろこんで
もらったからね
うれしいんだよ

六年生
歌までずっと笑ってて
笑顔いっぱい
うれしそうだな

ここでは修学旅行での実践を紹介しましたが、学校行事は運動会、音楽会、学習発表会、1年生を迎える会、6年生を送る会など、たくさんあります。上の学級だよりは、6年生を送る会を終えてからの短歌です。

「作文を通してたくさん書く」ということもできますが、「短歌を通して言葉を選んで短く書く」という方法でも子どもの心の動きを鮮明に言葉に表すことができます。

■主な関連教材
・6年「心が動いたことを十七音で表そう」（東京書籍）

散歩しながら、俳句を創らせる

俳句を教室にいながらにして創るのはなかなか難しいものです。

そこで、書きたくなる環境を整えます。学校を飛び出してみましょう。一番よいのは、散歩しながら俳句を創ることです。

俳句には、季語を入れないといけません。散歩をすると、目に入るものの中にその季節ならではの季語があふれています。その季節の季語かどうかわからなければ、とりあえず俳句を創ってしまって、後で歳時記などを使って調べれ

ばよいのです。

授業は、次のようなものになります。

「今日の国語の授業は、外で散歩しながらやります」

「やった！」

「どこへ行くの？」

散歩に出かけると話すだけで、子どもたちのテンションは一気に上がります。

行き先はどこでも構いませんが、自然が多い場所がよいでしょう。神社やお寺、公園など、目的地でちょっと時間をとって休けいできる場所がおすすめです。たいてい季節感のある木や花といった植物が植えられ、昆虫や鳥といった小動物がいることが多いからです。

「今日はみんなで散歩をするのですが、散歩から帰ってくるまでに俳句を創ってもらいます。帰ってきたらすぐにノートに書いて集めます。俳句を創ることが、散歩に行く条件です」

と、単なるお楽しみの散歩ではないことを念押ししましょう。

俳句を創ることを確認したら、俳句について教科書を使って約束事を確認しておきましょう。

①五七五のリズム
②季語を入れる

持ち物は、ノートと筆記用具。あとは季節によって調節します。

そして出発！

子どもたちは、まわりの木を見たり、空を見たりしながら歩いていきます。

指を折りながら、ブツブツつぶやいている子どももいます。

公園や神社・お寺が校区内にない場合は、校庭や校舎のまわりでもかまいません。教室

【俳句の部　テーマ「春」】

①春の花　椿につくし　かわいいな
②ぼくのまえに　そよかぜふいて　いいきもち
③さくらがね　すこしさいてる　きれいだな
④お散歩だ！　桜がちょこっと　さいてるよ
⑤卒業式　桜満開　きれいだね
⑥春のねえ　だいひょうてきは　さくらだよ
⑦おさんぽで　はるのさくらは　きれいだな
⑧さくらの木　まんかいはまだ　けどきれい
⑨散歩して　なの花見たよ　きれいだな
⑩春が来て　桜もあって　きれいだな
⑪桜の花に　見おくられていった　お散歩
⑫さくらさき　つくしでてきた　スキップだ
⑬つばきの木　見て思ったな　きれいだな
⑭春の朝　桜やつばき　きれいだな
⑮桜がね　もうさいてるよ　きれいだな
⑯楽しいね　春の風に　つつまれて
⑰春の日に　さくらがキレイ　元気でた
⑱きれいだな　桜や椿　春が来た
⑲おさんぽへ　とてもキレイダ　桜がね。

を飛び出した解放感が、どんな場所でも気持ちよく想像力を働かせてくれます。

教室に帰ってきたら、季語を確認したり、言葉を並べ替えたりする推敲の時間も取るようにしましょう。

「よし、できた！」という俳句は、短冊に書かせて掲示します。

お互いに紹介して、感想を言い合うのもよいでしょう。句会（次項参照）を開くのもおすすめです。

■主な関連教材

・5年「心が動いたことを三十一音で表そう」（東京書籍）
・6年「心が動いたことを十七音で表そう」（東京書籍）

歌会・句会を開く

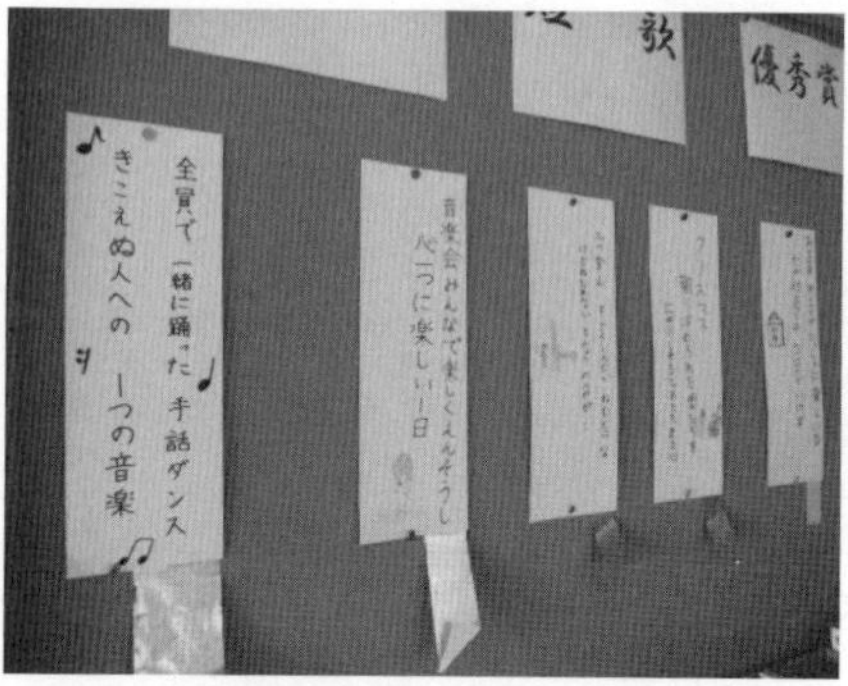

短歌・俳句は高学年で学習します。創った作品を教室に掲示するのもよいですが、せっかくなら歌会・句会を開いてみましょう。歌会・句会には次のようなよさがあります。

・学級全員の短歌・俳句を読むことができる。
・短歌・俳句のよさ・工夫に気がつきやすくなる。
・感想の交流を通して、学級の雰囲気がよくなる。
・次回の短歌・俳句のレベルが上がる。

歌会・句会の大まかな流れは次の通りです。

①短歌・俳句をノートに書き、教師に提出（送信）する。
②教師が短歌・俳句をテキスト化する。
③全員分の短歌・俳句（名前なし）を子どもに配付（配信）する。
④「いいな」と思った短歌・俳句を3つ選び、理由を添えてノートを提出する。
⑤黒板に短歌・俳句の番号を書いておき、そこに正の字で票を入れていく。
⑥たくさんの票が入った短歌・俳句の人を紹介する。

この歌会・句会を行うことによって、子どもたちの短歌・俳句を創作するレベルは著しく向上します。理由は次の通りです。

・友だちと比べることにより、自分のよさや不十分さを自覚することができる。
・どんな短歌や俳句を創ればよいのか、具体的な目標ができる。
・七五調のリズムや一音一文字という語感がわからない子どもが、自分のリズムの悪さを自覚することができる。

・繰り返し歌会・句会をすることによって、今回の失敗や不十分さを挽回・修正するチャンスがある。

教科書では1つの単元として扱われていますが、学校行事や季節の出来事とかかわらせていくことで、1年間に複数回の歌会・句会が可能です。ぜひ、繰り返し行い、その成長を子どもも先生も感じ取ってみてください。

以下は、歌会・句会の詳細です。

まず、作品を書いたノートを教師に提出します。このとき、自分の創った作品を友だちには見せないというのが約束事です。そのため、ノートは閉じた状態で提出させます。1人1台端末が支給されている環境であれば、データを送信するのでもよいでしょう。

ノートが提出されたら、教師は子どもたちから集めた作品をパソコンで文字入力し、一覧を作成します。縦書きで、次ページの写真のように番号をつけます。番号は出席番号順ではなく、ランダムに振ります。また、作者の名前を書いたものと、書いていないものの2種類を用意します。

題「雪」

①雪の日に 雪合戦してたのしいが げこうはとても めんどくさい
②雪のひが とうとうきたぞ あそべるぞ みんなではしゃぎ みんなでえがお
③雪の日に 雪合せんして 楽しいな 人数多いと もっと楽しい
④ぎょうかん 雪がつもった 工程で みんな楽しく 雪がっせんだ
⑤ふゆのあさ そとみてみれば ゆきがあり あたりいちめん しろいろまみれ
⑥雪げしき あたりいちめん 雪つもり 日光あたり キラキラひかる
⑦ふゆはゆき ゆきがちらちら ふってくる かぜがつめたい あたたかいもの
⑧ドラえもん 作ってそっこう すぐはかい だれかしらんけど 空気よんで
⑨白い道 みなの足あと たくさんと 足音いいな 冬の音楽
⑩雪の上 ドラえもん書き 成功し その後遊び 雪で戦い
⑪雪の中 ゆきがっせん がんめんに あたっちゃった ひりひりしたよ
⑫雪がふり 雪がつもって 雪あそび 雪だま作り なげつけあそぶ
⑬見上げれば 白い粉雪 ふりしきる 気づけばあたりは 雪げしき
⑭冬の日は あたり一面 白い雪 足あとつけて みんなで遊ぶ
⑮雪がふった 雪がっせんでもして 楽しむ
⑯冬の空 みあげてみれば 雪げしき かみにつき きが つけばきえていた
⑰雪ふる日 雪積もり みんなで遊んで いい気分 校庭一面 冬げしき
⑱雪あそび なげてころころ あそんだよ ゆきだまあてて ストレスはっさん
⑲ゆきのあさ 妹といっしょに あそんだよ 雪がっせんして たのしかったよ
⑳雪化粧 遠くの山が きれいだね 友人と話す 楽しい時間
㉑昨日今日 雪の積もった登校路 昨日は積雪 今日は凍結
㉒木曜日 雪がつもった うれしいな 外をみると 白い世界
㉓上みれば 白きかがやく 冬のつぶ 太陽のぼり 今パジャマすがた
㉔ゆきあそび クラスみんなで ゆきがっせん 楽しかったな またやりたいな
㉕雪の空 見あげてみれば 雪がふり みんなで楽いと つぶやく
㉖雪の中 ドラえもんを えがいたよ 思ったよりも うまくてびっくり
㉗たのしいね みんな仲良く 雪あそび
㉘雪の日に 校庭行って 雪あそび みんなとやれば 笑顔うまれる
㉙冬の夜 風がふぶいて 雪つもる 次の日の朝 外が真っ白

そして、歌会・句会の始まりです。

まずは、作者の名前を書いていない一覧を配付します。名前を書かないよさとして、子ども同士の人間関係による人気投票にならないということがあります。

「ここには、学級全員の作品が載っています。順番は適当に並んでいます。この中から、自分が『いいね』と思ったものを3つ選んでください。そして、その理由をノートに書いてください。ただし、自分のを選んではだめですよ」

と話し、全員分の作品を読み、理由を書く時間を与えます。選ぶ基準は、それぞれの子どもの感覚でかまいません。教師が基準となる視点を与えてしまうと、選ばれる作品が偏ってしまいます。「SNSの『いいね』のつもりで書いてごらん。理由は、ひと言でもいいから必ず書いてね」と伝えます。

子どもたちがノートに書いている間、教師は黒板に作品の番号を書いておくと、その後の時間の節約になります。

全員が書き終えたのを確認して、ノートを集めます。

集めたノートに書いてある感想を教師が読んでいきます。このとき、だれのノートを読んでいるのかわからないように、教卓の前をついたてなどで隠してノートを読むようにします。感想に出てきた作品は、黒板の番号のところに正の字を入れていきます。

子どもたちは、自分の作品に票が入ったとしても、だれが書いてくれた感想なのかわかりません。それでも学級の中のだれかが自分

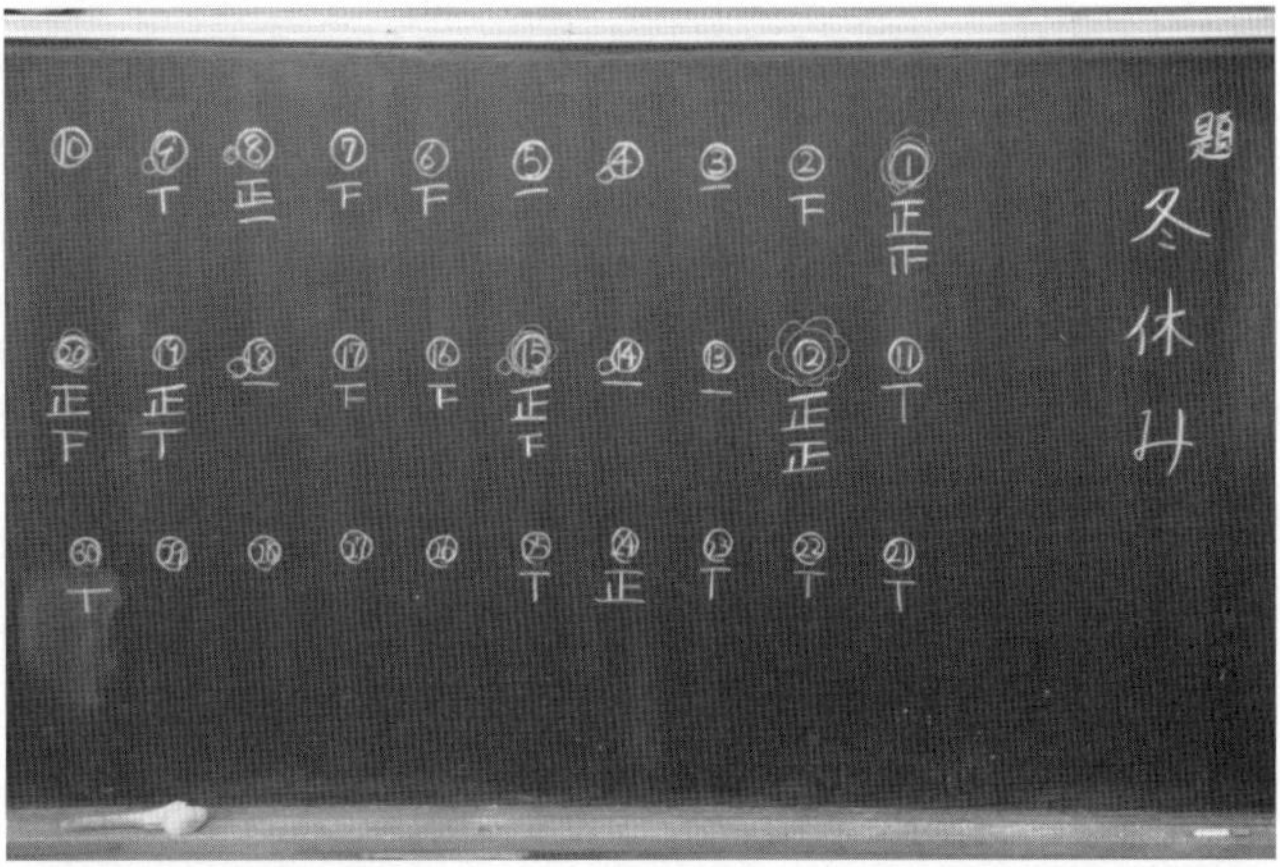

の作品を認めてくれたということにうれしい気持ちになります。

学級の実態に応じて、ノートに書いたものをそれぞれが発表するという形もあります。このときは、だれが自分の作品に票を入れてくれたのかがわかるので、それも学級づくりに効果的です。ただし、全員がみんなの前で適切に読むだけの力がある場合に限ります。

全員の感想を読み終えたら、1・2・3位（最優秀賞・優秀賞・優良賞・佳作など）が決まります。特別に表彰したいところですが、その前に重要なことがあります。それは、1票も入らなかった作品の価値づけです。

歌会・句会では、票がたくさん入る作品があれば、

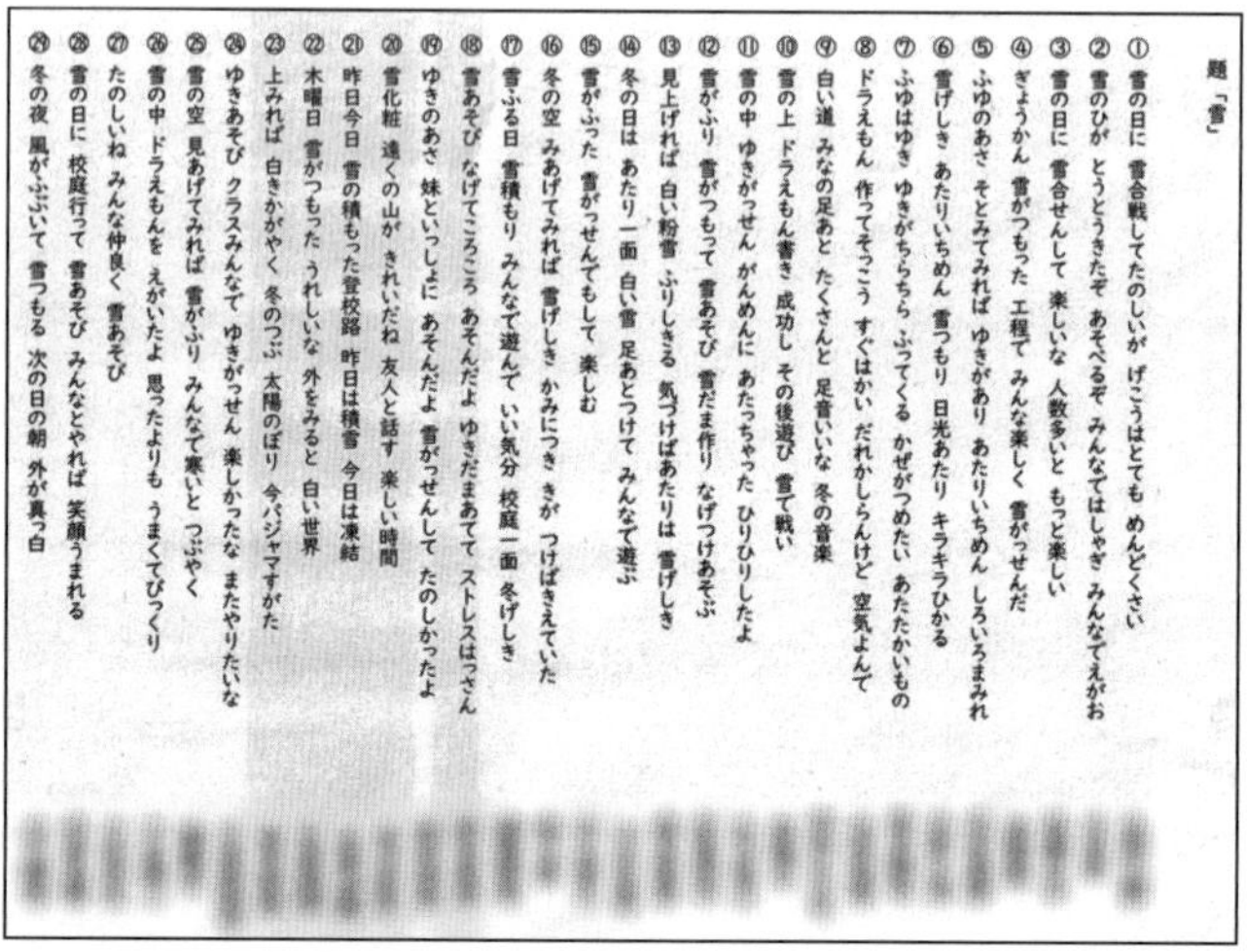

題「雪」

① 雪の日に 雪合戦してたのしいが げこうはとても めんどくさい
② 雪のひが とうとうきたぞ あそべるぞ みんなではしゃぎ みんなでえがお
③ 雪の日に 雪合せんして 楽しいな 人数多いと もっと楽しい
④ ぎょうかん 雪がつもった 工程で みんな楽しく 雪がっせんだ
⑤ ふゆのあさ そとみてみれば ゆきがあり あたりいちめん しろいろまみれ
⑥ 雪げしき あたりいちめん 雪つもり 日光あたり キラキラひかる
⑦ ふゆはゆき ゆきがちらちら ふってくる かぜがつめたい あたたかいもの
⑧ ドラえもん 作ってそっこう すぐはかい だれかしらんけど 空気よんで
⑨ 白い道 みなの足あと たくさんと 足音いいな 冬の音楽
⑩ 雪の上 ドラえもん書き 成功し その後遊び 雪で戦い
⑪ 雪の中 ゆきがっせん がんめんに あたっちゃった ひりひりしたよ
⑫ 雪がふり 雪がつもって 雪あそび 雪だま作り なげつけあそぶ
⑬ 見上げれば 白い粉雪 ふりしきる 気づけばあたりは 雪げしき
⑭ 冬の日は あたり一面 白い雪 足あとつけて みんなで遊ぶ
⑮ 雪がふった 雪がっせんでもして 楽しむ
⑯ 冬の空 みあげてみれば 雪げしき かみにつき きが つけばきえていた
⑰ 雪ふる日 雪積もり みんなで遊んで いい気分 校庭一面 冬げしき
⑱ 雪あそび なげてころころ あそんだよ ゆきだまあてて ストレスはっさん
⑲ ゆきのあさ 妹といっしょに あそんだよ 雪がっせんして たのしかったよ
⑳ 雪化粧 遠くの山が きれいだね 友人と話す 楽しい時間
㉑ 昨日今日 雪の積もった登校路 昨日は積雪 今日は凍結
㉒ 木曜日 雪がつもった うれしいな 外をみると 白い世界
㉓ 上みれば 白きかがやく 冬のつぶ 太陽のぼり 今パジャマすがた
㉔ ゆきあそび クラスみんなで ゆきがっせん 楽しかったな またやりたいな
㉕ 雪の空 見あげてみれば 雪がふり みんなで寒いと つぶやく
㉖ 雪の中 ドラえもんを えがいたよ 思ったよりも うまくてびっくり
㉗ たのしいね みんな仲良く 雪あそび
㉘ 雪の日に 校庭行って 雪あそび みんなとやれば 笑顔うまれる
㉙ 冬の夜 風がふぶいて 雪つもる 次の日の朝 外が真っ白

1票も入らない作品もあります。そこで、次のように子どもたちに聞きます。

「⑩には1票も入っていないけど、この短歌のよいところは、どんなところかな?」

すると何人かの子どもが手をあげて発表してくれます。もしも手があがらなければ、教師が「⑩はね、こんなよいところがあるんだよ」と説明します。

その後、上位入賞した子どもを紹介します。「1位の⑫の短歌はだれですか?」と挙手させると、拍手や歓声が上がります。学級の実態に応じて、全員の名前(上の写真でぼかされている部分)を書いた一覧を配付してもよいでしょう。

■主な関連教材
・6年「心が動いたことを十七音で表そう」（東京書籍）

歳時記を活用して、季語の置き換えを楽しませる

俳句には、季語を入れるという約束事があります。ところが、俳句を創る授業の際「必ず季語を入れましょう」と話すと、子どもは「春・夏・秋・冬」という四季の言葉をそのまま使いがちです。こういった問題も解消に役立つのが「歳時記」です。1冊で春夏秋冬すべてを網羅したものもありますし、春夏秋冬4分冊のもの、12分冊のものもあります。学校図書館には、子ども用の歳時記が置かれているところも多いでしょう。また、タブレットで「歳時記」「季語」と調べてみることもできます。

ここでは、季語の季節当てクイズと、歳時記を利用しながら季語を検討してよりよい俳句を創る実践を紹介します。

①季語の季節当てクイズ

次ページの板書のように、いくつかの季語を書き、「黒板に書いた言葉は、季語です。

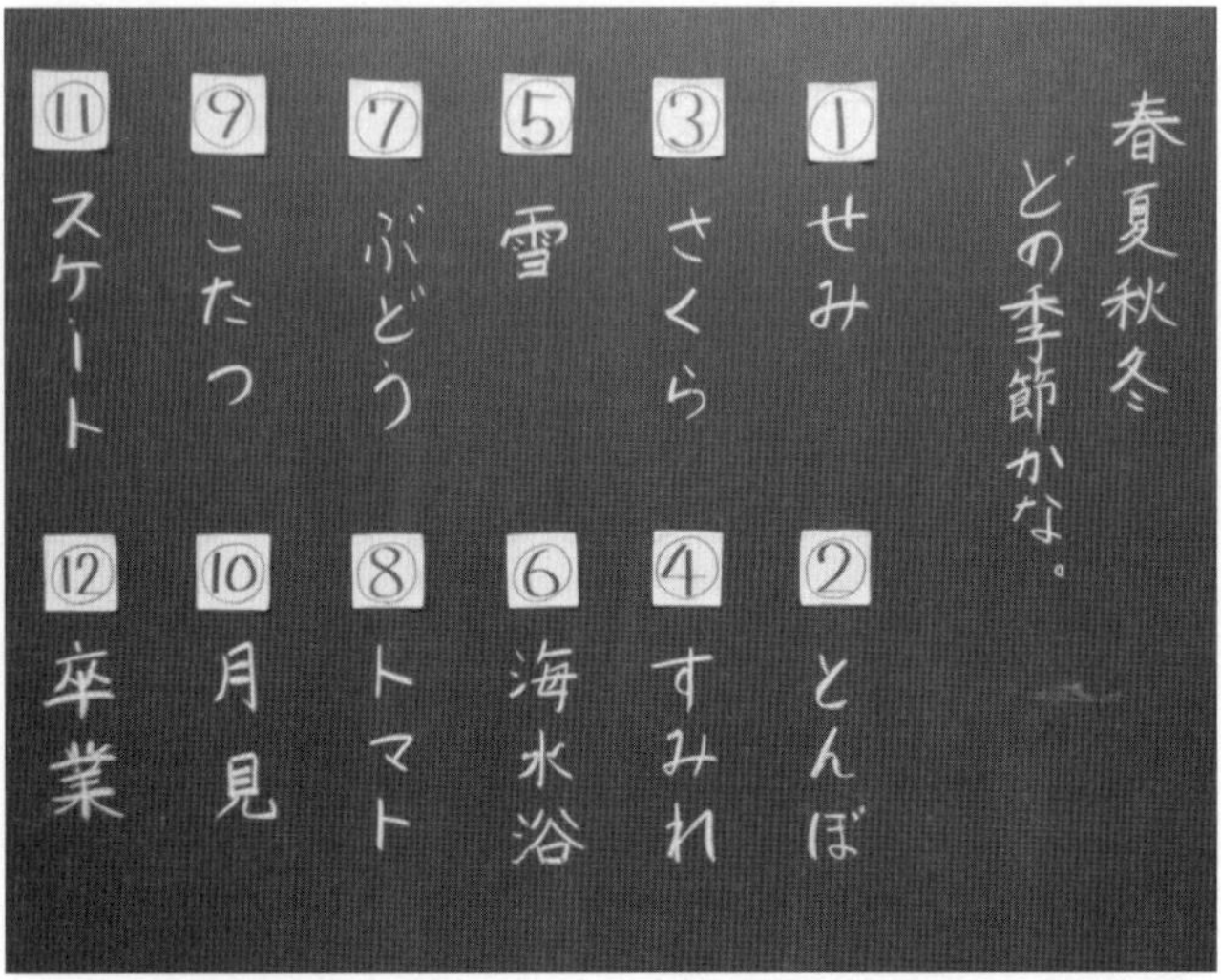
春夏秋冬
どの季節かな。
①せみ
②とんぼ
③さくら
④すみれ
⑤雪
⑥海水浴
⑦ぶどう
⑧トマト
⑨こたつ
⑩月見
⑪スケート
⑫卒業

それぞれ春夏秋冬のどの季節でしょうか?」と投げかけ、考えさせます。

正解は次の通りです。

【春】卒業　さくら　すみれ
【夏】海水浴　せみ　トマト
【秋】月見　とんぼ　ぶどう
【冬】こたつ　雪　スケート

「『春夏秋冬』という言葉を使わなくても、こうした季語が入っていれば季節がわかりますよ」と話します。さらに、「それじゃあ、『蛙』はいつの季節かな?」「えっ、夏でしょう」「実は春なんだよ」「どうして!?」と、少し難易度を上げてクイズ形式で投げかけると、季語への興味が高まります。

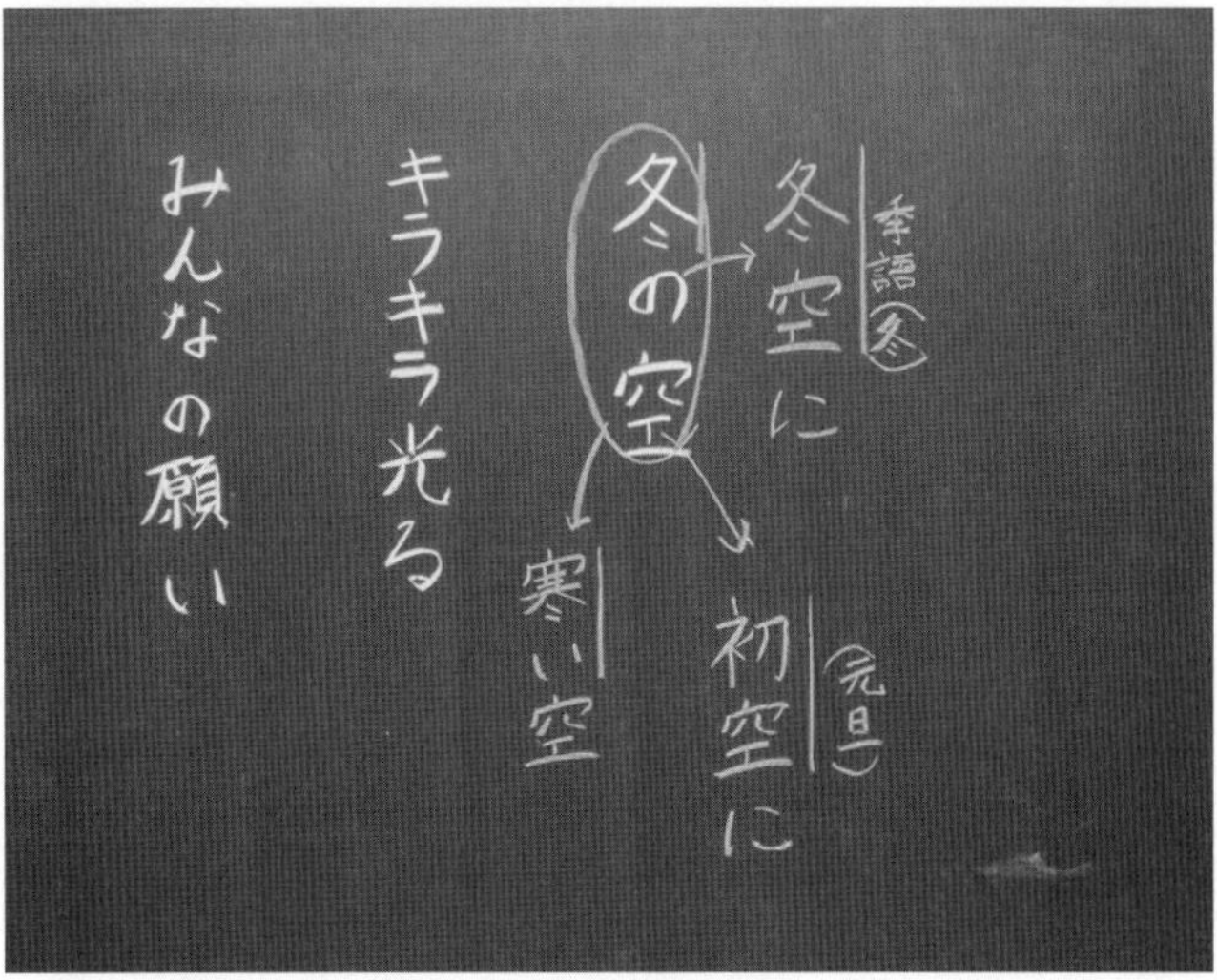

②季語の置き換え

「最初に書いた俳句の季語を違う季語に置き換えられないかな？　同じ文字数だったらすぐに変えることができますよね」

例えば上の板書のように、子どもの創った俳句の「冬の空」の部分を、歳時記を参考に「冬空」「初空」「寒い空」と、違う季語に置き換えてみます。いくつか検討し、一番いいなと思うものに仕上げていきます。季語を変えるとイメージが変わるものやちょっと変になってしまうもの、案外いいなと思うものなど様々です。

歳時記を教室に置いておくと、「この言葉はこの季節なんだ」「次はこの季語を使おう」と子どもの興味が広がっていきます。

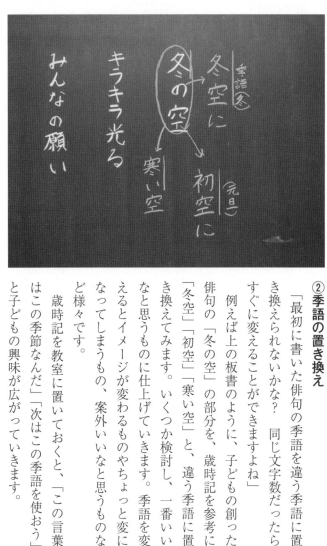

【編著者紹介】

二瓶　弘行（にへい　ひろゆき）

桃山学院教育大学教授，前筑波大学附属小学校教諭

青木　伸生（あおき　のぶお）

筑波大学附属小学校教諭

【著者紹介】

国語“夢”塾（こくご“ゆめ”じゅく）

二瓶　弘行	（桃山学院教育大学）	序章
比江嶋　哲	（宮崎県都城市立西小学校）	第１章
広山　隆行	（島根県松江市立大庭小学校）	第２，10章
河合　啓志	（大阪府小学校）	第３章
嵐　直人	（新潟県村上市立さんぽく小学校）	第４章
藤原　隆博	（東京都江戸川区立船堀第二小学校）	第５章
小林　康宏	（和歌山信愛大学）	第６，７章
青木　伸生	（筑波大学附属小学校）	第８章
宍戸　寛昌	（立命館中学校）	第９章

小学校国語　「書くこと」の授業技術大全

2022年９月初版第１刷刊　©編著者　二　瓶　弘　行

発行者　藤　原　光　政

発行所　明治図書出版株式会社

http://www.meijitosho.co.jp

（企画）矢口郁雄（校正）大内奈々子

〒114-0023　東京都北区滝野川7-46-1

振替00160-5-151318　電話03(5907)6701

ご注文窓口　電話03(5907)6668

＊検印省略　組版所　株式会社木元省美堂

Printed in Japan　ISBN978-4-18-388221-9